史林新探

SHILIN XINTAN

丁　健　著

陕西新华出版传媒集团
陕西人民出版社

图书在版编目（CIP）数据

史林新探 / 丁健著. — 西安 ：陕西人民出版社，2022.7

ISBN 978 - 7 - 224 - 14596 - 0

Ⅰ.①史… Ⅱ.①丁… Ⅲ.①古籍整理—中国—文集②史学理论—文集 Ⅳ.①G256.1 - 53②K0 - 53

中国版本图书馆 CIP 数据核字（2022）第 106822 号

责任编辑：管中洑 杨舒雯

封面设计：善书设计

史林新探

作　　者 丁 健

出版发行 陕西新华出版传媒集团 陕西人民出版社

（西安市北大街 147 号 邮编：710003）

印　　刷 陕西博文印务有限责任公司

开　　本 787mm × 1092mm 16 开

印　　张 14

字　　数 200 千字

版　　次 2022 年 7 月第 1 版

印　　次 2022 年 7 月第 1 次印刷

书　　号 ISBN 978 - 7 - 224 - 14596 - 0

定　　价 49.00 元

序

辛亥革命是孙中山先生为首的资产阶级党人经过无数次的流血牺牲、前仆后继而取得的一次成功的资产阶级革命。革命推翻了腐朽没落的清王朝，结束了秦汉以来两千多年的君主专制主义的封建帝制，建立了以欧美为榜样的国家政治新体制——中华民国，实现了革命党人的政治理想：驱除鞑虏，恢复中华，创立民国，平均地权。但辛亥革命的胜利成果却被镇压武昌起义反对革命的袁世凯所获取，孙中山先生被迫辞去南京临时大总统，袁世凯则成为南北一统的中华民国北京政府临时大总统。

难道历史就是这样不公平吗？历史怎么开这么大的玩笑呢？很长时期以来，人们不甚理解如此历史结局。尤其是袁世凯后来又破坏民主共和，血腥镇压二次革命，将孙中山、黄兴等革命党人通缉，赶至海外。乃至再进一步，集权专制，洪宪帝制，酿成北洋军阀的混乱局面。于是人们纷纷对辛亥革命进行反思，不是批评资产阶级的软弱妥协——当年不该将国家大权让与袁世凯，更谴责袁世凯的卑鄙无耻，丧心病狂。如果从倒放电影的方式认识历史，研究历史，研究辛亥革命，确实会激起人们的愤恨，对袁世凯进行挞伐则是很正常的。

然而，历史的发展道路从来就没有笔直的，历史发展的结果也从来不是人们主观愿望的结果，研究历史的方法也不是倒放电影式的，先知道、了解了结果，再去从事相关研究，就如同是戴了有色眼镜，得不到客观的认识，此乃史学研究之大忌。就袁世凯来说，他是一个辛亥革命时期的重要人物，这一点没有异议，他在武昌起义爆发之后重新出山，被清政府任命为湖广总督、钦差大臣，统率北洋军前往武汉镇压革命也是事实。但怎么这样一个“反革命”人物，在辛亥革命复杂多变的政局中被人们普遍看好，无论是南北各种政治势力都把国家的希望寄托在袁世凯身上，乃有统一全国“非袁莫属”，中华民国大总统一职“非袁莫属”。清政府希望他如同当年的曾国藩一样，忠心耿耿，平定叛乱，剿灭革命党。革命党黄兴等希望他反正加入革命党一方，以中国拿破仑、华盛顿视之，“兴思人才原有高下之分，起义断无先后之别，明公之才能，高出兴等万万，以拿破仑、华盛顿之资格，出而建拿破仑、华盛顿之事功，直捣黄龙，灭此虏而朝食，非但湘、鄂人民戴明公为拿破仑、华盛顿，即南北各省当亦有不拱手听命者。苍生霖雨，群仰明公。”（《闵尔昌旧存有关武昌起义的函电》，《近代史资料》1954年第1期）武昌首义之区的湖北军政府都督黎元洪说得更为明确和直接。他在致袁世凯函中说：“公果能来归乎？与吾徒共扶大义，将见四百兆之人，皆皈心于公，将来民国总统选举时，第一任之中华共和大总统，公固不难从容猎取也。”（张国淦：《辛亥革命史料》，龙门联合书局1958年版，第279页）立宪派领袖型人物张謇、汤化龙、汤寿潜等也都把扭转乾坤的重任寄托在袁世凯身上。而担任成立民主共和政府重任的独立各省都督府代表联合会，早在1911年11月底在汉口会议时就做出决议：“如袁世凯反正，当公举为临时大总统。”［张难先：《中华民国政府成立》，中国近代史资料丛刊《辛亥革命》（八），第13页］而12月底在南京会议上选举大总统时，一听说袁世凯也赞成共和，立即决议，“缓举临时大总统”，即虚位以待袁世凯的反正，即孙中山回国之前，南京临时政府成立之前，独立各省就有了如此的决议。谁能想到，袁世凯竟然有如此大的魅力和吸引力。

袁世凯果然以自己的谋划和魄力，以其北洋集团的雄厚实力，迫使清帝退位，终结了清王朝的统治，袁世凯成为南北统一、中华民国临时大总统的不二人选，先是2月12日清廷颁布退位诏书的同时，授予袁世凯全权组织全国统一政府，“袁世凯前经资政院选举为总理大臣，当兹新旧代谢之际，宜有南北统一之方。即由袁世凯以全权组织临时共和政府，与民军协商统一办法”。（《中华民国史档案资料汇编》第1辑，217页）2月13日继由孙中山先生表明明确的政治态度，赞扬袁世凯之功绩：“今幸清帝退位，民国确立，维持北方各部，统一南北，实惟公一人是赖。谚云：英雄造时势，盖谓是也。文复何功，过蒙奖誉，曷胜愧汗。新旧交替，万机待举，遗大投艰，非公莫办。谨虚左位，以俟明哲。”（《临时公报》一九一二年正月初一日，电报）14日孙中山率南京政府要员辞职并向南京临时参议院推荐袁世凯为中华民国临时大总统。2月15日南京临时参议院全票一致选举袁世凯为中华民国临时大总统并向袁世凯致贺：“袁慰廷先生鉴：昨孙大总统辞职经本院承许，业已电知尊处，本日开临时大总统选举会，满场一致选定先生为临时大总统，查世界历史选举大总统满场一致者，只华盛顿一人，公为再见。同人深幸公为世界之第二华盛顿，我中华民国之第一华盛顿。统一之伟业，共和之幸福，实基此日，务请得电后，即日驾莅南京参议院受职，以慰全国之望。”（《中华民国史料》，第53页）接着就是南北各方铺天盖地地向袁世凯致贺的喜报，袁世凯就是这样成为中华民国的国家元首——临时大总统。

如何客观解读辛亥革命的结局和袁世凯之所以众望所归，临时大总统“非袁莫属”的辛亥人的共识，我认为有两个途径：一是理论方面的指导和分析，二是一手史料的客观展示。

所谓理论方面的指导，即马克思主义唯物史观的指导和运用。辛亥革命是资产阶级革命党人发动和领导的，但辛亥革命的结局非革命党人一种政治势力作用的结果，而是多种政治势力相互斗争、博弈、妥协、合作的结果。辛亥革命时期的各种政治势力，除了革命党人之外，尚有袁世凯为首的北洋集团政治势力，张謇、汤寿潜、汤化龙为代表的立宪派政治势力，满洲贵族政治势力，以及各地方势力、各种政治团体、社会名流等无不应有尽有，参与讨论和极力引导国家的政治走向和新国家的建构。各种政治势力相互作用的结果：清帝退位，清王朝覆灭，确立民主共和新体制，南京临时政府结束，孙中山辞去临时大总统，南北统一，袁世凯出任中华民国临时大总统。

辛亥革命的结局，犹如恩格斯晚年为唯物史观增添新光彩的“历史合力论”的结果。恩格斯1890年致信约·布洛赫时提出完整的历史合力理论：即“历史是这样创造的：最终的结果总是从许多单个的意志的相互冲突中产生出来的，这样就有无数互相交错的力量，有无数个力的平行四边形，由此就产生出一个合力，即历史结果，而这个结果又可以看作一个作为整体的、不自觉地和不自主地起着作用的力量的产物——各个人的意志——虽然都达不到自己的愿望，而是融合为一个总的平均数，一个总的合力，然而从这一事实中决不应做出结论说，这些意志等于零。相反地，每个意志都对合力有所贡献，因而是包括在这个合力里面的”。（《马克思恩格斯选集》第四卷，人民出版社 1995 年版）以恩格斯的历史合力理论解读辛亥革命的结局，是最清楚不过的了。在革命党人力量尚弱，不足以自己的力量单方面推翻清王朝的前提之下，综合利用了袁世凯北洋集团的力量、立宪党人的力量以及其他政治势力，间接实现了推翻清政府、建立中华民国的革命目标。当然，既然推翻清政府的力量不是革命党人独自的力量，那么就不可能是革命党人意志的结果，这样的结果，是与马克思的唯物史观相符的。马克思在《路易·波拿巴的雾月十八日》中说：人们自己创造自己的历史，但是他们并不是随心所欲地创造，并不是在他们自己选定的条件下创造，而是在直接碰到的、既定的、从过去继承下来的条件下创造。马克思主义唯物史观是我们对辛亥革命结局分析的一把钥匙。

当然理论的指导离不开辛亥革命当年的社会情景，离不开扎实丰富的历史文献，离不开一手的史料，离不开主要人物频繁的活动。袁世凯是辛亥革命期间的核心人物，关键人物，在民主共和大局确定的前提之下，袁世凯继孙中山之后，成为社会各界共同拥戴的中华民国大总统则是必然的了。至于辛亥以后袁世凯的变化，则与辛亥以后变幻的政局有关，不是袁世凯个人意志所能左右的。丁健博士从事辛亥革命研究多年，将其研究成果辑录为《史林新探》，为我们认识辛亥革命期间的袁世凯提供了很好的研究视角，为学术界进一步研究袁世凯、研究辛亥革命做出了有益的贡献。

张华腾

2020 年 8 月 20 日

目　录

清廷与辛亥革命

QINGTING YU XINHAI GEMING

武昌起义后清政府起用袁世凯问题考述

目前，辛亥革命史研究已进入一个稳步发展的阶段。前期学术积累相当深厚，无论是宏观叙述还是微观建构，都有甚多可圈可点之处，但并非十全十美。究其原因，一是理论视角偏向，重视“革命性”以及具有革命性的历史人物研究，忽视对革命对立面，特别是对对立面当权者的探讨；二是突破既往研究形成之学术瓶颈的动力不足，主要表现是从事辛亥革命史研究的团队与个人不是日见增多，反而是原来从事这一研究的也逐渐转向其他研究。在辛亥革命史研究已经有数十年学术积累的今天，如何继续深入推进其研究，是我们不得不认真思考的问题。有鉴于此，笔者以蚂蚁撼大树的精神，拟以武昌起义后清政府决策起用袁世凯一事为研究对象，妄图对辛亥革命史研究存在不足的第一个方面略述己见。众所周知，清廷起用袁世凯是内部决策，可此决策是如何形成的？哪些人起了关键作用？袁世凯对之有何反应？其中有何波折？以往对这些问题的研究虽有所述及，但大都泛泛而谈，或者臆猜之，并未就问题的实质及因缘关系一探究竟。① 因此，只有对这些问题进行深入研究，才能补既往研究之不足，才能刹住有关此问题以讹传讹的学术不正之风。当然，由于才识有限，能否达此目的不敢预知，尚期方家批评指正。

---

① 比较客观且具有代表性主要有：刘路生：《袁世凯辛亥复出条件考》，《广东社会科学》2003 年第 4 期；侯宜杰：《辛亥革命爆发后徐世昌是否密赴彰德会见袁世凯》，《近代史研究》2011 年第 3 期；丁健：《武昌起义爆发后民众视野里的袁世凯》，《史学月刊》2012 年第 4 期等。

一、武昌起义后清政府张皇但并未失措

传统观点认为武昌起义后，清廷重新起用袁世凯是顺理成章的事情，并大肆渲染非袁不可收拾政局。事情果真如此吗？通过对现有的史料爬梳、考证，我们发现这种认识是典型的后见之明。其实，清政府内部并非一开始就主张起用袁世凯，而最终起用袁世凯是多种因素发酵的结果。在决策起用袁世凯的过程中，有很多值得一提的内幕，而这些恰是当前研究所未过多涉及的。

武昌起义前夕，尽管国内四川保路运动轰轰烈烈，但清政府并未有感到空前危机，亦深信敉平指日可待。而湖广总督同日（1911 年 10 月 10 日）两封内容迥异的加急电报，让清廷措手不及。前一封还大报平安："现在武昌、汉口地方一律安谧，商民并无惊扰，租界、教堂均已严饬保护，堪以上慰宸廑。"① 时不过半日却躲在汉口"楚豫"兵轮上仓猝发电告知：革党拘乱，督署被攻占，而且连"匪首何姓名，事出仓卒，无从办悉"。并请求清廷"饬派知兵大员率带北洋第一镇劲旅，多带枪炮，配足子弹，刻日乘坐专车来鄂剿办"。② 不仅如此，瑞澂还与河南巡抚宝棻、湖南巡抚余诚恪联络，要求派营速往。之后各地惊恐电报不断汇聚京师，清政府尤其感到事态重大，连夜商讨对策。当时颇得内廷消息的《大公报》有如是报道："内阁、军谘府、陆军部二十日下午四点余钟接到鄂督第二次电报，省城失陷，当由庆邸亲持原电赴监国府第面奏，随电召那徐两协理前往侍议，时已六钟，至夜半始行散议。次早五钟，监国升勤政殿召见庆邸等三阁臣，并洵朗两贝勒侍议办法。"③ 由此可见，清廷已深知事态的严重，尽管略显张皇，但并未失措，12 日的谕旨即是明证：将湖广总督瑞澂革职，准其戴罪图功，限期将武昌收复。同时进行军事部署，命军谘府、陆军部迅派陆军两镇陆

---

① 中国第二历史档案馆编：《中华民国史档案资料汇编》第 1 辑，江苏人民出版社 1979 年版，第 168 页。

② 陈旭麓、顾廷龙、汪熙主编：《辛亥革命前后——盛宣怀档案资料选辑之一》，上海人民出版社 1979 年版，第 183 页。

③ 《要闻》，《大公报》1911 年 10 月 15 日，第一张第三版。

续开拔，赴鄂剿办。一面由海军部加派兵轮，饬萨镇冰督率前进，并饬程允和率长江水师即日赴援。一面由陆军大臣荫昌督兵迅速前往，所有湖北各军及赴援军队，均归节制调遣。[①] 从此谕旨可以看出清政府部署有力得体，水陆并进。而从荫昌出京南下的场面亦难看出北洋军队不服从管理的举动，当时的一篇报道说明了这一问题："荫午帅于二十四日下午五钟三十余分专车出京，同行者为丁士源等军界上重要人物，送行者为涛贝勒，那协理、肃邸、桂大臣、乌金吾及寿副大臣等，荫帅与涛贝勒密谈良久，濒登车时盛宣怀赶到，又与密谈，荫帅对之颇有鄙薄之意，旁人只闻两语：好办，好办，请万安。余则未能尽悉。比荫帅登车随行兵士及送行各大员兵警等三呼'中国陆军万岁'，始鸣汽笛开车南下。观之荫帅之举动言谈，极为安详，毫无张皇失措之态。"[②]

袁世凯在致冯国璋、张镇芳信函中也提到荫昌："前夕荫帅过彰，接谈片时。识议明超，踊跃前进"[③]，"兴致颇为踊跃"[④]。由此可见，清廷起初似并未有非袁不可收拾局面的打算。

二、清政府决策起用袁世凯的酝酿

武昌起义后，清政府虽说应付尚称得力，但毕竟事关重大，且因武汉无论从经济上，还是地理位置上都十分重要，清廷实际掌权者载沣每日召集内阁、军咨府会商对策。而最后决策起用袁世凯是清廷权力中枢的共识，在此过程之中载沣、奕劻、载泽等态度尤为重要。以往学界对奕劻在起用袁世凯一事上的努力着墨较多，可是对奕劻是如何说服载沣接受起用袁世凯的主张涉及不多；对载沣的描述，多是从无奈被迫说起；对载泽的作用，更是较少提及。为了弄清清政府起

---

① 《宣统政纪》卷六十一，《清实录》，中华书局 1987 年版，第 1096 页。

② 《荫午帅出京之气象》，《盛京时报》宣统三年九月初一日，(七)。

③ 骆宝善、刘路生主编：《袁世凯全集》第十九卷，河南大学出版社 2012 年版，第 12 页。

④ 骆宝善、刘路生主编：《袁世凯全集》第十九卷，河南大学出版社 2012 年版，第 13 页。

用袁世凯决策过程中的诸多细节，我们尝试建构武昌起义后清政府因应的内部机制，以使能够更清楚更深入地认识辛亥革命的丰厚内涵。

第一，载沣在起用袁世凯一事上的态度。

作为摄政王的载沣，给人的总体印象是墨守成规、遇事无主见。在其弟载涛看来，“他做一个承平时代的王爵尚可，若仰仗他来主持国政，应付事变，则决难胜任”①。尽管如此，但其在决策起用袁世凯过程中无疑是一位重要的关键人物，他的态度变化亦有一个过程。起初，他并不同意起用袁世凯。深知清廷内情的刘体仁有过这样的记述：“辛亥八月庚子朔，越十八日丁巳，武汉之乱作，翌日闻于朝。己未，政府及各部大臣入见，环求起用袁世凯，王不许。庚申辛酉，宫门抄言官有三数封奏留中不发，意亦为是请也。”② 参与决策其事的载涛也认为：“载沣本不愿将这个大对头请出，以威胁自己的政治生命。”③ 最后载沣之所以同意起用袁世凯，有的认为是：那徐协谋，推动奕劻，趁着载沣仓皇无助之际，极力主张起用袁世凯，而载沣素性懦弱，没有独作主张的能力，亦没有对抗他们的勇气，只有听任摆布，忍泪屈从。其实这种说法颇值得商榷，载沣起用袁世凯仅仅是被迫、是无奈吗？恐怕不能简单给以这样的定论。载沣之所以同意起用袁世凯，一方面确是深深感到“国中无人，朝中无将”的局面，将会更加加剧清廷危险倾向。另一方面，清廷内部的统军人物载涛、载洵、毓朗等大都才不堪任，不仅如此，而他们紧张莽撞不理智的举动进一步增长了载沣的不安。

本来，武昌起义瑞澂的玩忽职守，加之载泽的袒护，就已经令载沣头疼了，可武昌前线军事部署中载涛、毓朗的主动请战，看似为国效力，实则更刺痛了载沣无奈的内心。关于此，当时的报刊进行过详细记述：“闻朗月华贝勒日前召见时曾奏请监国拟赴前敌，以期迅即敉平，监国未允。略谓此次鄂乱系属兵匪勾结，且省城已陷，势甚猖狂，非跳梁小丑可比，汝须在京筹划一切，荫昌此去必

① 载涛：《载沣与袁世凯的矛盾》，《辛亥革命回忆录》第 6 册，中华书局 1963 年版，第 323 页。

② 刘体仁：《异辞录》，上海书店 1984 年版，第 457—458 页。

③ 载涛：《载沣与袁世凯的矛盾》，《辛亥革命回忆录》第 6 册，中华书局 1963 年版，第 325 页。

能胜任等语。贝勒闻驯遂唯唯称是。”① “日来鄂军风声愈紧，二十二日监国召见阁部王大臣侍议政策时，军谘大臣涛贝勒曾请亲统禁卫军，赴鄂助剿以壮声威，监国谕以暂从缓议。二十三日政府连接川鄂急电特开御前会议，贝勒又毅然陈请，当由庆邸劝以事虽紧急尚非十分危迫，且已派有各军，足敷剿办；若一朝由贵郡王统军前往御敌，居民必致益生疑虑，转恐有碍治安。监国亦以为然，已谕止涛贝勒，毋再陈请。”② 其实，毓朗、载涛的主动请缨不仅未能有益社会形势发展，反而加剧了载沣对时局认识愈益严重的心态，处此境遇之下，再加之内阁、载泽以及御史的推动，载沣决定起用袁世凯谕诏便呼之欲出了。

第二，主张起用袁世凯的其他关键人物推波助澜。

首先，袁世凯起用一事上奕劻的作用非同一般，以往的研究对此有过陈述，因受史料限制，但大都十分简略，难以对其进行深入了解。本文则根据新刊史料，认为奕劻在起用袁世凯上先抑后扬，发挥了十分关键的作用。

武昌起义前夕，奕劻的政治处境十分窘迫，在权力旋涡之中与载泽、盛宣怀的矛盾时隐时现，但在重大问题的决策上，奕劻的意见仍不可轻视，虽说老矣，可仍是载沣十分倚信的要人。这在很多问题上可以找到根据，比如在武昌起义后针对时局应采取什么样的政策时，以往高调做事的年轻诸亲贵不知如何适从，还是政治老道的奕劻力主剿办，载沣默然。信息灵通的《大公报》对此有过这样的记述：“平定武昌党乱之方略，已於二十一日明谕颁布，兹闻各事之规定，政府先于二十日研究终夜，据某协理大臣意见，拟主张仍以镇定从事。总理大臣颇不赞成，以此次党乱突起，利在速平，否则沿江各省恐被牵动，川事将更难办理；且现今外人窥伺无隙可乘，若再酿成交涉，益致不可收拾，是宜大举剿办，以期迅即敉平。监国亦极以为然。”③ 袁世凯的表弟张镇芳在致袁世凯信函中亦提及：“所可恨者，一班小爷，以社稷为儿戏，尽收兵权、财权，一旦变出非常，即人人束手，必至此时，始让七十余岁庆邸代为筹谋。迭次谒庆，极其可怜。”④ 由

---

① 《朗贝勒请赴前敌》，《大公报》1911 年 10 月 16 日，第一张第三版。

② 《庆邸劝阻涛贝勒统军赴鄂》，《盛京时报》宣统三年八月二十九日，(二)。

③ 《大举剿平鄂乱之原因》，《大公报》1911 年 10 月 16 日，第一张第三版。

④ 《张镇芳来函》，《袁世凯全集》第十九卷，河南大学出版社 2012 年版，13 页。

此可见，非常时刻只知弄权的年轻亲贵还得依靠奕劻。正因如此，在起用袁世凯问题上，奕劻的态度与作用十分重要。

但是，在起用袁世凯一事上，奕劻深知年轻亲贵们的心理，特别是载沣的想法，三年前无故开缺袁世凯是他们心中最大的障碍，当然亦担心袁世凯复出会对其权力造成威胁。所以，在清廷会商应对武昌起义之策时，奕劻先是克制自己，静观事变。有人曾对此做过分析："二十一日早朝，摄政非常惊慌，那、徐请召宫太保，而庆不开口，欲试摄之伎俩也。"其实，奕劻何尝不想立即起用袁世凯！而关于为什么要这样做的原因，他曾亲口告诉过张镇芳，后张在致袁世凯函电中又提及之："是日两钟，芳谒见，庆谓此乱若不及早扑灭，深恐蔓延，非宫太保出山，则长江一带不堪设想。并自叙交情与姑忍而避嫌之意，亦逆料童蒙不能不求我（指奕劻）也。昨闻招斗瞻至内室，面交亲笔信，令其赴邺。想系言摄政惭愧，恐不应命，与诸小爷恳求之诚；且自言至好，祈出而拯济时艰，不可坚辞等语。芳虽未见其信，可想而知，亦实情也。"①

其次，度支部大臣载泽在袁世凯起用一事上，也发挥了十分重要多用，武昌起义后，奕劻与载泽都十分着急，希望载沣能够立起袁世凯，对此，刘体仁曾有过精到的记述："镇国公载泽与庆邸过于寿皇殿之院下，泽曰：'侄意，须项城一出。'庆曰：'屡言之，而王不听，奈何？'泽曰：'侄请独对。'力争之出，曰：'王许我矣，命勿告政府，殆欲出自己意，以示惠也。'未几，王果召庆入，下诏起用袁世凯。庆出复召泽入，庆辈不知所以，坐于直庐以待。泽出，宣王之后命，曰：'使朝臣中与项城习者赍诏前往，促之速来，善为我辞焉，勿介意于旧事也。'遂令阮忠枢往彰德。及归，要约多端，王悉曲从，朝廷之情见势绌，于是毕现。"② 实际上，载泽之所以急于袁世凯再起，一方面缘于其在四川保路运动上的失策，因与盛宣怀联合抵制徐世昌、奕劻等之安抚策略，主张严剿，导致四川人声鼎沸，造成激烈地反对政府行为，潜在地加剧了全国形势动荡不稳；一方面是盛宣怀等人的游说，"盖袁岑之起，此次乃系庆泽合力而成之，原有人力

---

① 《张镇芳来函》，《袁世凯全集》第十九卷，河南大学出版社2012年版，13页。
② 刘体仁：《异辞录》，上海书店1984年版，第457—458页。

言与泽言谓北洋恐有变，非袁世凯不足以镇之”①。当然，载泽强烈地预感到北洋军非袁世凯统率不可奏效，是其主张起用袁世凯的重要原因。

复次，海军大臣载洵也积极促成袁世凯再起，目前虽未见到最直接的史料，但从一些间接信函可以窥见一斑。当时京师外城总厅厅丞吴篯孙在致袁世凯信函中提道：“海军部参事冯公度来云，吾师此次出山，多系伊之主动，一面求洵向三耳陈说，此次大局，非吾师不能收拾，一面托史履晋陈奏，请吾师出山。……又云洵邸嘱转致，请速出山，所有一切事宜，伊必竭力相助，即嘱冯公度转达，必能达其目的。”② 再对证当时监察御史史履晋奏折：“窃自武昌兵变，警告万急，现已派荫昌督带两镇前往，惟荫昌系陆军大臣，为全国耳目所系，傥少（稍）有疏虞，易损国家威重，查北洋所练第一二三四五六镇均系袁世凯旧部，拊循多年，将士用命，若派袁世凯署理湖广总督，责以督师各镇，克复已失城池，似觉略有把握。”③ 果然如此。

综合以上因素可知，起用袁世凯，应该说是清廷权力中枢的共识，并非出于无奈之举；是武昌起义后京师及各地局势不断发酵的结果，也是袁世凯的政治、军事地位与声望决定的。

当时就有论者指出：“袁宫保曾任北洋大臣，励精吏治，筹划新政成绩宏著，先效洋式编练新军，嗣又编练近畿六镇威望尤高，足以指挥北洋全军者项城外，实无其人。且北洋在军机任内应接外臣，颇得信赖，加太子少保衔名誉尤著，深为中外人士所仰慕。……今者政府因鄂省革党逞威，特调第六镇及其他近畿各军，资格不及恐致贻误，致误大局，……加以汉口毗连武昌，革党占据酿起中外交涉事宜，必致纷杂。须有外交熟手当以难此局也。”④ 揆诸史实，袁世凯的声望与能力的确是其再起诸因素中最为重要的一个。

---

① 《鄂事中之京师日记》，《时报》宣统三年九月初二日，（三）。

② 《吴钱孙来函》，《袁世凯全集》第十九卷，河南大学出版社 2012 年版，13 页。

③ 《监察御史史履晋奏折》，中国第一历史档案馆编：《清宫辛亥革命档案汇编》第 64 册，九州出版社 2011 年版，第 228 页。

④ 《袁岑两宫保起用之原因》，《顺天时报》宣统三年八月二十三日，第七版。

三、清政府决策起用袁世凯的实施

清政府由商议起用袁世凯到正式下谕，其间经历了一番周折。一方面，清廷虽说起用袁世凯但是将其立于如何位置还有疑忌；另一方面，清廷也担心袁世凯借口推辞不愿出山，导致威信扫地。在全国形势愈益紧张的情势下，如何把起用袁世凯这件事做好做踏实，清廷的确颇费心思。这体现在：

第一，发布起用上谕。

针对武昌起义的事实，清廷紧急发布起用袁世凯诏书："湖广总督著袁世凯补授，并督办剿抚事宜，四川总督著岑春煊补授，并督办剿抚事宜，均著迅速赴任，毋庸来京陛见。该督等世受国恩，当此事机紧迫自当力顾大局，勉任其难，毋得固辞以副委任，俟袁世凯、岑春煊到任后，瑞澂、赵尔丰再行交卸。"又谕："袁世凯现简授湖广总督，所有该省军队暨各路援军均归该督节制调遣，荫昌、萨镇冰所带水陆各军，并著袁世凯会同调遣，迅赴事机，以期早日勘定。"①

但起用袁世凯的上谕是包含深意的。这其中也有不少插曲，为什么袁世凯再起要与岑春煊再起相提并论，为什么袁世凯只能会同调遣。溥伟与载沣的一段对话，说明了这一问题。

数日后，忽起用袁世凯督师。复谒醇邸，叩其因，醇邸以袁四有将才，且名望亦好，故命他去。余曰："袁世凯鹰视狼顾，久蓄逆谋，故景月汀谓其为仲达（司马懿）第二。初被放逐，天下快之，奈何引虎自卫？"醇王默然良久，始懦懦言曰："庆王、那桐再三力保，或者可用。"余曰："纵难收回成命，可否用忠贞智勇之臣，以分其势。"醇王问为谁，余曰："叔监国三年，群臣臧否，自在洞鉴，伟不在政界，何敢谋此！"醇王曰："都是他的人，我何曾有爪牙心腹！"余曰："叔代皇上行大政，中外诸臣廉能正直者，皆朝廷桢干，又何忧孤立乎？瞿子玖、岑春萱，袁所畏也；升吉甫，忠梗可恃。诚使瞿入内阁，岑督北洋，以升

① 《宣统政纪》卷六十一，《清实录》第60册，中华书局1987年版，第1100页。

允为钦差大臣，握重兵扼上游，庶杜袁四之狡谋。”醇王曰：“客明日与他们商量。”①

由此可见，清廷起用袁世凯过程中并非一开始就意见统一，也是历经多次筹商、权衡，后来，清廷虽然决定起用袁世凯，但对袁世凯还明显存有戒心。

第二，奕劻亲遣阮忠枢赴彰劝袁出山。

尽管决策起用袁世凯历经了一些曲折，但在促袁世凯尽快出山督师前线的目的却是一致的。由于清政府与袁世凯之间的旧怨，载沣、奕劻等人担心袁世凯不肯应命。为达到让袁世凯出山的目的，奕劻做了十分重要的谋划，特别是选时任内阁丞参的阮忠枢亲赴彰德劝驾就是明证。为何选择阮忠枢？这要从阮忠枢与袁世凯的关系说起。两人知交于袁世凯北洋小站练兵期间，本来阮是李鸿章淮军中非常需要文案，在李鸿章的荐举下入袁世凯幕府，后跟随袁世凯在山东、直隶，深为袁世凯倚任，可谓“幕府所赖唯君一人而已”②。对此有人曾做如下评述：“阮内史长与袁氏为老友，而能承顺袁之意旨，而谨慎缜密，有口不言温室树之概。每有事，辄先延内史长入，密语良久，然后更及十三太保。虽以梁财神之倚重，杨杏城之尊信，不及内史长之昵如家人也。”③ 因阮袁关系非同一般，阮忠枢又为奕劻所信任，所以，很多不便公开说的事情，可以令阮忠枢直接带达。事实上，阮忠枢亲赴彰德带去的不仅是军情复杂非袁不可，而且还有庆亲王的问候。加之清季最后十年庆袁之交情，奕劻的手书必定对袁世凯决定是否出山发挥重要作用。事实也正是如此，当时袁世凯幕府内部就有两派不同意见，一主张劝行，一主张不应清廷之命。但最后袁世凯力排众议：“余不能为革命党，余子孙亦不愿其为革命党。”④ 并直接告诉奕劻要出山，一方面覆奕劻“一俟少可支撑，即立即就道”。一方面透出自己身体不适实情，而不能在信函中公开表露的部分，

---

① 溥伟：《逊国御前会议日记》，《社会科学战线》1982 年第 3 期。

② 《阮忠枢先生传略》，国史馆编：《国史馆现藏民国人物传记史料汇编》第 21 辑，国史馆 2000 年版，第 145 页。

③ 许指严：《新华秘记》，中华书局 2007 年版，第 157 页。

④ 王锡彤著，郑永福、吕美颐点注：《抑斋自述》，河南大学出版社 2001 年版，第 226 页。

亦即“不能尽言”之处，则“属阮参议详达”。从袁世凯覆奕劻信函中“谢恩折已在赶缮，明日拜发”,① 可以看出袁世凯首先是把决定出山的消息告诉了奕劻，清廷其他权力中枢的重要人物则是至少晚奕劻一天才知道。

第三，载涛谆嘱荫昌造访袁世凯请其出山。

载涛是武昌起义后更为关注军事部署的重要人物之一，因其军咨府大臣的身份，要对武昌起义的军事谋划与部署负责。本来，军咨府大臣载涛当时主要着手做的事务是组织永平秋操，他把主要精力都投放到军事会操的准备上来，武昌起义爆发后，他其时并不在北京，而在秋操现场，得到消息后匆匆回京布置。为了达到尽快平息武昌起义的目的，先是自告奋勇带禁卫军督师前线，被载沣、奕劻劝止；当清廷决定由荫昌督师后，又因所带北洋军队问题与荫昌数次筹划军事策略；而荫昌带兵出京之时，又与荫昌密谈，令其南下过彰德时，一定要劝袁世凯出山。《大公报》的记者就捕捉到了这样的消息：“闻荫午帅于出京时，涛贝勒送至前门车站，谆嘱道：出彰德时须亲造袁慰帅处，请其顾念时局，从速出山。”② 不仅如此，后来在满足袁世凯所提军事事权统一问题上，载涛亦做了很大让步，“谕旨准予袁督种种特权，闻系因袁三上密电详陈：事权不一于军务大有妨碍。起初拟旨时只陆军部不为遥制，后经涛贝勒奏请遂复添入军谘府三字。”③ 由此可见，军咨府完全配合袁世凯的军事要求。

在袁世凯的行程问题上，载涛亦十分关注，其在致陆袁世凯、荫昌的电报中有：“慰廷何日启行，极念。”④ 一个“极”字，蕴含丰富，令人有诸多揣摩想象的空间，也透露出载涛对袁世凯出山启程的期待程度。

最后，清廷要人还多次共同敦促袁世凯出山，有报道称：“二十三日起用袁项城之明谕发表后，廷臣如内阁总协理及洵涛朗贝勒并泽公伦贝子等均特致袁项

---

① 《复上庆邸》,《袁世凯未刊书信集》，中华全国图书馆文献缩微复制中心 1998 年版，第 1559—1561 页。

② 《要闻》,《大公报》，1911 年 10 月 18 日，第一张第三版。

③ 《袁督特权之赞成者》,《大公报》1911 年 10 月 31 日，第一张第三版。

④ 《载涛致袁世凯荫昌电》，中国第一历史档案馆编：《清宫辛亥革命档案汇编》第 64 册，九州出版社 2011 年版，第 311 页。

城电一道，内容多系劝袁应诏出山，速定鄂乱，藉保大局，切勿执意辞却，以致有误事机。”① 有的发电谓：“此次简用系出自朝廷特旨，请即从速赴任，戡定党乱，毋庸固辞。”② 清政府恐怕袁世凯固辞不就任，“除派阮忠枢赍书敦请外，复饬荫午帅造庐劝驾，兹闻政府因欲宫保之迅赴事机，昨又特挽袁公子克定速发家电，劝其封翁迅即起程赴鄂，以便指日剿平乱事”③。总之，为了达到尽快促使袁世凯督师前线的目的，清廷可谓颇费心思。

原载《理论月刊》2017 年第 11 期

① 《盈廷电速袁项城》，《盛京时报》宣统三年八月二十九日，(二)。
② 《廷臣齐速袁项城之续闻》，《盛京时报》宣统三年八月三十日，(七)。
③ 《是亦催袁速驾之一法》，《大公报》1911 年 10 月 21 日，第一张第二版。

奕劻与辛亥袁世凯再起

辛亥袁世凯的再起，无疑是辛亥革命中不可忽视的一件大事。因为他的复出，对武昌起义后中国政局产生了无可替代的影响，使得国内各种政治势力重新分化组合，复杂的局势日趋明朗，最终导致了清王朝的覆亡与民主共和政体的创立。遗憾的是关于这一问题的研究，以往我们对之贬抑的多，肯定的少；泛泛而谈的多，做深入研究的少；人云亦云而臆测的多，建立在史料基础上做认真分析的少。目前已有一些学者关注这一问题，发表了与传统观点不同的见解，并对史实的重建做出了重要贡献。① 相信随着研究的不断深入和新史料的不断挖掘，对这一问题的探讨必将进入一个新的阶段。笔者不揣浅陋，妄图就自己所思，对奕劻及其与袁世凯的复出关系略述一二，不足之处，敬请批评指正。

一、奕劻其人

奕劻生于道光十八年（1838 年）二月，卒于民国六年（1917 年）农历正月。一生主要履历如下：道光三十年（1850 年，13 岁），袭辅国将军，咸丰二年（1852 年，15 岁）正月，封贝子，十年（1860 年，23 岁）正月，进贝勒，同治十一年（1872 年，35 岁）九月，加郡王衔，授御前大臣，光绪十年（1884 年，47 岁）三月，命管理总理各国事务衙门，十月进庆郡王，十一年（1885 年，48

---

① 参见郑焱《武昌起义爆发后袁世凯“出山”史实考辨》，《求索》1991 年第 6 期；刘路生《袁世凯辛亥复出条件考》，《广东社会科学》2003 年第 4 期。

岁）九月，会同醇亲王办理海军事务，十二年（1886 年，49 岁）年二月，命在内廷行走，十五年（1889 年，52 岁）正月，赐四团正龙补服，二十年（1894 年，57 岁），进亲王，二十六年（1900 年，63 岁）七月，留京会大学士李鸿章与各国议和，二十七年（1901 年，64 岁）六月，总理衙门改为外务部，奕劻仍总理部事，二十九年（1903 年，66 岁）三月，授奕劻军机大臣，仍总理外务部如故，寻命总理财政处、练兵处，宣统三年（1911 年，74 岁）四月，罢军机处，授奕劻总理大臣。① 武昌起义后，转任弼德院总裁。

以往我们对奕劻的认识，非常强烈的印象是“叫袁（世凯）拿金钱喂饱了的人，完全听袁（世凯）支配”②，“奕劻的灵魂，早为袁世凯所收买”。“又只知贪污受贿”③，政治上一无建树，庸庸碌碌，是一个窝囊废。其实，从奕劻的一生，特别是在清末三四十年里，我们不难看出他声势烜赫，权倾一时。

这样的一位晚清重臣，长时期以来我们有些把他给简单化了，甚至“戏说化”，“脸谱化”，这看似把握了奕劻，而实际是离历史的真实面目越来越远。奕劻为什会有自己的生存空间，而且还权高位重。这是应该值得我们今天思考的问题，不能被其所表现出的“假象”迷惑，再说，力求实事求是地还原其真实面目，是历史研究者应尽的责任。

其实，奕劻远非我们所想象的那么简单，而是“圆滑、巧诈，城府很深”④。如果对其的研究仅仅停留在表面上是远远不够的，我们应该透过现象抓住其本质，这不仅可以真实还原奕劻不为人知的一面，而且对认识当时社会具有很重要的价值和意义。骆宝善先生指出“奕劻从小就经历了自己的祖父、父亲、伯父、堂兄们荣辱浮沉，万分惕慄，养成了对规矩不僭越一步的庸庸碌碌的外表形象，但他的内心精明得很，分得出事情的大小轻重，完全符合皇权专制制度下对一个

---

① 赵尔巽：《清史稿》，中华书局 1976 年版，第 9097 页。

② 载涛：《载沣与袁世凯的矛盾》，《辛亥革命回忆录》（六），中华书局 1961 年版，第 323 页。

③ 载润：《隆裕与载沣之矛盾》，《晚清宫廷生活见闻》，文史资料出版社 1982 年版，第 78 页。

④ 何树宏：《奕劻与晚清政局》，《清史研究》2000 年第 2 期。

皇族的规范要求。史称奕劻庸懦贪鄙。这或许是他练就的某种‘大智若愚’的面孔，是他的‘保护色’。”并进一步分析道：“其实就政治见识而言，维持祖宗江山，尽心大清国事，在他始终是第一位的，心目中本能地绷着满汉芥蒂这根弦。颇具说明意义的一件事是，庚子、辛丑同八国联军谈判，清廷任命他和李鸿章为全权大臣。他对李鸿章明白说，谈判以你为主，我只备位而已。而事实上，他对谈判非常尽心。其间，奕劻有致荣禄密信，备说他对李鸿章不尊重他的意思十分恼火，十分巧妙地把同李的意见相左之处反馈到清廷。他的内心明镜似的，并不庸碌。从显现的冰山一角可见，李鸿章他尚且不放在眼里，对于袁世凯这个晚辈后生而政治上的伙伴，又岂能完全任其摆布，又岂能是几个铜板就能收买的了的。”① 一点不错，奕劻作为一个皇族，首先维护的就是皇朝的尊严和安全；其次，其能在晚清政治风云中不倒，没有一定的能力绝对不行，袁世凯也只是他政治上的可资利用的伙伴而已，更不像我们通常认为的“惟袁是从”。

再一个例子即是，在义和团运动中，对所谓“祸首”董福祥的处置，表面上，奕劻、李鸿章在奏折中如实报告了各公使认为董福祥“实为罪魁”②。实际上，奕劻并没有把董福祥和载漪、刚毅等人同等看待。他在给荣禄的信中即说：“弟极知星五公忠素抱，深得秦陇民心，如此良将，雅宜加意护惜，奈各使成见胶执，难以理喻。”③ 由此可见，奕劻遇事也是很有主见的，并非昏庸无能之辈。

正是因为奕劻用他平时表露出来的“昏庸无能”，掩盖了其政治斗争的谋略，更是让政敌因此轻视其能力而落败。奕劻无疑是政治斗争的高手，在清末的最后十几年，其历经戊戌变法、庚子事变，丁未政潮，不仅没有遭到猜忌排斥，反而深得慈禧恩宠，且不断加官晋爵，势力一天一天做大，直到后来慈禧太后发现其威胁皇室时，再用载沣分其权势，为时已晚。载沣摄政后打击袁世凯，其实也是在敲打奕劻，但这并未能动摇其在清廷权力中枢的地位。当然，奕劻之所以能这样权势不可一世，而没有深遭猜疑，一方面，它是清室贵族，而且是离皇室很近

---

① 骆宝善：《骆宝善评点袁世凯函牍》，岳麓书社 2005 年版，第 249—253 页。

② 故宫博物院明清档案部编：《义和团档案史料》（下），中华书局 1959 年版，第 792 页。

③ 杜春和等编：《荣禄存札》，齐鲁书社 1986 年版，第 7 页。

的一支宗系，所以深得慈禧信任；另一方面，奕劻老城圆滑世故，又不轻易留下话柄；善于用人，比如袁世凯等，而当事情不利于他时，又可以把责任推得一干二净。御史多次弹劾奕劻贪污腐败，但却并没有能置他于死地。对清廷来说，贪污腐败是他们自己的事情，因为他们存的是王朝观念，而不是国家观念。倘情况的确闹得严重时，慈禧也只是轻描淡写地说奕劻一顿，并没有很重的惩罚。当然奕劻的所处时代之动荡，清廷政治之腐朽，也为其做大做强提供了巨大的政治空间。

此外，奕劻在晚清主要扮演的是一个平衡性的角色，特别是在清朝权力中枢的满汉平衡中发挥了重要作用，这也是清朝得以维系的重要原因。但是，奕劻这样做是有极强的目的性的，那就是维持祖宗江山，保证清朝稳定。也正因如此，他要比其他皇室诸亲贵更紧张清廷的安危，武昌起义后，最坐不住的就是奕劻，川路事件还未平息，武昌风潮再起，在他看来凶多吉少，为了挽救王朝命数，力保袁世凯出山。

二、奕劻与袁世凯再起

关于袁世凯起用的原因，时人是这样认为的，“袁宫保曾任北洋大臣，励精吏治，筹划新政，成绩宏著，先效日式编练新军，嗣又编练近畿六镇，威望尤高，足以指挥北洋全军者，项城外实无其人，且北洋在军机任内应接外臣，颇得信赖，加太子少保衔，名誉尤著，深为中外人士所仰慕”①。的确如此，后人亦多从此说。这只是仅仅从袁世凯自身的条件立论，无可厚非，但忽略了清王室这一面的决策，特别是奕劻在其中所起的作用。声望，能力，外人信任，是袁世凯起用的必要条件，而不是充分条件。奕劻的力保与强起，才使袁世凯的复出成为历史的必然。

在封建君主专制的王朝体制下，一个遭罢黜的旧臣，况且是深遭猜忌曾一度被认为危及清朝统治的重臣，轻易地再起谈何容易。其实，袁世凯及其北洋集团

---

① 《袁岑两宫保起用之原因》，《盛京时报》宣统元年八月二十八日，（七）。

一直为复出秘密筹划，有人指出："袁世凯在载沣执政之后，虽被载沣以足疾开缺，还归洹上，戴笠垂钓，以便避免清廷之注意。但事实上他和旧部六镇的统带们，仍常保联系；和立宪派张謇等也保持着紧密结合，和帝国主义的代理人朱尔典，以及新闻界也不断交换消息。在清廷内部，则埋伏了他的老幕僚长徐世昌，沟通和他狼狈为奸多年的奕劻，经常刺探载沣的举动。"① 早在武昌起义的前后，北洋派已经为袁的再次复出铺路了。关于这件事情，曾任直隶总督的陈夔龙有过这样的记述："项城赋闲已久，乘机思动。其门生故旧遍于京津等处，不恤捐集巨款输之亲贵，图谋再起。监国以彼从前废斥，其咎非轻，不敢贸然起用。该党以监国素重视余，谓得北洋一保，必生效力，某君夤夜来谒极为关说，余言辞拒之。谓项城前系一品大员，此时起用与否，朝廷自有权衡，不宜由疆臣奏保，致涉植党之嫌。倘贸然上疏强会出山，不特无以尊朝廷，亦非所以原爱项城也。其人嗒然而去，复运动连疆，某督某抚，即时电保。谓非任用项城不能收拾危局。监国惑之，未能意坚持。"② 实际上，这才是冰山一角，北洋派更多的秘密活动，并不为人知，更不会付诸文字，只能意会。他们所运动的京城内外大员中自然也包括奕劻。

关于是否起用袁世凯，起初，清室内部并非是一致赞成，而是有不同的意见。显然这些意见是与三年前袁世凯的放逐分不开的，有的害怕袁世凯会成为曹操、王莽，用其之时就是清灭之日，像溥伟，善耆等。有主张立即起用的，奕劻就是。载涛说："到了武昌首义革命爆发，那徐协谋推动奕劻，趁着载沣仓皇失措之时，极力主张起用袁世凯，袁在彰德包藏祸心，待日而动。冯国璋、段祺瑞是袁的嫡系心腹大将，亦认为非宫保再出，不能挽救危局，载沣本不愿将这个大对头请出，以威胁自己的政治生命，但是他生性懦弱，没有独作主张的能力，亦

① 李泰棻：《独树一帜的善耆》，《晚清宫廷生活见闻》，文史资料出版社 1982 年版，第 87 页。

② 陈夔龙：《梦蕉亭杂记》，《辛亥革命史资料新编》（第一卷），湖北人民出版社 2006 年版，第 315 页。

没有对抗他们的勇气，只有任听摆布，忍泪屈从。”① 由此可见，起初载沣并没有起用袁的意思，载涛也主张自己督师奔赴前线，于是“向监国力请以军谘大臣恭代大元帅赴汉亲征，以励军心，监国以其无战事阅历不允所请，次日召见，涛又坚请照行，监国仍不许”②。最后还是奕劻多次劝说载沣，并保证袁世凯可用的前提下，才同意起用袁世凯。

奕劻之所以急于起用袁世凯，维护大清的命脉是第一位的，但也有政治斗争的原因，刘体仁论及宣统年间政局，指出“摄政就职，庆邸威权大损，见项城摒逐，知将及己，遇事更形退缩。宣统年间，政局情形极其复杂”③。恽宝惠回忆当时清皇室内部斗争状况时，说道：当时他们皇族，约可分为两派，一派是载涛、毓朗为首，是属于军事的，得到载沣的信任……又一派是属于政治的，以载泽为中心。外加一个无多少政治经验的载沣，一个老奸圆滑，处心积虑的奕劻，他们之间的斗争很是复杂。④ 他们所言当是实情，因为武昌起义爆发前不久，清政府内部政治斗争曾风潮迭起。当时就有这样的说法，“顷得秘密确信，庆内阁目前辞职确系为某大臣而起，盖某大臣声势日张，已有不可遏抑之势，此次川乱庆徐两大臣力持和平，某大臣以其政策不行，恨之，遂与某某等密谋推翻庆内阁，惟该大臣并不思得总理一席，其意以为庆内阁去后，两协理中必有一人推升总理，则彼即可攫取协理一席，是故两旬以来百万交欢某某亲贵三人”⑤。当时的舆论中也多有奕劻“保荐袁项城自代之意”⑥。奕劻之所以在武昌起义前已萌生退意，很大程度上与清室内部斗争的复杂局势有缘，当然退只是为更进一步。奕劻深知，一个“川乱”都能把清室搅得一团糟，武昌起义，看来更难收拾。而诸亲贵年轻气盛，仅知道攘权，遇事没有太多主见，与其内部自乱，还不如引入

---

① 全国政协文史资料编委会编：《辛亥革命回忆录》（第 6 册），中华书局 1963 年版，第 325 页。

② 《要闻一》，《申报》1911 年 10 月 24 日，第一张第五版。

③ 刘体仁：《异辞录》，中华书局 1988 年版，第 221 页。

④ 恽宝惠：《清末贵族之明争暗斗》，《晚清宫廷生活见闻》，文史资料出版社 1982 年版，第 63—67 页。

⑤ 《要闻一》，《申报》1911 年 10 月 8 日，第一张第四版。

⑥ 《要闻》，《申报》1911 年 10 月 7 日，第一张第四版。

深谙治国之道的袁世凯，更能保大清朝于不倒。清廷尽管下诏起用袁世凯，但是袁世凯向清廷“提出军事八条”①，并未立即赶赴武昌前线，而是迟迟其行，时人的认识是“不行不止，亦行亦止”②。

关于奕劻亲赴彰德强起袁世凯史实，很少有人关注。通过史实分析和考证，我们认为是可信的。传统观点认为10月20至22日，清政府曾让徐世昌亲访袁世凯，袁世凯提出六条件，并由徐带回清廷，以示讨价还价。郑焱先生、刘路生先生通过考证，认为清政府并没有让徐世昌专门跑一趟彰德，政治六条件更是子虚乌有③。他们以史料梳理为基础，证据确凿，论述有力，令人信服。但是随之而来的问题是，当时怎么会有这种消息？清廷没有派徐世昌，有没有派其他人，或者是不是其他人的出京赴彰德被人们误认为是徐世昌？带着这种疑问，我翻阅了当时的报纸杂志，认为奕劻亲赴彰德强起袁世凯是成立的。首先，郑先生的考证给了我很大的启发，因为据他考证，在10月21、22日两天的《内阁官报》上奕劻请了假。其次，当时颇有影响的《申报》上也有两则关于这一事情的报道，其一为“京师盛传庆王扈驾西巡之说，其实庆王连日请假，系赴彰德亲访袁世凯劝其出山”④。亦有“由庆总理亲诣彰德强起袁宫保赴汉视师”⑤。关于此事，野史氏在《袁世凯轶事续录》中亦有述及，“项城自归卧而后，已自拟终老烟波，断无重行出山之想，虽暗中接纳权贵，亦不过为子孙计而已。谁知世事难料，竟有辛亥革命之役，项城为时事所迫，使之不得不出山，然项城当再出山时，亦踌躇不能自决。盖项城之为人，事事皆为己计，他人非所顾也。此时之举措不出三途：一则高卧不起；二则一出而扫平革命党，为清室中兴名臣；三则乘机而夺清室之鼎。三则之中审时度势，果何者必为办到，即何途是从。其目的但视大势为

---

① 中国公共图书馆古籍文献编委会编：《袁世凯未刊书信稿》（下），中华全国图书馆文献缩微复制中心1998年版，第1579—1580页。

② 《论鄂中之兵权不一》，《申报》1911年10月30日，第一张第二版。

③ 郑焱：《武昌起义爆发后袁世凯“出山”史实考辨》，《求索》1991年第6期；刘路生：《袁世凯辛亥复出条件考》，《广东社会科学》2003年第4期。

④ 《专电》，《申报》1911年10月26日，第一张第三版。

⑤ 《汉口战报》，《申报》1911年11月2日，第一张第三版。

转移，初无一定之成见也。当庆亲王三下彰德之时，项城对於庆王终不坚拒”①。在奕劻看来，“只有他（袁世凯）可以统率诸将，收指臂之助”②。再就是南北议和时，清廷御前会议上，奕劻因为力保袁世凯而备受责难。当时载泽面诘奕劻，“谓值此朝局危迫，诸皇族皆有与之共存亡之关系，现袁世凯承认召集国会，公决政体，已有暗向民军默认民主之意，然袁世凯系公力保以为可使，挽回大局保存皇室，乃延玩至今，不但不能保存皇室，反将倾覆皇室。此实袁世凯误事之咎，且彼於民军之要求并不辩驳，但将此项难题命我等自为酌夺，其用心之阴险，已可概见袁世凯素擅莽操之术，口中阳保皇室，腹内阴助民党，外迫内接，势与篡逼无异，实令吾人愤懑，宁拼死与之，一决雌雄”③。责任一股脑儿推到奕劻身上的原因就是，奕劻在袁世凯的起用和强起上费舌最多。

奕劻当时为什么要强起袁世凯，原因如下：一、当时荫昌驻扎信阳不前，清室催促其前进，荫昌反应冷淡，而形势发展瞬息万变，清室紧张长江上下游各省也因此受到影响，从此局势一发不可收拾。二、岑春煊先前的抗命，给清王室提了醒，他们已经不能自如地使唤权臣，权臣也不再唯命是从，更何况三年前袁世凯的被开缺也有点不明不白，当时袁世凯也并没有什么过多对清不尊的举动，就是因为几个年轻的亲贵外加一帮反袁的谏臣的合谋。现在国家值此危难之秋却召唤起袁世凯来了，袁世凯也有不出山的理由。也许出此考虑，更是为了大清江山，庆亲王只得亲自出马了。三、庆袁的交谊。在清末的最后十几年，奕劻袁世凯的合作可谓十分默契，袁世凯因为有奕劻做后盾，权力日增；奕劻因为有袁世凯的捧场，地位日固，袁庆交谊也是晚清政局稳定的重要原因。奕劻亲自出马劝驾，袁世凯也没有什么好拒绝的。

总之，武昌起义后，奕劻在袁世凯的复出方面，做功甚多，目的也是显而易见的，就是维护清王朝的统治。可惜的是，形势的发展并非如奕劻所愿，这两个曾经政治上的盟友的合作也不再默契。

同时，也有必要提出这样的问题，由于受史观的影响，不管我们以往如何看

---

① 野史氏编辑：《袁世凯轶事续录》卷一，上海文艺编译社 1916 年版，第 34—35 页。

② 包天笑：《钏影楼回忆录续篇》，大华出版社 1973 年版，第 24 页。

③ 《满亲贵反对和局之密议》，《申报》1912 年 1 月 2 日，第一张第三版。

待奕劻，对其的评价如何低，但是，作为一个清季重臣，特别是在1911年的多事之秋，其为了维护大清江山，何尝不心急如焚！慌忙施救。就当时的情势而言，其急于强起袁世凯并不难理解。因为他不可能脱离当时的社会价值观念而存在，他是清廷中重要的一员，是个活生生的人，他有思想，有行为，而且相当程度上还能发号施令。这一点很长的一段时间内被忽视了。实际上，只有认真地深入地了解他，我们才能更清楚地把握清末民初的复杂社会。从中不仅可以洞察其个人处于末路穷途的心路历程，而且还能深切体味王朝覆亡过程中新旧反复之缘由。如果从这一角度来看，奕劻仍不失为我们研究的一个重要人物。

三、结语

不论如何，对当时的清室来说，起用袁世凯，实在是再明智不过的决策了，也是识时务之举。尽管袁世凯没有成为像他们所渴望的曾国藩，但至少也是因为袁世凯而得以保全，并享有优待。这要比被革命党残酷地赶下台要好很多倍，此外，袁世凯出山的积极作用，应该给以足够的重视，也应该得到应有的评价。

首先，有利于国内局势的稳定。袁世凯无疑是当时人们心中的强有力人物，社会各阶层也对袁世凯的出山抱以极大的信任，因为袁世凯在清末的表现，足够证明其有能力。这对当时南北混乱的形势起到稳定的作用。袁世凯没有愚忠，而是主动与革命党议和，并与革命派合作推翻了清王朝的专制统治（但保留了清王室），建立了南北统一的中华民国，促成了一个“共赢”① 的结局。

其次，更证明了清政府的腐败无能。袁世凯的出山是和他三年前的被罢黜联系在一起的，如今，革命烈火燃烧起来了，清政府面临危难了，想起了袁。当时就有很多批评清政府用人政策的舆论报道，这更加剧了人心的背离，并加速了它的灭亡。

再次，避免了可能带来的外来干涉。武昌起义后爆发后，各西方列强应该说都很紧张，革命形势的严重，而又对清室的很失望，非常害怕由于革命造成在华

---

① 丁健：《民元孙中山让位的共赢性》，《哈尔滨学院学报》2007年第12期。

政治经济利益受损。而清政府表现的惊慌混乱，一筹莫展，都使它们希望有一个强有力的人物出现，于是它们不约而同地把目光聚焦在袁世凯身上，由于它们对袁世凯充满希望和信任，这就避免了由于局势混乱可能带来的武装干涉。

尽管袁世凯出山后也做过一些破坏革命的举动，这与整个形势的转化有很大的关系，但不能因此而否定袁世凯在辛亥革命中的整体作用。以往我们对袁世凯骂得多一些，因为我们用两套几乎对立的价值体系去评判它，一方面我们骂他不忠，因为他向清廷要权力，又进行逼宫；另一方面，我们又希望他不忠，要他推翻清廷。明明主张孙中山“让位”，却又对他的这些“革命”行为称作玩弄阴谋，是窃取，逻辑混乱。不理清这些问题，显然有碍于辛亥革命史进一步深入研究。

武昌起义后，袁世凯是再起了，奕劻的初衷在某种程度上也达到了，甚至满足了，但以后南北形势的发展却大大出乎了袁世凯和奕劻的意料之外，奕劻的最终目的落空了。但不能由此认为大清朝是被奕劻葬送掉的。这实在是历史使然，时势使然，不是谁的意志可以改变得了的。历史就是这样让人捉摸不透，有时看似正确的选择，却翻了船；有时看似错误的决定，也可能成为转机，奕劻辛亥年的决定强起袁世凯，却是二者兼而有之。

原载《江西师范大学学报（哲学社会科学版）》2010 年第 2 期

清廷对陕西辛亥革命的因应

陕西是最早响应武昌起义的省份之一，陕西辛亥革命有力地促进和影响了河南、山西、甘肃、新疆等省的革命进程，是全国辛亥革命的重要组成部分。关于陕西辛亥革命史的研究，尽管已经取得了一定的成绩，但略显薄弱。即便这些成绩，比较有影响的也大多为回忆性的文字，且又大多侧重于革命的准备，经过和意义的论述。而关于革命的对立面清廷的研究，不是一笔带过，就是过分渲染清廷的腐败和无能。[①] 这无疑在一定程度上束缚了研究视野，或者说难以准确地概览陕西辛亥革命的全貌，因此很有必要加强对这一问题的研究。笔者秉持价值中立的原则，抱以同情之理解，在前人研究的基础上，试图就陕西辛亥革命中清廷因应，略述管见，以补既往研究之不足。由于才识有限，其中错误在所难免，敬请贤者批评指正。

---

① 比较有代表的著述有：《陕西辛亥革命中的哥老会》，政协全国委员会文史资料研究委员会编：《辛亥革命回忆录》（五），中华书局1963年版。郭孝成：《陕西光复记》，《辛亥革命》（六），上海人民出版社1957年版，第38—51页。张钫：《陕西辛亥革命东路战役的日记及函件》及《辛亥史料三则》，《河南文史资料》第18辑，中国人民政治协商会议河南省委员会文史资料研究委员会1986年版。《忆陕西辛亥革命》，张钫：《风雨漫漫四十年》，中国文史出版社1982年版。孙志亮：《辛亥革命在陕西的胜利与失败》，《人文杂志》1981年第5期。中国人民政治协商会议陕西省委员会文史资料研究委员会编：《陕西辛亥革命回忆录》，陕西人民出版社1982年版。朱新宇：《陕军辛亥起义记事》，《近代史资料》1983年第1期。沈传忠等著：《辛亥革命在陕西》，陕西人民出版社1986年版。孙志亮、张应超编：《陕西辛亥革命》，陕西人民出版社1991年版等。

一、武昌起义前后陕西的时局

武昌起义前，尽管陕西已经开始编练新军，但是由于受到政治、经济、文化等因素的束缚和制约，编练速度十分缓慢，难以适应日益高涨的革命形势。本来陕西编练新军成绩有限，后其又受到革命思想的熏陶，特别是一些中下层领袖，纷纷加入同盟会，并不断扩大宣传，使新军越来越倾向革命。武昌起义以后，陕西革命党率先举起响应的大旗，震动朝野。尽管陕抚钱能训做了相当的谋划，但是并未能有效阻挡革命的声势，其影响很快波及豫、晋、甘、新等省，严重地威胁清廷统治。正是由于陕局不稳，且西安光复，使得清廷不得不急忙应付，抽调军队镇压。因此，我们很有必要对当时陕西时局做一粗浅探讨，以更加深对陕西辛亥革命的认识。

（一）陕西新军编练及防卫能力

清朝军队八旗和绿营兵在清中叶时就已经腐败不堪。后崛起的湘军和淮军，在甲午战争和庚子事变后，也完全暴露了其作战之无能。清政府痛定思痛，决定编练新军。由于编练陆军既需要人，也需要饷银。当时的情况是，大省练兵成镇，小省成协。陕西地处西部，经济落后，所以编练新军与鄂省、粤省、江浙各省相比，速度十分滞后。

据朱叙五、党自新回忆："陕西陆军的建立，是在宣统元年（1909 年）春，由原有的常备军扩编为步兵两标，马炮各一营，工程、辎重各一队。新成立的马炮工辎各营队的初级军官，统由新毕业于将弁学堂各兵科的学生分别派充，士兵是由关中各县按规定标准征来的。改编后，定名为陕西陆军混成协（旅）。"① 这与史实大致不差。实际上，陕西新军正式成形是在恩寿任陕抚期间，他将马队编足一营，炮队添练两队，工程、辎重各练一队，军乐练及半队；后又合并原有步队一协二标，使陕西混成协于宣统二年（1911 年）正式练成。该混成协下辖步

① 朱叙五、党自新：《陕西辛亥革命回忆》，《陕西辛亥革命回忆录》，陕西人民出版社 1982 年版，第 30 页。

队1协2标，每标下辖3营；马队1营，下辖4队；炮队1营，下辖3队；工程队1队；辎重队1队；军乐队半队；另有陆军警察队1队，全协官兵不过6000人。① 恩寿去职后，钱能训于辛亥五月兼护巡抚，恰逢部议裁汰绿防各营，钱能训以陕境北连荒漠，南接川、楚，新军初成一协，旧军巡防马步各队仅五千数百人，一旦有事，将无可恃。上疏力争暂缓裁撤绿防各营，但最终未能上达。② 尽管钱抚之建议，未被见纳于清廷，但是陕西也并未奉旨立即裁撤绿防，因此，陕西政府防卫军是新旧并存。

关于新军的装备，张钫回忆说："当时绿营所用的武器，最称锐利的不过为铜底大装、七响马枪、水连珠、利名顿、哈帆克斯、洋抬枪而已。绿营队伍，均扛大旗，穿战裙，用布包头，背着大刀，抬着土炮，用前膛枪，武器十分陈旧。新军的装备则都是新式武器了。当时新军所用的器械以湖北兵工厂出的小口径为第一。新军一个协有步兵两标（步枪二千支）、山小炮三队（炮十八门）、骑兵一营、工辎兵各一连。但那时为了防范'叛变'，都不发给子弹，每枪只发空响弹一排，作练习用，与徒手无异。"③ 揆诸史实，张钫所言反映了当时的实际情况。由此可见，陕西政府军队的防卫能力十分有限。再加之，四川保路运动发生后，清廷为了镇压四川商民，令陕抚派兵援川，本来陕省就自顾不暇，还要抽出军队支援他处，因此，陕省当局人心惶惶。这在一定程度上就加速了陕西辛亥革命的爆发。

（二）陕西革命党人的革命活动

陕西是清廷的大后方，可谓其西部门户，历史上也是清廷传统控制地区，清廷亦向来十分重视陕省的局势安稳，这就给革命党人的革命活动造成很大障碍。但是，由于人们受压迫已久，革命情绪十分高涨。当革命党人进行宣传时，颇受民众欢迎。据张钫回忆："陕西是西北革命的策源地。清朝末年，在陕西除官府以外，人民的心多倾向革命，盼望打倒清政府。因此，同盟会在日本东京派回到陕西活动的虽只有井勿幕一人（康宝忠到北京未回陕），但他到处都受人欢迎，

---

① 宋伯鲁：《续修陕西省通志稿》卷四十五，陕西通志馆1934年版，第10—14页。
② 卞孝萱、唐文权编：《辛亥人物碑传集》，北京团结出版社1991年版，329—330页。
③ 张钫：《风雨漫漫四十年》，中国文史出版社1982年版，第1—2页。

他在省城及渭北各县布置的革命活动，力量很大。”① 当时革命党人瞄准新军，进行鼓动宣传，在初级军官中发挥良好的效果。初级军官中很快就有四人加入同盟会，成为同盟会会员，即一标三营后队队官张作栋（生午），二标二营左队队官彭世安（仲翔），一标二营左队司务长张光奎（聚庭），炮营左队队官朱彝铭（叙五）。后来，一标三营督队官钱鼎（定三），骑兵营右队队官曹位康（健安），炮兵营队中队队官党仲昭（自新）、炮兵营右队排长张钫（伯英），炮兵营中队排长张宝麟（仲仁，不久即调充一标二营右队排长），也先后加入同盟会。这样，同盟会在新军的影响不断扩大。

当时，陕西与其他省份有明显不同的地方在于新军中哥老会势力很大，哥老会尽管保留这样或那样的不良习气，但却是积极革命的。革命党人正是看到陕西军民“投身会党者日众，哥老会之势力及于全陕，其首领有救民伐暴之宣言，其党员挟乘机劫掠之希望”且“即民军不举，彼等亦必揭竿而起，不如联络利用，输以常识，免致地方糜烂，故亟与会党合谋，早日举义”②。为了联合新军、哥老会、慕亲会、刀客等秘密会党力量，③ 借以推动革命，同盟会于是派既是同盟会会员，又是哥老会哥弟的钱鼎、张宝麟去做说服工作，“在两三个月的时间，就把各营队哥老会的头目人都说服了”④。革命党人经过不懈努力，暗中活动宣传，“对于教育界、新闻界、政界及一般社会人士，均有相当联络。”影响不断扩大。其中，革命党人与各方面人碰头的地方，就有“义聚楼饭馆”“正谊书局”“派报处”等处和一些私人（卢慧卿等）的住宅。武昌起义的消息传到陕西后，更给正在酝酿发动革命的暗潮增加了推动力量。正如参加革命的朱叙五、党自新所言：“正值这个时候，武昌起义的消息也传播到西安，更给我们本已箭在弦上不得不发的起义一个极大的鼓舞和推动，大家一致认为应该抓紧这个时机，积极

① 张钫：《风雨漫漫四十年》，中国文史出版社1982年版，第3页。

② 郭孝成：《陕西光复记》，《辛亥革命》（六），上海人民出版社1957年版，第41页。

③ 秦宝琦：《中国地下社会》第2卷，学苑出版社2009年版，第403—404页。政协全国委员会文史资料研究委员会编：《辛亥革命回忆录》（五），中华书局1963年版，第2页。

④ 政协全国委员会文史资料研究委员会编：《辛亥革命回忆录》（五），中华书局1963年版，第2页。

作好起义的准备。”① 结果，革命党人积极于西安发动起义，关于起义的筹备，《申报》对曾之进行了详细的报道：“陕垣日前各街口贴有无名揭帖，以中秋夕起起事，满城惊慌。军装、火药等局由护院分别派兵严守，查此事原因由会党某在西关开设茶馆为名，开堂放票，招聚死党约四千余人，起事之先，每人派票钱五百文，共凑票钱二千余吊，在南关外荐福寺，歃血联盟，约定日期，遍贴黑示。拟先劫抢军装局，次火药局，又次藩库等处，继入满城大肆杀伤。幸连日大雨，中秋之夜，城外北关、大明寺、火药局探路，因城内火号未发，不敢动手。斯时军装局已有多人环而围之，忽有二人突入局中，经兵丁拿获，该党等知事不成，未放号火，均各四散伏匿，嗣由拿获各人供认约期起事情形不讳，惟仅云彼二人商议死不供出同谋，事甚秘密，正在严讯。”② 尽管党人初期计划未能成功，但其为后来光复西安做了重要的准备。

（三）陕省当局对陕西辛亥革命的应对

陕省当局对革命主要对策，主要表现在两个方面：

第一，镇压革命，捕杀党人。

正当革命党人在陕省鼓动，宣传，秘密联络时，陕省当局也加强了防备。随着四川保路风潮的爆发，西安城里突起谣传，谓党人将要起事，当时驻防西安的旗人开始惶惶不安。为了应付这种突如其来的变化，西安将军文瑞立即与护理陕西巡抚钱能训筹商，并拿出相应处理办法，提出四项要求：（1）发给旗兵新式步枪一千支，并配备必要数量的子弹；（2）拨发经费，拟在满城冲要地方修筑防御工事；（3）调一部分驻在外县的巡防队回省，加强城防；（4）迅派密探调查军队中的革命党人，予以逮捕。后来钱能训又做进一步安排，由于认识到汉中距省又远，惟恐兵力不足，万一有事，接济迟缓，派陆军第一标一营管带李光辉率所部开往汉中驻防，暂归汉中镇总兵江朝宗节制；又派陆军第二标统带周殿奎带所属三个营开往凤翔、宝鸡一带驻扎，作为预备队，听候命令进止，并由西路调巡

---

① 朱叙五、党自新：《陕西辛亥革命回忆》，《陕西辛亥革命回忆录》，陕西人民出版社1982年版，第32页。

② 《长安几蹈武汉之覆辙》，《申报》1911年10月25日，第一张后幅第二版。

防队两营加强防务。① 但是这并没有阻止革命党人，反而愈发加速了革命的爆发。党人终于1912年10月22日发动革命，陕省当局亦开始大肆捕杀党人，据郭孝成回忆，当时的情形是“满将军与清抚钱能训查捕我党乃益亟”，西安将军文瑞还亲自手书民党名单百余人，“凡军学两界稍有声望者，几尽与其列”②。密交钱抚，按名拘捕。陕抚钱能训反复考虑，认为若操切从事，必将酿成大变，并未允准。结果，陕省当局的这些高压政策适得其反，革命却如火如荼地兴盛起来。

第二，招募新军，以资弹压。

除了加大力度打击革命活动的同时，随着党人活动日炽，且按照预定计划，陕省的绿营兵三年内裁撤净尽，辛亥年要裁减三分之一，陕省当局愈益感到现有军备防卫难资得力。③ 因此上奏清廷，要求招募新军，选派开缺曹州镇总兵万本华统率陕省马步防营，饷项自筹。文曰：“鄂省变起仓猝，陕省交界要隘，亟应防范，惟兵力单简，不敷分布，现拟招募马步防营八队，剋日编练，于旧有防营互调换防，选择精劲之师填扎于安、商州一带，以固门户。并选派记名提督开缺曹州镇总兵万本华统率全省马步防营，至应需兵饷，即在土税项下敷实支用，作正开销。”④ 清廷立即答应了钱能训的请求。然后，清廷不止一次地谕令陕抚钱能训“著赶紧召集编练并顾兼筹”⑤。招募新军的目的十分明显，即是为了阻止革命的发生和加强陕省的防卫。事实上，陕西辛亥革命的烈火已经燃烧起来，陕省当局根本无法控制局面，特别是西安的局势，后又及于宝鸡、咸阳、潼关等处，结果，陕西巡抚钱能训开枪自杀，西安将军文瑞跳井自杀，其他官员闻警丧胆，纷纷逃窜，或隐民家，或藏商店，陕省局势乱作一团。⑥ 这个传统上为清廷所控制的地区，却率先响应武昌起义，且很快有与晋、甘、新、豫等省革命连成

---

① 政协全国委员会文史资料研究委员会编：《辛亥革命回忆录》（五），中华书局1963年版，第2页。

② 郭孝成：《陕西光复记》，《辛亥革命》（六），上海人民出版社1957年版，第38—40页。

③ 《宣统政纪》卷六十一，《清实录》第60册，中华书局1987年版，第1117页。

④ 《宣统政纪》卷六十一，《清实录》第60册，中华书局1987年版，第1109页。

⑤ 《宣统政纪》卷六十一，《清实录》第60册，中华书局1987年版，第1123页。

⑥ 戴逸、李育民主编：《中国近代史通鉴》，红旗出版社1997年，第1046页。

一片之势，这是清朝统治者始料未及的事情。于是，清廷不得不重新考虑陕省的地位了，接着便展开了对陕西辛亥革命的控制和剿杀。

二、清廷对陕西辛亥革命的总体部署

武昌起义后，清廷内外人心惶惶，仓猝应付。由于陕西革命“声势颇大”①，清廷愈加感到形势的严重性，原以为革命党仅在长江流域一带活动，现在却几乎在自己统治的心脏地区揭起反抗义旗，因此，立即做出因应措施。这表现在：

（一）派遣得力官员图陕

陕西辛亥革命后，清廷意识到北方形势的不稳，将直接威胁其统治，因此十分震怒。陕西辛亥革命也证明了陕省当局之无能，还未待到清廷怪罪诏下，陕抚钱能训就因不能有效防止陕西辛亥革命，自感无能，十分惭愧，开枪自杀以谢罪，未遂。但事后执意不愿再待在陕西，并辗转回京。关于此有记述称：“八月，武昌事起，陕亦岌岌，亟调集各营备省防，未至而变，公以手枪自戕，再击，创而不殊。幕僚许君家瀚实相从，谓公曰：‘创甚已，太夫人在堂，公独弗念耶。’公痛极晕厥。陕军当事者闻而趋救，拥公去，强为治疗，又欲强公起治陕事。公曰：‘吾不克尽吾职，乃至于此。今病甚，复何所裨于陕乎。’历数月，知公不可留，听公南归。”② 钱能训很有自知之明，与其将来受罪，不如自己了结，结果却未遂其愿，于是以此为借口，趁机离开陕西乱局。

钱能训之举，使清廷在危乱之际，无可奈何。当时陕西京官看到钱能训的作为，十分担忧，前礼部主事周湛元等立即上奏清廷：“陕省糜烂，大局岌岌，恳请速派大员，相机剿抚。”③ 清廷急忙让湖南巡抚杨文鼎赴任陕西巡抚，杨文鼎在任湖南巡抚期间，对长沙抢米风潮采取高压措施，并很快使风潮得以平息，对与之相关的外交事务亦处理十分得力，且平素就对会党采取严厉的取缔措施，并

① 《陕西兵变记》，《申报》1911 年 11 月 7 日，第一张后幅第二版。

② 卞孝萱、唐文权编：《辛亥人物碑传集》，北京团结出版社 1991 年版，329—330 页。

③ 《宣统政纪》卷六十三，《清实录》第 60 册，中华书局 1987 年版，第 1178 页。

大肆抓捕很多会党首领，对之照章就地正法，以此安靖地方。[1] 自然，杨此举深受清廷赏识，也给清廷留下了一个强硬派印象。所以，武昌起义后，清廷就想让杨文鼎图陕，担任巡抚，认为其如能在陕省也同样实行高压政策，必能收到良好的效果，以解决其后顾之忧。可让清廷失望的是，尽管多次催促杨文鼎："陕西现有兵变，军情紧急，杨文鼎著迅速赴任，毋再迟延。"[2] 杨文鼎就是迟迟不赴任。眼开着陕省局势一天一天恶化，清廷心急如焚，只得另谋人选。

在这危急之际，卸任陕甘总督升允积极应势而出，大打勤王牌，向清廷信誓旦旦地保证："升允愿率新军第二三标统周助学、陆洪涛剿除土匪，收复西安。"清廷认为其"忠勇性成，深堪嘉尚"[3]，再说，其曾任陕甘总督，固然对陕西形势十分熟悉，因而重新让其署理陕抚，来剿灭陕西辛亥革命。关于升允出山及出山后的布置，时人有过较为详细的记述："九月初一日西安起义，清朝卸任的陕甘总督升允（家居满城）是日在草滩别墅（管领一部分旗兵屯垦草滩军田），闻变，立即轻装渡河逃奔平凉。这个顽固家伙逃跑以后，声言要勤王。陕甘总督长庚（驻兰州）电奏清廷，保荐升允充任陕西巡抚。督办陕西军务。"此后，升允又进行了诸多谋划，"要求起用停职在籍的总兵马安良（回族，河州人），并调甘肃提法使彭英甲改任陕西布政使兼营务处总理。同时，长庚会同驻固原的陕甘提督张行志（云亭，蒲城人）积极部署军事，准备犯陕，并把甘省军事参议局改为总营务处，调军事参议官黄钺（湘人，留学日本，候补道员，世袭男爵）坐镇秦州（天水），又把甘省陆军混成协改编为防营，凡可疑的军官，予以清除，命马安良召募回兵十四营。其图陕计划准备分为南北两路，命升允担任北路，由泾州（泾川）东进，窥我长武，节制调遣马安良，陆洪涛、马国仁等部共二十三营，命张行志担任南路，由陇南东进，窥我陇州，直接统率壮凯军十六营及副将

① 参见饶怀民、滕谷浩悦编《长沙抢米风潮资料汇编》，岳麓书社 2001 年版，第 117—120、270 页。

② 《宣统政纪》卷六十三，第 1164 页。

③ 《宣统政纪》卷六十三，第 1195 页。

崔正午所部铙锐军五营”[1]。尽管以上升允之谋划出自当事人的回忆，但将之对照《宣统政纪》中清廷的谕令，几乎没有任何出入，因此，十分可信。升允是清廷的忠臣，一上任就开始了屠杀陕西革命。

（二）停止向陕军各处赴援，并准添派新的防营

陕西辛亥革命发生后，清廷首先放弃了陕军援川之决定。有清一代，当一个地方有变，其他邻省就要支援，这是通例，所以当四川保路运动愈演愈烈的时候，清廷当时就要求湖北、湖南、陕西等邻省进行军队支援。其实，陕西新军编练较晚，成绩并不显著，当时“陕省绿营今仅有马步守兵一万七千五百有奇。各有防守城门、堆拨、仓库、关卡、塘汛之责，又有护解饷银、军火、人犯各差，且多分列沿边区域”[2]。本来陕省自顾不暇，还要承担支援四川的任务，陕省当局有些不情愿。但按照当时的惯例，陕西无法逃脱责任。时任巡抚的钱能训左右为难，一时难以抉择，只有做好两手准备，一方面要应付武昌起义对陕西造成的影响，一方面整军以待清廷的命令。后来，钱能训会合陕西各主要地方官员经过复杂的思想斗争，通过严密的论证，为了保证陕西局势的稳定，最后决定只有放弃援川，而把主要精力放在本省的安全上。并为清廷提出一建议，即让奉省援川。因此上奏清廷：“陕省兵力过单，添练防营，召集稍稽时日，俟布置粗定，然后可图赴援之举，此时实无余力等语。”清廷有鉴于此，准许了陕省的请求，指出“陕军不能赴川，自系实情，所请由奉省代募五营之处，著准其代募设法开往”[3]。后来，对陕抚钱能训所提的增募添练防营八队、筹饷等要求，也立即给予允准，并要求其迅速布防。

（三）令袁世凯回京，以此稳定北方政局

武昌起义后，由于认识到袁世凯在北洋新军的地位和无可替代的作用，完全抛却先前对袁的顾虑，十万火急地催促袁世凯出山。当袁世凯义无反顾地出山后，需要进行一系列的军事、政治、外交上的谋划，所以未有立即赶赴武昌前

---

① 中国人民政治协商会议陕西省委员会文史资料研究委员会编：《陕西辛亥革命回忆录》，陕西人民出版社 1982 年版，第 66—67 页。

② 《宣统政纪》卷六十一，第 1115—1116 页。

③ 《宣统政纪》卷六十一，第 1123 页。

线。经过一番筹备之后，袁世凯于辛亥年九月初九从彰德动身督师前线，九月初十日到达信阳，驻扎行营。袁世凯的亲自督师，鼓舞了前线兵士，清廷讨伐军很快扭转战局，节节取胜，先后攻取汉口、汉阳。本来前线形势刚有好转，可是北方接连发生了很多棘手的事情，首先北京的经济形势恶化，财政危机接踵而至；其次，汉人和旗人矛盾严重激化，相互屠杀的谣传此起彼伏；再就是在清廷统治的心脏地区陕西发生了革命，大有把北方革命局势连成一片之象。这使清廷不得不重新做出部署，尽管袁世凯已经在前线做出非常显著的成绩，尽管其刚刚督师前线不久，还有很多事情值得他去做，就立即“命袁世凯迅速来京”。让魏光焘替袁任湖广总督，未到任以前，署江北提督王士珍署理①。袁世凯到京以后，第一位解决的即是稳定北方局势。为达此目的，袁世凯一方面调兵遣将，对陕西辛亥革命形成高压，一方面授意袁克定和平解决山陕问题。② 事实证明，清廷此举对稳定北方政局发挥了非常重要的作用，正是因为袁世凯恩威并用，剿抚兼施，陕西革命逐渐式微，并最终接受袁世凯的谈判条件，反清活动逐渐平息。时人恽毓鼎就对袁世凯此举给以很高的评价：“项城以上游未易骤平，建议先固秦、晋、齐、豫之防，以安京师根本之地，然后以次勘定南方。万一南乱难平，犹可画江而守。虚内而争外，根本一摇，大事去矣。自是老成谋国之识。”③ 此外，为了有效地实施对革命的围剿，清廷还分别调整了山西、河南的巡抚，令张锡銮任山西巡抚，齐耀琳任河南巡抚，张、齐都是袁世凯的亲信，这就有力地保证了中央与地方政令畅通。

三、清廷对陕西辛亥革命的剿杀

陕西率先响应武昌起义后，清廷清醒地认识到辛亥革命已经到了“肘腋之

① 《宣统政纪》卷六十三，第1164页。

② 参见刘孚若《刘君孚若自述辛亥革命密史一节》，《辛亥革命资料类编》，中国社会科学出版社1981年版，第158页。景梅九《罪案》，《辛亥革命资料类编》，中国社会科学出版社1981年版，第105页。

③ 史晓风整理：《恽毓鼎澄斋日记》，浙江古籍出版社2004年版，第556页。

患”的地步了，如不积极采取有效措施，统治危机马上降至，因此在整体部署之后，很快具体地对陕西革命进行了一系列谋划。这些谋划的目的则十分清楚，就是为了消灭陕西革命势力。那么，清廷是如具体何剿杀陕西辛亥革命的呢？过程如何呢？

（一）防止陕西革命向河南、山西及甘新一带蔓延

陕西辛亥革命已经爆发了，清廷自感无法有效挽回，可要紧的是其可能向邻省蔓延。清廷十分害怕陕西辛亥革命诱发甘肃辛亥革命，也非常担心其将陕西、山西辛亥革命连成一体，使清廷腹背受制。为了防止陕西革命向河南、山西及甘新一带蔓延，清廷采取诸多措施，统筹兼顾，紧密筹划。

首先，在中央迅速组编三军，“现在派兵赴鄂，亟应编配成军。著将第四镇暨混成第三协、混成第十一协编为第一军，已派荫昌督率赴鄂。其陆军第五镇暨混成第五协、混成第三十九协著编为第二军，派冯国璋督率，迅速筹备，听候调遣。至京师地方重要，亟应认真弹压，著将禁卫军暨陆军第一镇编为第三军，派贝勒载涛督率，驻守近畿，专司巡护”①。第一、二军开赴前线，第三军守卫京师重地，必要时立即开赴陕西。

其次，在地方分别多次致电晋、豫、甘、新各督抚，认真布防，严防死守。

先是谕令陆钟琦：“据电奏：据潼商道来电，匪踪已过临潼，东窜晋省，省南巡防队不敷分布，拟添招五营，以资调遣，并令谢镇就现有防营先带数队渡河至同华一带，相机防剿，另由省派拨新军步队两营，马炮各一队，即日开赴濮州一带协防，省境空虚，就驻省防队并於中前两路酌调数营编为省队，新军薪饷均照部章，派现办陆军小学候补主事刘冠军充该军统领，专顾省城以上，应需饷项均由司运两库筹拨等语。著照所请，山陕接壤，转瞬冰冻，河防上下千余里，处处可虞，著该抚妥筹防守，毋稍疏忽，若兵队不敷，尚须添练，著随时奏明。”②由此可见，当时晋抚已经进行了相当的谋划。

接着谕令甘新巡抚袁大化，“据电称，接乾州等处探报，匪党派队在各州县

① 《宣统政纪》卷六十一，第1101页。
② 《宣统政纪》卷六十一，第1147页。

招队，更换旗号，闻咸阳一插白旗，陕匪兼程来西，永寿一路危在旦夕，恳速救援。查永寿为陇首要地，此地一失，甘兵即不能东出。乞饬长庚派兵往援等语。著长庚懔遵前旨，速派得力兵队星夜赴援，毋稍延缓”①。要求袁大化坚守永寿，因其为陇首要地，永寿不保，一方面甘省军队不能有效援陕，另一方面陕西革命自然顺势蔓延至甘肃境内。

再谕令陕甘总督长庚，“据电奏，陕省失陷，亟应派兵援剿，已电咨固原提督张行志赶速挑募精兵十营，星夜赴援，其陕西各路驻扎防营均归该提督节制调遣等语，著即督饬各营星驰援剿，免致匪势蔓延，陕西各路驻扎防营准归张行志暂行节制调遣，所请饬部筹拨银一百万两之处，仍著度支部迅速设法筹拨，至请拨枪炮子弹一节，著军谘府陆军部迅速办理，以应急需”②。明确同意长庚的军事布置，并令其星驰援剿，以免革命蔓延。

后谕令河南巡抚宝棻，派得力统将率队迅往潼关一带防堵迎剿，毋稍延迟。宝棻立刻抽编军队，派陆军第五十七标统带王钰锦率步兵两营、骑兵一营、炮兵一队开赴潼关，迅速往援。③ 并谕令武卫左军军统姜桂题：“陕西土匪分窜，界连豫省，著姜桂题酌派得力统将抽拨。”④ 经过与晋豫陕甘等省督抚的周密布置，一定程度了遏制了陕西革命的蔓延，等各方面准备就绪，清廷便开始对革命进行了残酷的剿杀。

（二）积极处理饷械、通信、战术等一系列棘手问题

第 ，饷械问题之解决。

陕西辛亥革命发生后，清廷第一时间令陕甘总督长庚派队赴援，但是由于饷械问题，长庚向清廷报告，指出苦衷。谕曰：“陕西朔日省城兵变，城陷，旗营受害尤惨，各官不知下落，省报数日不通，亟应派队赴援，惟现有防营均驻扎各要地，现已分饬调拨，一面迅募得力兵勇星夜赴陕，并添募防营，捍卫地方。但

---

① 《宣统政纪》卷六十三，第 1167 页。

② 《宣统政纪》卷六十三，第 1171 页。

③ 《宣统政纪》卷六十三，第 1178 页。亦见中国人民政治协商会议陕西省委员会文史资料研究委员会编：《陕西辛亥革命回忆录》，陕西人民出版社 1982 年版，第 54—55 页。

④ 《宣统政纪》卷六十三，第 1191 页。

甘省以协饷为命脉，现值陕西城陷，东道不通，协款无著，甘库如洗，募兵购械，需款浩繁，请饬度支部迅拨银一百万两。”清廷谕令：“所请饬部拨银一百万两之处，著度支部速议具奏，寻议应俟息借洋款交到后，由臣部酌量匀拨，以资接济，至甘省协饷，已分电严催，迅速筹解从之。”① 后又进一步谕令长庚：“现在库款支绌，汇兑为难，所需饷项枪械著该督暂行设法筹备，仍著度支部陆军部迅速设法接济。”② 清廷一方面努力筹集饷械，一方面令长庚设法筹备，这在武器和物资方面就为剿杀革命提供了重要的保障。

第二，通信问题之解决。

由于陕省辛亥革命，“电线即被折截”③，各官亦不知下落。在革命的非常时期，为了制定有利的战守政策，及时准确地获取信息就显得十分重要。由于陕省情况不能第一时间掌握，清廷就无法拿出有效的解决办法，为了达到中央与西部数省信息的畅通，清廷积极寻求解决办法，因此对额勒浑电奏：“准长庚电咨陕西兵变，东路电线文报均阻，以后奏咨各件，拟令塔城交由俄线转发，系为便捷起见，塔城亦拟照此办理，塔城奏咨事件，若取道阿尔泰山乌科蒙路各站，亦较稳妥，可否？未敢擅变。”清廷立予“著照所请办理。”④ 东西信息的畅通，无疑为以后清廷的决策提供了准确的依据。

第三，战略战术问题的运用。

清廷对陕西辛亥革命的主要策略：一是打开通往陕省的门户，即拿下潼关；二是防止与邻省革党连成一片。因此当时袁世凯与陆军大臣荫昌会同计划：“大同一路，由姜桂题先遣步队两营，炮队一队，驰往援救。洛阳一路，已饬第六镇第十二协周符麟先带一标赴洛阳援剿，俟第三镇到齐，即将该协全数调往，并协攻潼关。”⑤ 主要战术则是采取围剿堵截，当时升允在向清廷上奏时指明：“窃料姜军攻陕之东面，允攻西面，匪必向东南商州窜龙驹寨为投鄂之计。请电姜军如

① 《宣统政纪》卷六十三，第1161—1162页。
② 《宣统政纪》卷六十三，第1195页。
③ 《西安兵变续记》，《申报》1911年11月9日，第一张后幅第四版。
④ 《宣统政纪》卷六十三，第1184页。
⑤ 《宣统政纪》卷六十五，第1215页。

到潼关，务分一旅向雒南，截彼窜路。”袁世凯认为升允之决策十分正确，因此“著姜桂题饬令援陕军队，相机堵截，毋任窜扰。”① 其实，正是清廷令邻近各省协同围剿，切断陕省与外界的联系，而革命派又孤立外援，被迫接受和谈，最终导致革命失败。

（三）令升允、长庚等联合剿杀陕西辛亥革命

陕西发生革命后，清廷的意旨就是要剿杀，为了达到这个目的，就令陕甘总督长庚，署陕西巡抚升允，河南巡抚宝棻及其继任者齐耀琳，山西巡抚陆钟琦统筹布置，联合攻扑，当时形成了东西两条战线，相较而言，东线最为重要。本文仅着重介绍一下潼关战役，对其他战场仅简略叙述。

围攻潼关，是清廷的重要举措，因为潼关一复，陕省东部门户打开，从此，官军可以长驱直入。所以在官革双方的战争中，潼关的军事地位尤其重要。由于进行了充分的布置，清军很快拿下潼关，得到潼关收复的消息后，清廷立即发谕奖令：“潼关居高临下，势甚危险，该兵队以少胜多，首先克复要隘，实属异常奋勇，深堪嘉许。”② 可还未待清廷喘过气来，革命军很快又夺回潼关。

由于认识到“潼关险要，既为所据，晋汴皆受影响，况晋垣亦有乱，倘联结一气，声势更大”③，因而当进攻潼关得而复失后，清廷恼羞成怒，对作战和配合不力的官员进行严厉处罚，发布上谕称：“此次山陕革军分路来犯，统领赵倜等节节败退，本属咎有应得，惟据该抚（指河南巡抚齐耀琳）声称，该统领等连日苦战，实因众寡不敌，力尽无援，尚非临阵退缩可比，赵倜、马金叙、韩大武均著加恩暂行免议，责令戴罪立功，会合各军迅图恢复，倘再贻误事机，定行从重治罪。其失守地方之河陕汝道马开玉、陕州直隶州知州岳廷楷、灵宝县知县侯维申，阌乡县知县孔繁昌均著革职留任，以观后效。”④ 当时，赵倜等之所以败退的这样快，是有原因的。陕西辛亥革命的亲历者朱叙五、党自新对此有过精辟的解读：“赵倜所带的五营毅军，虽然装备较我方精良，士兵也经过较久的调练，

---

① 《宣统政纪》卷六十五，第 1219 页。

② 《宣统政纪》卷六十三，第 1178 页。

③ 《西安兵变续记》，《申报》1911 年 11 月 9 日，第一张后幅第四版。

④ 《宣统政纪》卷六十八，第 1252—1153 页。

但远离后方基地，形成孤军深入；而清廷指定作他援队的河北总兵马金叙远在陕州，又和赵倜闹意见，如有蹉跎，未必能即时应援，特别是我方连日之英勇进攻，和联合之王天纵部在豫西一带对赵倜后方运输线上的袭击扰乱，随时有被切断后路的危险，有此种种因素，他……即于三十日潜行逃跑。"① 所言极是，的确找到了清军失败的缘由。

潼关失去后，清内阁一方面详述潼关失去原因，一面又进行了重新布置，"内阁奏：十一月初一日，据统领官赵倜由潼关来电，称陕匪步马队约万余人拼力直攻潼关，职镇所部不满五营，有守兵无战力，请速拨援兵等语。当即电饬驻扎陕州之南阳镇总兵马金叙，驻扎洛阳之协统官周符麟迅即拨队往援。初三日赵军因连日苦战，兵单力薄，已由潼关退守阌乡，初九日革军分三路进攻，南路由商洛，北路由同蒲，西路直出潼关，已有数营迳扑阌乡。赵军力不能支持，退守灵宝。十五日革军进攻灵宝，至夜半暗袭二次，而河东运城又于是日失守。秦晋革匪会合南下图陕，拟抄灵宝后路。赵、马各军退守陕州，现调统制官王占元率第三协赴陕州进攻，并饬周符麟即日拔队救援。"② 休整后的清军，经过充分的布置，决计再派大兵压迫陕军退回潼关。调第六镇一协，由周符麟任前敌总司令，赵倜戴罪图功，任前卫司令；调第二镇王占元为总司令驻陕州；调河南陆军进至嵩、卢，河南巡防进驻洛、汝各县，为攻陕后援部队。经过调整，清军的战斗力大大增强，步马炮工辎到阵地者多大七十营，革党几无反手之力，被迫放弃潼关。

关于清廷进军潼关的策略及革命派失守潼关情形，身历其境的张钫有过准确的评述："第六镇十三标野蛮精悍，加以开花十数尊奋死轰战，我军力不能支，退守硖石。地虽险要，惜粮饷难继，我兵衣薄露宿，与敌相持，四日夜一饭不饱，人人疲惫。敌人乘势进攻，王天纵、柴云升、宋兴汉之兵，死伤过半，仅以七标一二营及各营残卒，退守陕州。连次派人渡河催取陈、井，速以兵来接济，而数日不见一人至。复退函谷，而河北援兵仍不见到。敌兵大进，我兵力竭气

① 中国人民政治协商会议陕西省委员会文史资料研究委员会编：《陕西辛亥革命回忆录》，陕西人民出版社 1982 年版，第 61 页。

② 《宣统政纪》卷六十八，第 1251 页。

馁，毫无斗志。勉支两日退守潼关，而所剩士卒更寥寥矣。陈、井之兵既屡催不至，潼关为我省最近门守，乃星夜调陈树发、李仲三等前来援助。而陈树发两营快枪不及三百支，李仲三一营快枪不及二百支，炮仅开花一尊，小钢炮数门，虽士卒竭力死守，而敌人兵厚械利，又实久经训练之师，我兵力御之，死伤复多，潼关势不可守。”① 以上可见清廷利用先进的军事装备，乘胜追击，革命派一方既缺衣少穿，又无后援可依，结果潼关很快失守，被官军所占。潼关战役的反复，正是陕西辛亥革命困难程度的具体体现。

潼关夺回后，清廷立即对克复潼关有功的人员进行奖赏，“此次赵倜、周符麟带队由渑池前进，旬日之间，连复陕州、灵宝、阌乡等州县，函谷、潼关各要塞，节节扫荡，迅奏肤功，足征该统领等督率有方，谋勇兼备，各将士兵丁亦皆知方用命，忠勇勃发，殊堪嘉尚，著赏银一万两交该统领等犒赏各营兵丁，以资鼓励，广东高州镇总兵赵倜著各营兵丁以资鼓励，广东高州镇总兵赵倜著赏还顶戴，并赏给果勇巴图鲁名号，陆军十二协统领周符麟著补授陆军协都统，并赏给靖勇巴图鲁名号，在事出力员弁著准其查明开单，请奖其陆军第二镇统制王占元等或助战前敌，或分剿支匪，或清理后路，均属著有劳勋，著该抚查明职衔，拟给奖励”②。“以克复大同、潼关调度有方，赏武卫左军军统姜桂题太子少保衔并赏穿黄马褂”③。由此可见，清廷对潼关的战略地位十分重视。

其实，潼关战役的最终结局带有很强的象征意义，因为其为陕省的东大门，也是中原通往西部数省的重要通道，且具有重要的军事战略地位。潼关失守，意味着东部门户大开，西部又被长庚、升允牢牢控制，这样很容易形成对省城西安东西加击的局面。不久，汉中镇总兵江朝宗奏称：“汉中、佛坪等厅县被匪占踞郡城，亦为匪攻击，叠经该署镇署会商道府督率文武弁兵战袭获胜，各属幸尚完全。”南线亦被官军所占。所以，此后尽管西线革命党又继续进行了一系列的反抗，但始终未能扭转陕西辛亥革命失败的局面。而长庚、升允等则“督饬营队收

① 张钫：《陕西辛亥革命东路战役的日记及函件》，《河南文史资料》第 18 辑，中国人民政治协商会议河南省委员会文史资料研究委员会 1986 年版，第 16—17 页。

② 《宣统政纪》卷六十三，第 1271—1272 页。

③ 《宣统政纪》卷六十三，第 1276—1277 页。

复永寿，攻克固关，复破贼於灵台之天埂寺，办理甚为得手”①。

（四）清廷主持南北议和对陕西辛亥革命的影响

为适应整个南北和谈的进程，东线军事完全胜利后，袁世凯立即主张采取和谈的方式解决陕西革命问题。一方面令其子袁克定运动景梅九游说革命党人，停止战争，接受和谈；② 一方面于辛亥阴历十二月初十日，袁世凯授意南北军界统一联合会向革命党提出三个条款：一、朝廷宣布共和后，俟中央统一新政府成立时，务须服从统一政府之命令。二、恢复各地方之安宁秩序。三、保护外人之生命财产。③ 起初，革命派并未接受官军的和谈提议，革命重要领导人张钫仍然不懈怠，甚至认为重新规复潼关仍很有希望，他在向省总务府报告中曾指出：“弟在此与省为犄角，东兵决不敢长驱直进。即令西来，弟尚可与战，时击其侧面后方，不幸尚可为省城之救兵。彼不西进，弟由商洛，省由大路夹攻，进取潼关，立可克复。我辈以潼关为外府，今潼关失矣，西方尚有大敌，弟以商州、兴安为根据地，南通川鄂，东招豫侠，残败之局可望补救，否则同困省城，救援何恃乎？弟尽心竭力，不死不止，现虽多病，亦不辞其苦也。惟省城根本重地，防守之方，仍望诸兄及早筹划万全，弟在此若能牵掣敌兵不使西进，万不敢懈。”④ 由此可见，张钫仍主张补救“残败之局”，坚持继续革命。但可惜的是，和谈的思想在革命派内部逐渐占据主导地位，加之内部争权夺势的矛盾也逐渐凸显，最后革命党不得不接受和谈，并签订了暂时停战草案，辛亥十二月二十五日后，双方又派人到全店见面，会谈二三次，正式签订停战协定。至此，陕西辛亥革命暂告一段落。

---

① 《宣统政纪》卷六十五，第1233页。

② 丁健：《小人物，大历史：辛亥革命中袁克定》（待刊），亦见张钫《陕西辛亥革命东路战役的日记及函件》，《河南文史资料》第18辑，中国人民政治协商会议河南省委员会文史资料研究委员会1986年版，第22页。

③ 张钫：《陕西辛亥革命东路战役的日记及函件》，《河南文史资料》第18辑，中国人民政治协商会议河南省委员会文史资料研究委员会1986年版，第18—19页。

④ 张钫：《陕西辛亥革命东路战役的日记及函件》，《河南文史资料》第18辑，中国人民政治协商会议河南省委员会文史资料研究委员会1986年版，第17页。

四、结语

陕西辛亥革命已经过去一百年来了，今人理应好好地对之进行纪念，怎么纪念？恐怕除了形式上有隆重的纪念场面之外，我想我们更应该沉下心来，去反思它，去研究它，只有这样，我们才能很好地纪念它。本文只是从一个角度重新审视这段可歌可泣的历史，即仅从清廷因应方面来考察。为什么要选取这样的视角，它会不会影响及我们对陕西辛亥革命的再评价问题？我认为不会的。因为只有认真研究陕西辛亥革命过程中清廷的因应措施，才有利于我们全面加深对陕西辛亥革命的认识和了解。只有弄清楚清廷对革命究竟采取了哪些剿杀手段，我们才能更深深地体会到这场革命的困难程度以及革命先贤们为革命付出的艰辛努力，从而才能进一步准确理解和把握陕西辛亥革命的伟大历史意义，而不把之仅仅流于口头的说教上。总之，加强对陕西辛亥革命时期清廷的因应研究，不仅不会冲击陕西辛亥革命在整个辛亥革命过程中的地位和作用，反而更有利于彰显它的伟大历史意义。

原载《西北工业大学学报（社会科学版）》2012 年第 1 期

北洋集团与辛亥革命

BEIYANG JITUAN YU XINHAI GEMING

辛亥袁世凯出山问题的成因及真相再探讨

辛亥袁世凯复出，是辛亥革命史上一个十分重要的环节。其对武昌起义后的政局走向，乃至辛亥革命的结局都产生了重大影响，因此深受史界与坊间的双重重视。学界对此问题关注起步较早，并产生了一系列研究成果。但是，由于受时代与研究方法的束缚，特别是受传统有关袁世凯一生总体评价偏低——反动政治人物的局限，不少研究在史料运用和史实考证上显得粗疏大意，失实之处甚多；亦有一些著述人云亦云，缺乏新意，甚至添油加醋以讹传讹。不仅有失历史研究之本旨，且离历史的本面目愈来愈远。尽管已有不少学者就这一问题细加考证，提出异议，纠正错误，可由于未有完全掌握最直接最关键的证据链条，产生的影响并不深刻。① 反倒是坊间所流传的错讹思想依旧大行其道，成为阐释这一历史的主流。为探本求源，历史地还原这一问题的真相，笔者以为仍有必要对之进行再探讨。现拟不揣谫陋，妄图就这一问题做一粗浅探讨，不足之处，敬请方家批评指正。

辛亥袁世凯出山问题的主要内容包括武昌起义后清政府是如何决策起用袁世凯的，袁世凯是否应诏出山，袁世凯出山是否附有苛刻的政治条件，袁世凯所上应行筹办各事务一折具体内容到底是什么，等等。实际上，辛亥袁世凯出山的真

---

① 比较有代表性论文有：郑焱：《武昌起义后袁世凯与清廷关系析》，《湖南师范大学社会科学学报》1991 年第 4 期。郑焱：《武昌起义爆发后袁世凯“出山”史实考辨》，《求索》1991 年第 6 期。刘路生：《袁世凯辛亥复出条件考》，《广东社会科学》2003 年第 4 期。骆宝善、刘路生：《袁世凯与辛亥革命》，《史学月刊》2012 年第 3 期。侯宜杰：《辛亥革命爆发后徐世昌是否密赴彰德会见袁世凯》，《近代史研究》2011 年第 3 期等。

相是唯一的，不可能有多个，更不可能是公说公有理婆说婆有理。可是由于档案材料的匮乏，无论当时还是后世治史者都难以窥探真情，久而久之，因因相传就成了现在的众说纷纭，莫衷一是。为什么会如此，主要与当时报刊舆论的强势宣导及后世治史者疏于考证有关。

一、报刊舆论对袁世凯出山问题的强势介入

武昌起义爆发后，国内新闻媒体对革命形势争相转载、发表论说，对袁世凯复出问题也给以充分的关注。报刊舆论有这样的特点即报道及时，不仅能满足人们渴望获取政治内幕信息的心理，而且影响极大。可是其强势宣导对人们所造成的固化思维模式却很难被打破，不管正确与否，民众一概接受，尽管也有报纸针对之前相关不实报道进行及时纠正，但在形势动荡不安的情况下，对澄清事实并无益处，反而更增加了人们的恐慌心理，分不清孰对孰错。当时报刊舆论对袁世凯出山史实的建构，主要有以下几个关键点：

首先，袁世凯是否应诏出山问题。

武昌起义后的第四天，清政府重新起用袁世凯。其实在袁世凯开缺回籍的两年多时间内，各报关于袁世凯再起的消息此起彼伏，不绝于耳。一方面表明袁世凯尽管已遭清廷遗弃，但其在清末以来形成的开明务实形象以及督练北洋六镇所形成的军事地位，并未能立即从民众的视野里一概抹去，另一方面表明宣统政局的动荡不安需要袁世凯这样强有力的政治人物收拾局面。因此，当清廷复起袁世凯上谕公布之后，立刻得到各种报刊的注意，其中关于袁世凯是否出山的报道很多，但意见不一。

有的认为袁世凯必将出山。《申报》在清廷决定起用袁世凯后的第三日就指出："北京政界皆信袁世凯此次必将出山，因已授以大权。且袁氏为革党最嫉恨之人，设不受任，亦必预受危险也。"① 接着报道："新鄂督袁世凯已允出山"②，

① 《专电》，《申报》1911 年 10 月 17 日，第一张第四版。

② 《专电》，《申报》1911 年 10 月 18 日，第一张第二版。

“据官场宣称袁世凯电致徐世昌，允受湖广总督之任，故政府甚为欢喜，官场谓袁之声望，已足惊人”①。《民立报》也认为袁世凯应允出山：“据官报袁世凯已电徐协理世昌，允赴两湖新任，自袁氏起用后，政府中人对于时事转悲为喜。”②天津《大公报》亦指出：“袁项城刻已允认出山，驻京公使纷纷往谒，政府诸大老为中国得人庆，并请电饬该督迅速到鄂莅任，以慰中外人士之望。”③ 不仅如此，《申报》还进一步揭示了袁世凯出山的确凿证据，即是两电各省督抚函电：“袁宫保近由彰德电致东南各省督抚云：世凯现将力疾就道，尚祈遇事指示，以匡不逮。昨奉命节调沿江各军，而各处付莽颇多，须统筹全局，不敢顾此失彼，尊处军队想足备弹压地方之用，祈示复。”“世凯此次奉命督鄂，正当武昌汉阳失陷，大局震动，时事阽危，何敢以病体固辞。现定日内誓师抵汉，先后承诸公分兵筹饷，共扶大局。甚感。特病衰如世凯，未悉能救时艰于万一否耳，还望诸帅远筹荩略，以匡不逮。抵汉后军事如何，容分别电陈，以慰廑念”④。相较而言，《顺天时报》关于袁世凯铁定出山的消息就稍晚一些：“彰德通信云：袁宫保已上折谢恩，决议出山剿办鄂乱，现在仍在彰德，因染疾违豫，正在医治，所调幕僚均渐到齐，项城与幕僚磋商进军方法，颇极周密，除亲随幕僚文案外，一切谢绝中外大员面晤。”⑤ 后又公布袁世凯起节督师前线日期：“本馆接到彰德来电云，袁宫保带同亲随员文武幕僚，已于日昨上午八点钟搭坐火车起节，赴南从事剿抚事宜。”⑥

有的认为袁世凯不会出山。持此论者大多聚焦于三年前袁世凯与清廷之间的旧怨，所以，在袁世凯再起问题上竭力渲染袁氏一方不愿出山。《顺天时报》在清廷下谕复起袁世凯的第四日就报道了袁世凯的态度：“政界人谈起用袁项城，

---

① 《专电》，《申报》1911 年 10 月 18 日，第一张第三版。

② 《本馆北京要电》，《民立报》1911 年 10 月 18 日，第三页。

③ 《外交团对于袁项城之感情》，《大公报》1911 年 10 月 23 日。

④ 《袁世凯以曾文正自居》，《申报》1911 年 10 月 26 日，第一张第五版。

⑤ 《袁宫保之近情》，《顺天时报》宣统三年九月初三日（1911 年 10 月 24 日），第七版。

⑥ 《袁宫保已经起节》，《顺天时报》宣统三年九月初八日（1911 年 10 月 29 日），第七版。

已见明谕。近外风闻或云袁项城以病辞去，或云快而趋赴任，从事剿抚事宜，莫衷一是。今闻确实消息，昨覆奏云：臣久在北洋，兴办新政，嗣入枢垣翼赞，纶屏北洋事宜，虽稍能自任，至南省一带，人地生疏，隔膜不通。若任湖广总督之大任，恐误大局。请旨收回成命，另求贤能督办剿抚事宜。正在革党凶逞，时局威迫，今奉圣命，臣虽不肖，深受国恩，本应力疾从征，以答圣明，但因自去以来，查有脚疾，迄今未痊，身体作动颇不灵捷，仰祈圣鉴。等语。”① 《盛京时报》接着也传播认为比较可靠消息：“二十□日下午四钟，内阁接袁慰庭宫保来电，仍系托病力辞鄂督之任，并云剿匪事宜身可担任，至湖广总督一缺，务请代奏收回成命，另简贤员接替等语。当由阁老覆电谓，此次简用系出自朝廷特旨，请即从速赴任，戡定党乱，毋庸固辞。”② 不仅如此，就连沪上有名的《时报》认为袁世凯出山并无其事：“余（记者）于九月初一日晨赴彰德府城外袁世凯宅，据家人云现在一切宾客概不接见，惟前日荫大人曾于夜间来此，谈至五小时之久，外间传说宫保有赴任之说，实则并无其事，且现在毫不预备。”③

以上可见，武昌起义后，面对复杂的国内外局势，各报刊在及时报道湖北战事的同时，对清政府起用袁世凯的具体实情及袁世凯到底是否出山问题上，并未掌握完全有把握的根据，所以形成了出与不出截然相反的观点。事实上，报刊舆论所建构的史实，远比上述所言的要复杂得多，并非是不同报纸有不同的观点，其实，即便是同一种报纸，前后报道也有互相矛盾之处，今日说袁世凯不会出山，明日又说袁世凯颇有起意，或者今日说：“袁世凯已开用湖广总督之关防，竭力召集其旧部各员以为臂助，而投书自荐者颇多，政府甚为欣慰。”④ 明日却说袁世凯不会赴任。

其次，政府是如何起用袁世凯的问题。

武昌起义后，面对湖北督署的沦陷，清政府显然又怒又恨。怒的是革命终于

---

① 《袁宫保之辞鄂督问题》，《顺天时报》宣统三年八月二十七日（1911 年 10 月 18 日），第七版。

② 《廷臣齐速袁项城之续闻》，《盛京时报》宣统三年八月三十日，（七）。

③ 《东京日日新闻特派员访问袁世凯记》，《时报》宣统三年九月初八日，（四）。

④ 《译电》，《时报》1911 年 10 月 22 日，（二）。

成功，可能会引起连锁反应，邻省相继效尤；恨的是湖广总督瑞澂不争气，事前竟对湖北省城革命形势毫无掌控之力。当时京城上下专注于永平秋操，军谘府大臣载涛、毓朗等贝勒因筹备秋操均已出京，所有军务问题专责于荫午楼大臣，遇之如此棘手问题，荫昌如热锅上之蚂蚁，据说“该大臣于二十日昼夜奔走于摄政王府及庆邸前后共十余次之多。”① 结果，清廷便有了海陆并进的重大筹划。即“一面由海军部加派兵轮，饬萨镇冰督率前进，并饬程允和率长江水师即日赴援，陆军大臣荫昌著督兵迅速前往。”② 由此可见，清政府并非是第一时间就想到了袁世凯，而是后来形势的急速发展，预料事机重大，特别是考虑了北洋六镇可能出现的意外，才不得不让袁世凯出山收拾政局。

因清廷决策起用袁世凯是一件极为私密的事情，所以报刊舆论能够把其通过各种途径获知的信息公之于众，就已经很难得了，更不用说能够客观准确地揭露事件的内幕。所以，从此角度而言，报刊舆论对袁世凯再起之各种报道的真实性就大打折扣。但是因关于此事的内部决策及当事人档案资料的匮乏，报刊舆论的说辞在人们认识这一事件上所发挥的作用，不容低估，甚至直接影响了后世史家对清廷起用袁世凯一事的书写。关于清廷起用袁世凯一事的内幕揭露，较早关注的是《大公报》，其在10月18日的《要闻》一栏中公开报道：“由庆邸亲作手书，派阮忠枢赍往殷殷劝驾。又闻荫午帅于出京时，涛贝勒送至前门车站，谆嘱道：‘出彰德时须亲造袁慰帅处，请其顾念时局，从速出山。’”③ 后又进一步追踪报道：“袁项城自奉旨简授两湖总督后，政府恐其固辞不就，除派阮忠枢赍书敦请外，复饬荫午帅造庐劝驾。兹闻政府因欲宫保之迅赴事机，昨又特挽袁公子克定速发家电，劝其封翁迅即起程赴鄂，以便指日剿平乱事。”④ 东北的《盛京时报》也对此事颇为关注：“二十三日起用袁项城之明谕发表后，廷臣如内阁总协理及洵、涛朗贝勒并泽公、伦贝子等均特致袁项城电一道，内容多系劝袁应诏

① 《荫大臣之奔走仓皇》，《大公报》1911年10月15日。

② 世续等修：《宣统政纪》，《清实录》第60册，中华书局2008年版，第63935—63936页。

③ 《要闻》，《大公报》1911年10月18日。

④ 《是亦催袁速驾之一法》，《大公报》1911年10月21日。

出山，速定鄂乱，藉保大局，切勿执意辞却，以致有误事机。”① 最为称奇的是《申报》对这一事件的报道：“京师盛传庆王扈驾西巡之说，其实庆王连日请假，系赴彰德亲访袁世凯劝其出山。”② 后又有：“汉口自二十七日以后，连日未有战事，荫大臣乘间诣京，泣求另简督师大臣，由庆总理亲诣彰德强起袁宫保赴汉视师。”③ 总之，在未能准确获知清廷到底是如何运作起用袁世凯一事上，报刊舆论的强势介入，导致真假参半，或以假乱真，甚或真亦假来假亦真，使局势更为扑朔迷离，人心更为淆乱。

复次，袁世凯出山是否附有苛刻政治条件问题。

袁世凯出山是否附有政治军事条件，是当时报刊舆论聚焦袁世凯出山问题的另一个重要热点。在传统价值体系之下，这是对袁世凯政治品质甚至其个人道德素养的一个重要检验，也就是说，在“国难当头”的情况下，袁世凯出山所附的任何政治条件都是其个人形象的试金石，直接影响袁世凯与清廷关系的下一步发展，当然也关乎袁世凯个人道德品质的评价，所以其成为报刊舆论追逐的重要政治焦点就不足为奇了。

关于袁世凯出山所提的政治条件，起初，报刊舆论的报道都是零散的，不成体系，如《申报》描述道：“袁世凯受任湖广总督之前，要求准其选带精兵一万名及予以兵饷三百万两，始允出山，政府已准其所请。”④ 之后其他报刊也有类似报道，但是随着局势的发展，以及政界人士更多信息的透露，袁世凯出山所提的条件渐渐浮出水面，而且内容更为丰富：“长江水陆各军统归袁世凯节制调遣，已见明谕。兹探得此谕之由来，实由项城自具密折奏请，原折要求八款，如蒙俞允，方能赴鄂：（一）全权大臣，便宜行事；（二）另刊关防；（三）长江水陆各军统归节制，荫昌亦须受其调遣；（四）调用旧员二十一人（内有段芝贵、赵秉钧、倪嗣冲、雷震春四人，余未详）；（五）关于财政，不准度部留难掣肘，以上五款，经监国会同总协理大臣集议一次，含糊允之，其余三款未经发表，无从

① 《盈廷电速袁项城》，《盛京时报》宣统三年八月二十九日，（二）。
② 《专电》，《申报》1911 年 10 月 26 日，第一章第三版。
③ 《汉口战报》，《申报》1911 年 11 月 2 日，第一张第五版。
④ 《专电》，《申报》，1911 年 10 月 21 日，第一张第五版。

探悉。"[①] 由此可见，报刊已经获知袁世凯所提条件八款，这就比较具体了，但仅明确五款，其余三款不详。接着，又有报纸透露袁世凯出山所提条件七款，相比之前不仅增加了两条，而且具体内容亦有差异："现闻朝廷已简授袁宫保为湖广总督，又将长江水陆各军归其节制，已见明谕。据政界消息云，袁项城自开缺后，政府未准起用，项城亦无出山之意。此次鄂乱发，朝廷著项城补授鄂督，项城亦不敢辞，由彰德已发密折到京，监国已阅看该折。据传闻该折要求八项，如蒙俞允，力能赴鄂等语。其所奏概闻数项如下：一、全权大臣，便宜行事；二长江水陆各军统归节制；三、调用旧属人员；四、明年开设议会；五、开设责任内阁；六、剿讨革党以宽大为主；七、解党禁等语。监国摄政王已交内阁大臣筹议。"[②] 后来这一说法又被《经纬报》等其他报纸原文转载传播。[③] 由于缺乏原始档案材料的支撑，这样的说法久而久之就被民众接受了。

但与之相反的是，有一些报纸对袁世凯出山所提政治条件一事很不以为然，并认为袁世凯肯定不会愚蠢到这种地步："今日各报皆有载袁项城已应诏出山，但开列多款，向政府作种种之要求。吾谓此必系外间揣测之词，项城恐愚不至此。"并进一步指出："于何见之，项城此次起用非出于自然，乃出于无奈，项城岂不知之。无奈而用人，无论如何要求，未有不勉强应允，只是要挟越多，猜嫌愈甚。就令一战成功，则鸟尽弓藏，固意中事。万一事机不顺，尤不堪设想，老练如项城岂肯取快一时，而自贻伊戚。故项城不出山则已，出则惟有秉成庙谟，力肩军务；事平之后，奉身而退，以全令名斯已耳，要求多款奚为哉。"[④] 特别是认为关于前文所提及开设责任内阁一项，更不可能，因"项城曾私向人云：此次之乱，但向皮毛上求治，未尝不能奏效；但为国之道，其根本所在贵能实行立宪，实行立宪即当建设责任内阁，化除满汉畛域，某所持之政见如此。但此刻军务吃紧，又不便先行奏陈，贻人口实，谓为先缓后急，似乎藉此要挟且邻于推卸，此则某所不敢当也"。但却指出袁世凯所提条件应有救灾一项："近来灾民遍

① 《京师之鄂乱谈》,《申报》1911 年 10 月 25 日，第一张第七版。
② 《袁制军条陈要项》,《盛京时报》宣统三年八月三十日，第七版。
③ 《袁项城之要求八项》,《经纬报》，宣统三年九月初一日（1911 年 10 月 22 日）。
④ 《闲评一》,《大公报》1911 年 10 月 23 日。

野，革党乘机煽惑，恐最易酿乱，弭乱之道，救灾实最急问题。盖救灾如救火，刻不容缓，倘此长拖，不惟民多涂炭，且令匪势更见猖狂，甚非计之得也。故项城电奏内又有救灾之请。至于事权不一，则措置必多牵掣，故项城特请病假，暂缓行期，俾政府知其用意所在。日前又特调奏得力旧员七人前往差遣，藉收臂助。以上仅急则治标之策。"① 可见，关于袁世凯出山条件，报纸舆论的意见并不一致，真伪难辨。而后世学者在治这一问题时，因档案资料的缺乏，显然难以摆脱舆论强势介入造成的影响。

二、后世对袁世凯出山问题的建构

报纸舆论强势介入对袁世凯出山前后史实的建构，尽管尚存有观点前后不一甚至互相抵触的缺陷，给当时民众造成了很大的疑惑，但还未待当事人澄清以及报馆自查清楚，辛亥革命就以南北各方拥戴袁世凯为民国临时大总统而草草结束了。于是，人们关注的重心很快发生转移，这种疑问就成为日后的历史问题。由于受报纸报道分散，不宜长久保存等因素的影响，其所发挥的作用仅限于当时民众以及后来治史的学者，影响有限。实际上，对袁世凯出山前后相关史实叙述模式影响最深的是后世史家以及通俗历史读物。

（一）辛亥革命后对袁世凯出山史实的典型建构及影响

辛亥袁世凯出山问题，无论是研究辛亥革命史，还是研究袁世凯北洋集团的历史，都是无法忽视的重要环节。因此，辛亥革命之后，特别是袁世凯帝制自为

---

① 《袁项城平乱之政策》，《大公报》1911 年 10 月 23 日。又见《盛京时报》宣统三年九月初五日，（二）。

失败后，凡是涉及上述两项研究的，大都无法回避对袁世凯出山史实的建构。① 就笔者视野所囿，20 世纪 20 年代之前大都写得十分简略，甚至一笔带过，对后来治史之学人影响不大；而在 20 世纪 30 年代后，无论是严谨治学的史家，还是致力于通俗演义的作者，则都对之写得十分饱满，着墨甚多，在这些著者中，对后世影响最大最为典型的是李剑农先生，其次是陶菊隐先生。

李剑农先生的《最近三十年中国政治史》（稍后又扩充为《中国近百年政治史》），其不仅最先比较详细且系统地对袁世凯出山前后史实进行了梳理，而且影响的范围广、时间长。范围广主要体现在不仅影响国内大陆的史学研究者，而且影响了港台及国外学者；时间长主要体现在自 1930 年出版发行以来一直延续至今。李剑农先生对袁世凯出山史实的建构，之所以影响深远，一在于其学术地位与学术声誉，李先生一直致力于近代中国政治史研究，且著作等身，又曾是武汉大学教授，具有重要的学术威信；二则得益于其对历史书写的饱满，而且“合情合理”，形成具有自己的风格，后来学人在记述或复述这段历史时往往作为范本频频引用，难以超越。② 李著对袁世凯出山史实的梳理有如下特点：

---

① 新中国成立前的著述主要有：内藤顺太郎：《袁世凯》，广益书局 1914 年版；野史氏编：《袁世凯轶事》，上海文艺编译社 1916 年版；野史氏编：《袁世凯轶事续录》，上海文艺编译社 1916 年版；民心社编：《最新袁世凯》，泰东图书局 1916 年版；上海文艺编译社编：《袁世凯全传》，中华印书局 1930 年版；上海文艺编译社 1916 年版等；马大中：《大中华民国史》，中华印书局 1929 年版；马震东：《袁氏当国史》，中华印书局 1930 年版；李剑农：《最近三十年中国政治史》，太平洋书店 1930 年版；左舜生：《辛亥革命史》，中华书局 1934 年版；蔡东藩、许廑父：《民国通俗演义》，上海会文堂新记书局 1935 年版；白蕉：《袁世凯与中华民国》，人文月刊社 1936 年版；陈伯达：《窃国大盗袁世凯》，《解放日报》1945 年 11 月 18、19、20、21 日。新中国成立后著述甚多，比较有代表性的有：陶菊隐：《北洋统治时期史话》第 1 册，生活·读书·新知三联书店 1957 年版；来新夏：《北洋军阀史略》，湖北人民出版社 1957 年版；郭廷以：《近代中国史事日志》，台湾商务印书馆 1963 年版；丁中江：《北洋军阀史话》，台湾春秋杂志社 1979 年版；李宗一：《袁世凯传》，中华书局 1980 年版；章开沅、林增平主编：《辛亥革命史》，人民出版社 1981 年版；侯宜杰：《袁世凯一生》，河南人民出版社 1982 年版；陈志让：《乱世奸雄袁世凯》，湖南人民出版社 1988 年版（译自 Jerome Ch'en：YUAN SHIH-K'AI，Stanford University Press）；郭剑林、纪能文：《诡异总统袁世凯》，吉林文史出版社 1995 年版；刘忆江：《袁世凯评传》下册，经济日报出版社 2004 年版等。

② 后来的研究北洋史专家来新夏、丁中江、郭廷以、侯宜杰、郭剑林等都未能超越李剑农先生的史学建构。

第一，袁世凯对清廷下诏起用反应冷淡，力辞不肯出山。关于原因，李先生做如下分析：“袁世凯不是清廷的‘社稷之臣’，不若曾国藩、李鸿章那么‘挥之即去，呼之即来’的……现在要他去作湖广总督，他便以‘足疾未痊’四字力辞，不肯出山。他所以不肯即出的原故，一是泄一泄愤，二是要等事变扩大，载沣不能收拾，三是要取得对于一己合算的条件。”由此可见，李先生笔下的袁世凯就是一个小肚鸡肠，报复心极重，自私自利的人，这就为以后清廷一步步降服，袁世凯一步步进逼埋下伏笔。

第二，清廷起用袁世凯的内幕。李先生认为：“袁的起用，由于奕劻的建议，外国人也替他吹说‘非袁不能收拾’，载沣无可如何，终起用他作湖广总督。……徐世昌见他不出，便微服出京亲往彰德劝驾。”这写出了清廷起用袁世凯的外部原因，以及奕劻、徐世昌在起用袁世凯时发挥了重要作用。

第三，袁世凯提出出山六个重要条件。李先生指出：“清廷再三催促，袁便以徐世昌和奕劻为介，提出六个重要条件来，非清廷悉行允诺，决不出山。其条件如下：一、明年即开国会。二、组织责任内阁。三、宽容与于此次事变的人。四、解除党禁。五、须委以指挥水陆各军及关于军队编制的全权。六、须与以十分充足的军费。”并对此进行分析道：“我们看他所提出的六个条件，便知道他的心里最初就是不愿意和革命军打仗，但是实权非揽入自己手里来不可。……他以为：若用兵力扑灭革命军，将来革命党必积恨于他，于他有害无利；并且等到革命军扑灭了，满清皇族未必还依靠他；‘兔死狗烹，鸟尽弓藏’，他决不愿再作这种傻子。……”① 这就把一个两面三刀、阴谋弄权，与清廷讨价还价、渔翁得利的袁世凯形象突出地呈现出来。

陶菊隐先生是一个著名的报人，因经历清末民初社会重大变革，对北洋旧事情有独钟，发表了很多有关这方面的报道与评论，当然亦十分清楚什么样的叙述表达更能吸引世人眼球。关于袁世凯对待出山的态度与条件，陶著与李著大体一致，都指出袁世凯不愿出山，且向清廷提出六个条件，尽管陶著对六个条件稍做改动，明眼人一眼就能看出，这并未改变李著所建构的基本内容，只是在分析六

---

① 李剑农：《最近三十年中国政治史》，太平洋书店1930年版，第189—191页。

个条件上，陶著着重刻画了袁世凯的心理状态："袁也估计到清政府不会一口气接受六个条件。他的天门阵早已摆好，就是暗中指使北洋军将领顿兵不进，不受荫昌的节制调遣，使清政府无可用之兵，最后不得不乖乖钻进他的圈套来。"而在对清廷起用袁世凯的内部决策上，陶著不遗余力地建构了奕劻令徐世昌于10月20日秘密到彰德探摸袁世凯的真实意图，绘声绘色地描述了袁世凯、徐世昌串通一气表演的一幕双簧戏，并指出"袁世凯所提条件是真的，徐所表现的态度则是假的"①。由此可见，他对袁世凯出山史实的建构，与李剑农先生相较，很难说有什么本质上的超越，思路基本一致，基本内容大体一致，稍有不同仅仅是其所建构的"具体史实"有异，在没有获取诸多历史当事人信息的情况下，用了很多合理之想象，甚至没有事实根据地替历史当事人袁世凯进行主观表达，即便如此，仍然吸引了诸多历史学者将之成为自己书写历史的根据。②

当然，后世学人除了继承李、陶思想之外，也对袁世凯出山史实进行了深一步发展，除了少数学术著作之外，还有一些回忆性资料。③ 但由于未掌握充分地历史根据，许多建构仍存在这样或那样的缺陷，因篇幅有限，在此不再一一赘述。

（二）今人对袁世凯出山史实建构的质疑与批评

李剑农、陶菊隐等前辈学人对袁世凯出山史实的建构，不仅在学界，而且在民间都形成了很大的影响，其所建构的具体史实几乎成为学界共识，难以更改。但当众人皆追随李陶的时候，20世纪90年代以来，陆续有学者对此产生怀疑，并提出商榷，遗憾的是并未引起足够的重视。

率先对袁世凯出山史实提出质疑与挑战的是金冲及先生、胡绳武先生、郑焱先生。金冲及、胡绳武二先生在其专著《辛亥革命史稿》第三卷中就有意避开先

---

① 陶菊隐：《北洋统治时期史话》第1册，生活·读书·新知三联书店1957年版，第75—77页。

② 如陈志让、李宗一、郭剑林、刘忆江等都曾直接或间接受陶著影响。

③ 参见张国淦《辛亥革命史料》，上海龙门联合书局1958年版；中国人民政治协商会议全国委员会文史资料研究委员会编《辛亥革命回忆录》，中华书局1962年版等。

前学界所形成的“定论”,[①] 而是力求自成一家的重建史实，为何如此？显然是两位学者对此前的观点抱有疑问，持保留态度，这就突破了李、陶以来形成的窠臼，给人耳目一新之感，但并未对李、陶以来形成的错误观点进行批判。而最早对此进行辩驳的是郑焱先生，郑先生首先关注的是武昌起义后袁世凯与清廷之间的关系。传统观点认为由于担心北洋军不听指挥，消极应战，清廷被迫起用袁世凯；但袁世凯嫌它权力太小，迟迟其行，直到清政府任命其为内阁总理大臣，袁世凯被赋予军政全权之后才赶赴前线，而且在东山再起之际，就萌发了取清自代的思想。他通过严密的考证认为：武昌起义后袁世凯与清廷的关系并非处于一种要挟与被要挟的对立关系，清廷起用袁世凯，“其主要目的在于收揽人心，聚集反革命力量，如果要说清政府是出于被逼的话，也是直接受迫于武昌起义的压力而并非出自北洋军的压力和袁世凯的计谋”。关于袁世凯受命之初对清廷的态度，郑先生通过大量史实，指出袁世凯并未拒绝出山，与岑春煊相比，而是应诏即起，表现得相当积极。进而得出如下结论：“历史事实说明，袁氏取清自代思想产生的时间，不是在东山再起之初，而是在形势发展出现机遇之后。”[②] 不仅如此，郑先生还对“徐世昌到底去彰德和袁世凯密商没有？袁世凯究竟是否提出了六个条件？”等问题进行了考辨，他指出以往学界建构的史实，“纯属虚构”。最令人称道的是他通过爬梳《内阁官报》，发现 1911 年 10 月 20 日至 22 日这三天徐世昌每天都参加了召见议事，并在上谕后署名，所以“徐世昌当时并没有离开过北京，也就不可能到彰德和袁世凯密谈并带回六个出山条件”[③]。论据有力，事实清楚，无疑是对学界既有“定论”的否定。但遗憾的是，这种正确观念并未得到应有的重视，在学界所产生的影响亦十分有限。

郑先生提出正确的批评见解之后，尽管没有得到学界的广泛认可，但是已经开始引起相关研究者的注意，在此基础上，先后有骆宝善、刘路生、侯宜杰等知名学者，对郑先生所提问题进行再论证与补充，对学界产生了十分积极影响，使

---

① 金冲及、胡绳武：《辛亥革命史稿》，上海人民出版社 1991 年版，第 447—456 页。

② 郑焱：《武昌起义后袁世凯与清廷关系析》，《湖南师范大学社会科学学报》1991 年第 4 期。

③ 郑焱：《武昌起义爆发后袁世凯“出山”史实考辨》，《求索》1991 年第 6 期。

越来越多的研究者开始怀疑李、陶二先生及其追随者所建构的“史实”，并力图重建史实。

刘路生先生关注的焦点是袁世凯辛亥复出条件，她通过大量袁世凯与其幕僚、清政府等之间函电的梳理，认为“从现在掌握的史料分析，从当时的历史实际考察，这个袁世凯出山的‘六个重要条件’是不存在的”。反而是“袁世凯拜折应诏复出之时，提出来‘节略八条’”，并通过考证认为其内容为：“募兵、筹饷、不为遥制、调将三条、宽容被裹胁者、赈灾，共八条”，因其谓：“其史料依据分别来源于影印的袁世凯信稿和原始清宫档案，且不同来源的史料相互印证，史料链条基本无缺失环节”，所以具有很强的可信度。但亦毫不讳言地指出由于“其原文至今虽未发现，我的推断可能会小有出入。”这体现了一个历史学者严谨治学的精神、深厚的考证能力，在没有直接原始档案刊布之时，能做到如此，尚属不易。为了进一步证明自己的观点，刘先生还论证了传统六条件说产生的原因：“袁世凯南下督师与清廷颁布的政治举措在时间上的吻合，再加上袁世凯后来在辛亥革命中是实际得利者，都很容易误导人们产生二者（指政治六条和军事八条——笔者注）之间有某种必然关联，相信了这些当时为了消弭革命而制造出来的消息。辗转相传。陈陈相因，袁世凯的出山军事八条就变成了政治六条。”①后来，骆宝善、刘路生再次强调了传统认知的“政治六条”不存在。②

侯宜杰先生则主要论证了辛亥革命后徐世昌是否密赴彰德会见袁世凯的问题，尽管郑先生对此早已提出疑问，但论证还不够充分。侯先生之所以重视这一问题的探讨，原因在于“此事关系到袁世凯是否愿意出山和是否提出重大政见等问题，似有讨论清楚的必要”。他主要从三个层面进行论述：第一，袁世凯被任命湖广总督之后所提出山条件，既非同徐世昌密商，亦非论者所说的六个条件。由此并做进一步阐述：“袁世凯在‘节略’中向内阁开具的条件才是他提出的真正出山条件，而此时徐世昌尚在北京；所谓同徐世昌在彰德商定的条件既不是袁

① 刘路生：《袁世凯辛亥复出条件考》，《广东社会科学》2003 年第 4 期。

② 骆宝善、刘路生：《袁世凯与辛亥革命》，《史学月刊》2012 年第 3 期。

世凯提出的，也无任何事实根据，因而徐世昌密赴彰德之说不能成立。”① 第二，徐世昌没有赴彰德的必要；第三，徐世昌没有在 20 日去彰德的可能，因从《那桐日记》《韬养斋日记》以及载涛的说法可以看出，有直接、间接证据可以论证徐世昌 20 日在北京。为了进一步澄清事实，还原历史真相，骆宝善、刘路生亦对这一问题进行论证，认为“原始档案和第一手文献不支持这个来源不明的袁徐密谋六条之说”②。以上所述侯宜杰、骆宝善、刘路生等诸先生关于武昌起义后徐世昌是否密赴彰德会袁世凯的问题，因论据充分，论证有力，比较准确和真实地批驳了传统观点，具有很强的说服力，亦基本解决了先前以讹传讹的事实依据，为重建史实创造十分重要的条件。

总之，有关辛亥革命期间袁世凯出山问题的研究经过几代人的辛勤耕耘，不断得到推进，取得了一定的成绩。尽管李剑农、陶菊隐等学界前辈因资料匮乏，而建构出不太符合历史实情的文本，但他们的开拓进取精神仍值得我们赞许和学习。后世史家大多盲从，用二手资料作为论史依据，一方面在于没有发现新史料，另一方面可能反映了著述者治史精神的懈怠。今人对传统构建史实的怀疑与批判，且用较为翔实的史料、逻辑严密的论证，令人钦佩，也必将进一步深化这一问题的研究。就目前来看，尚未弄清楚的是袁世凯上清廷的“节略八条”之具体内容。虽然刘路生先生已经通过考证，推论出军事八条，但在有关这一问题真实史料刊出之前还不能定论。所以，袁世凯出山时所提应行筹办八条，就成为准确重构辛亥革命期间袁世凯出山史实的另一个制约条件。

三、袁世凯复出时所上节略八条的真容

“任何历史研究，掌握第一手资料是最基本的前提。历史发展的规律是客观存在着的，但它并不先验地存在于人们的头脑中。人们对历史规律的正确认识，

---

① 侯宜杰：《辛亥革命爆发后徐世昌是否密赴彰德会见袁世凯》，《近代史研究》2011 年第 3 期。

② 骆宝善、刘路生：《袁世凯与辛亥革命》，《史学月刊》2012 年第 3 期。

是通过对大量史料深入研究而获得的。”① 由此可见，历史研究必须充分占有大量第一手资料，并须对掌握的史料进行去伪存真，去粗取精，综合分析，否则就难以建构出符合历史事实的文本，辛亥革命期间袁世凯出山史实的建构同样如此。可喜的是，近年来经多方努力，无论是经过整理的档案，还是影印出版的档案，都有快速发展的势头，随着新史料不断公诸于世，特别是清宫朱批奏折中关于这一问题的直接证据，即袁世凯所上扑灭武汉革命军应行筹办各事务一折的刊布，为基本解决这一问题创造了条件。

为了澄清以往史实建构的舛误之处，以正视听，现将档案原文照录如下：

谨将应行筹办各事分条胪列，呈请钧核训示：

一、武汉据长江上游，为天下枢纽，逆匪系久练之兵，与寻常土匪不同，若不以全力赶图扑灭，恐湘粤及沿江各省岌岌可危。万一再有勾结响应等事，则大局益难收拾。惟王师宜出万全，倘有挫失，全局立见瓦解，必须赶速筹备，知彼知己，足以制其死命，方可节节进图规复。现亦不可轻敌，致涉孟浪。

二、闻逆匪已据武昌、汉阳、汉口，叛兵计逾万人，技娴器利，枪炮厂、军械库、造币厂、司库均为占据。既有器械资财，啸聚必日众，目下当已数倍于原叛之数。又闻在龟、蛇等山安设巨炮，筑垒，防守官兵，地处攻势。以兵家言之，攻守相衡，须加于匪众数倍。现去各镇协实数仅及两万，除分留后路外，计战兵不过一万数千人，恐难敷用，似须预筹济师。

三、近畿陆军虽由世凯创练，现距交卸练兵差使五六年之久，将士兵卒多非原练之人。闻近年稍有暮气，亟须随时振励，方可得力。现鄂省本无防营，陆军已全数变去，世凯赤手空拳，何能济事，如专恃援军，势必诸多扞格，未可用以攻坚。目下协攻匪垒，将来驻防克复地面，弹压外属各州县，亦必须本省有可恃之兵力。拟就直隶续备后备各军调集万余人，尅日成军，作为鄂省驻防之军。现在陆军章制甚多，文法较繁，一时未能编集，拟从简易仿照湘淮军章制，调集直隶续备后备各兵，先编成二十四五营。世凯俟病势稍减，先即赴鄂布置，以援军量力稳进，其新集各营陆续后发。以现在军情揣度，收复汉口及武昌省城，似尚

① 荣孟源：《史料和历史科学》，人民出版社1987年版，第9页。

不甚难。追攻其炮垒，规复汉阳，必须厚集兵力，方可得手，彼时新集鄂军已抵防次，正可应用。事关增兵，须奏明办理。

四、保定军械各局，前由世凯购备各枪炮，计可供万人之用，拟奏请饬下军部、直省拨用接济；如不敷用，再请江南协拨，或酌量购补。

五、鄂省局库均失，财政已竭，拟奏请饬度支部先筹拨三四百万两金，备作军饷及各项急需。倘鄂事久延，牵动沿江各省财政，全局亦将糜烂。而赔款无着，尤恐外人干预财政，大局益不可问。似不得不商请度支部权度轻重，竭力维持，事非一隅，保全实大。

六、现在调委人员，增集军队，及各项公事，无关防不足昭信守，瑞前督困守江心，印信一时亦难交接，拟先刊行营木质关防，以便开用。

七、此次变乱，非同寻常，须群才佐理，如有调用人员，应请政府主持准其奏调；其逃亡之官缺，亦请暂准不拘例案，便宜择人奏请补署。

八、军谘府、陆军部成立未久，试验较少。用兵之道，因时变化，未可绳以文法，遥为牵制。不敢言阃内阃外之权限，然必须请府部稍假事权，方可奏效。

以上八条系择其最要者先陈节略，如合钧意，即分别奏咨开办。俟病势稍减，再随时相机筹划，陆续陈达。总之，匪不难平，惟盼内外协力，共矢公忠，方能济变抚危，免致全局溃裂也。①

以上可见，袁世凯上奏清廷扑灭武汉革命军应行筹办各事务折，有理有据，无一虚妄之言，归纳起来主要有：不可轻敌，预筹济师，增兵，筹备军械，筹饷，关防，便宜调将，不为遥制等，共八条。根本没有李、陶二先生所言的明年即开国会、实行责任内阁等内容，亦难看出传统观点多认为的袁世凯趁机挟私报复，有意要挟清廷、不愿出山的意图。其内容完全是为了镇压革命党而提出的，并未涉及任何政治条款；当然也不包含刘路生通过考证得出的宽容被裹胁者、赈灾等内容，这些只是后话，并非袁世凯认为的当务之急。

在君主专制制度体制下，袁世凯深知自己的身份与地位，挑衅清廷得不偿

① 袁世凯：《扑灭武汉革命军应行筹办各事务》，《清宫辛亥革命档案汇编》，九州出版社2014年版，第83—89页。

失，亦必然失信于忠清官僚。所以在清廷下诏起用之时，力排众议，上谢恩折，[①] 应诏即起，并多次表达忠于清廷，极力镇压革命的主张，其在致表弟张镇芳函中流露："此次变起仓猝，武汉已失。承泽手书交斗瞻送彰，传述当扆语，意极恳挚。兄断不能辞，昨已具折谢恩。"[②] 其在致内阁电中也有同样的表示："制胜不敢诩操左券，但有报国一日，断不至有北犯之虑。惟祝京师镇静，根本稳固，无论外省如何变乱，均尚可图也。"[③] 关于袁世凯积极响应清廷，应召而起的举动，在盛宣怀致度支部大臣载泽信札中亦有反映："袁世凯负知兵重望，此次闻诏即起，具见公忠国体，固已先声夺人。"[④] 因此，以往认为袁世凯因清廷未能满足其条件，一直推脱，不愿出山的看法，是没有依据的。

实际上，正是因为袁世凯向清廷所上节略八条情词恳切、举措得当，很快就得到清廷的回应："来函并臣筹各节所开手折，已照录呈监国摄政王，并交泽公阅过，均可照办。"[⑤] 但袁世凯心里清楚，危机之下，即便得到了清廷的肯定，如期筹备兵饷军械、统一前线事权等并非易事。为此，其围绕节略八条进行了诸多谋划，这体现在：

第一，积极筹备兵饷、军械军需。

袁世凯应诏即起之后，摆在其面前最大的问题就是兵饷和军械军需的筹集，这也是镇压南方革命的重要资本。因准备不足，面对来自诸方的催促，袁世凯始终保持克制和冷静，给人们留下了其不愿出山的错觉。盛宣怀来电说："此乱蓄谋已久，若不早平，恐各省响应。公出处关系中原之乱，默念此身负环球重任，岂能久安绿野。与其迟一日，不如早一日。万勿迟疑。"[⑥] 张人骏亦认为"用旧

---

① 中国史学会编：《辛亥革命》（五），上海人民出版社 1957 年版，第 333 页。

② 《复张提法镇芳函》，中国公共图书馆古籍文献编委会编：《袁世凯未刊书信稿》（下），中华全国图书馆文献缩微复制中心 1998 年版，第 1579—1580 页。

③ 骆宝善、刘路生主编：《袁世凯全集》第十九卷，河南人民出版社 2013 年版，第 28 页。

④ 陈旭麓、顾廷龙、汪熙主编：《辛亥革命前后盛宣怀档案资料选辑之一》，上海人民出版社 1979 年版，第 215—217 页。

⑤ 中国第一历史档案馆编：《光绪宣统两朝上谕档》第 37 册，广西师范大学出版社 1996 年版，第 255 页。

⑥ 盛宣怀：《愚斋存稿》卷八十七，台北文海出版社 1966 年版，第 9 页。

部以剿新叛，鄂不足平。东山再起，中外仰望。仍请速驾，以挽危局”①。袁世凯却回应说：“凯现赴鄂，无地驻足，亦无兵节制，用何剿抚?”“鄂军尽变，库款全失，赤手空拳，用何剿抚?”② 但为了尽快筹备兵饷军需，袁世凯并非坐等，反是积极谋划，一方面再请内阁代奏征兵与筹饷折，希望清廷能够尽快答应：

此次鄂变，事虽仓猝，蓄谋已久，厂、库、局、所，悉为占踞，粮足器利，人多精练，自与寻常匪徒啸聚乌合者，迥不相侔。武汉为天下枢纽，邻省多被水灾，倘不以全力迅图，蔓延必广，牵动全局。凯衰病余生，何堪负重，然受恩高厚，利钝故不敢计，惟有竭尽心力，以图报称。但鄂省兵叛库失，凯亦赤手空拳，无从筹措，必须赶募得力防军，以备驻防收复地面及弹压各属。倘大兵未能旦夕全复，亦可以此生力军协同攻剿。拟请旨俞允在直隶、山东、河南等省，招募曾经入伍壮丁一万两千五百人，照武卫左军现行营制，编集二十五营，作为湖北巡防军。此项营制，参防湘淮，以期易於成立。惟兵以饷项为命脉，必须裕筹，且鄂省财用已竭，地方急需，均无所出，仰恳饬下度支部速拨的款四百万两，以备拨支。如地方早能收复，当由本省续自筹用，不敢以此作为常款。是否有当，伏乞圣裁。谨请代奏。③

另一方面是积极向邮传部寻求帮助，袁世凯曾向盛宣怀指出：“自闻新命，焦急废寝，然兵无一名，饷无分文，孑身前往，何从措手。昨奏请拨饷募兵，尚未奉批，急切实难部署。已去之军系按秋操编制，而筹备战事，缺点尚多，以攻悍匪，恐难得手，倘稍失挫，远近响应，全局瓦解，不可不策出万全。部拨款辗转需时，恐难迅速接济，倘有急需，可否由贵部设法挪借，能借若干示覆。”④

---

① 《张人骏复袁世凯电》，徐艺圃选编：《两江总督张人骏辛亥电档选辑》，《历史档案》1981 年第 3 期。

② 《袁世凯致张人骏电》，徐艺圃选编：《两江总督张人骏辛亥电档选辑》，《历史档案》1981 年第 3 期。

③ 《袁世凯致清内阁请代奏电》八月二十八日（10 月 19 日），卞孝萱辑：《闵尔昌旧存有关武昌起义的函电》，《近代史资料》1954 年第 1 期。

④ 骆宝善、刘路生主编：《袁世凯全集》第十九卷，河南人民出版社 2013 年版，第 28 页。

并解释道“用兵如赌，资厚可赢，本微必输”[①]。盛宣怀十分配合：“冬电昨交荫公阅，甚佩，同力合作，必可做到。”[②]

关于军械军需的筹备，袁世凯曾多次电奏清廷要求各地协助枪炮，先是向张人骏索要江宁新军管退炮三十六尊及全数子弹，又要求东三省赵尔巽、直隶陈夔龙协拨快枪及子弹：“现召募军队，需用枪炮甚多，东三省协拨快枪五千杆，直隶省协拨快枪三千杆，实不敷用。现闻奉省尚存有八十八年式枪四万杆，请饬该督迅速借拨一万杆，每杆子弹一千粒；直隶总督仍借拨快枪三千杆，每杆子弹一千粒，并请饬直东两省协拨快炮五十四尊，以备应用。”[③] 清廷立即准许袁之要求：“著赵尔巽、陈夔龙按照所奏迅速如数协拨。”[④] 袁世凯为解决驻鄂师舰及鄂兵船缺米、煤等军用物资，请求清廷“饬由两江、江西委员筹办”。清廷毫不含糊，立即应允“著张人骏、冯汝骙饬令上海、九江两道迅速筹办接济，勿稍贻误”。此外，袁世凯还要求河南巡抚宝棻、山东巡抚孙宝琦采购麦面。[⑤]

第二，刊刻关防，调集将才。

关防问题，袁世凯十分重视，其在向清廷提出的节略八条中明确表示：“无关防不足昭信守”。后来又再次请内阁代奏清廷同意其刊刻关防：“鄂省失守，文武逃散，瑞革督困守江心，陆路梗阻，一时无从交代。值此军书旁午，与寻常接替不同。凯现调委人员，筹募新军及与各省处来往公事，非有关防不足以昭信守。拟即由凯自刊木质关防，文曰‘湖广总督督办剿抚事宜行营关防’。俟接收督篆后，再奏咨毁销。”[⑥] 关防问题解决后，袁世凯还主动物色将才，以资辅助，先后奏调王士珍筹办增募新军、布置后路各事，冯国璋迅速来彰，筹商一切；还

---

① 盛宣怀：《愚斋存稿》卷八十七，台北文海出版社 1966 年版，第 25 页。

② 盛宣怀：《愚斋存稿》卷八十七，台北文海出版社 1966 年版，第 27 页。

③ 《宣统政纪》卷六十二，《清实录》第 60 册，中华书局 1987 年版，第 1129 页。

④ 《宣统政纪》卷六十二，《清实录》第 60 册，中华书局 1987 年版，第 1138 页。

⑤ 参见《宣统政纪》卷六十二，《清实录》第 60 册，中华书局 1987 年版，第 1129、1134、1158 页。

⑥ 骆宝善、刘路生主编：《袁世凯全集》第十九卷，河南人民出版社 2013 年版，第 16 页。

调集张锡銮、倪嗣冲、陆锦、张士钰、袁乃宽、吴凤岭等。① 不仅如此，当时报纸还流传一个为数更多的名单：赵秉钧、段祺瑞、娄春蕃、于式枚、沈祖宪、袁作广、张祖厚、吴焕、谢煊、卢廷俊、周家禄、刘宝泰、徐沅、胡商彝、傅增湘、张一麐、王书臣、刘燕翼、刘梦熊、李保成、金邦平等。② 这些人员大多是北洋袍泽故旧，袁世凯的老相识，他们一时集合在袁世凯麾下，出谋划策，为日后袁顺利攻下汉口汉阳及稳定北方局势做出了重要贡献。

第三，奏请设立中央统一军事指挥机关。

关于湖北前线军事部署"未可绳以文法，遥为牵制"问题，尽管得到了清廷的应允，可袁世凯仍担忧北京军谘府、陆军部不时掣肘。为改变中央军事指挥机关不统一，贻误战机的境遇，袁世凯还在致内阁电中明确提出设立中央统一军事领导机关："兵机贵乎迅速，运筹要在慎密。现在中央筹办军务衙门计有数处，遇事辗转咨商，恐涉迟缓。尤虑各署员司稍杂，难防泄漏。鄂匪党伏各处，不可不防。查昔年遇有兵事，历设军务处为中央统一机关，似宜援成案设督办军务处，或会议军务处，在大内借公所办事。内阁、军谘、海陆军、度支诸大臣会办其事，各署慎选可信之员司一二人，附同阁员，随办文牍。不但机关统一，事可迅决，亦可不至泄漏事机，贻误大局。我邸、相与国共休戚，有力任艰难，无可瞻顾。但事关中央大政，非外臣所敢妄议，祈由邸、相酌量请旨，以挽危局。至切盼祷。"③ 虽然清廷没有给以正面回应，但袁世凯统一军务，尽快镇压革命的意图跃然纸上。

由上观之，袁世凯复出时所提应行筹办各事八条，都是其职守范围之内，并未有僭越之图，亦难明确看出其政治诉求，主体内容都是为镇压南方革命起事服务。可是，本来应该清楚的史实之所以形成目前一个有待彻查清楚的历史问题，一是缘于史家对历史因果关系的生搬硬套。由于有后来袁世凯出尔反尔背弃共

---

① 《袁世凯致清内阁请代奏电》八月二十九日（10 月 20 日），卞孝萱辑：《闵尔昌旧存有关武昌起义的函电》，《近代史资料》1954 年第 1 期。

② 《袁宫保电调文武随员名单》，《盛京时报》宣统三年九月初八日，（七）。

③ 骆宝善、刘路生主编：《袁世凯全集》第十九卷，河南人民出版社 2013 年版，第 27 页。

和、悍然阴谋帝制自为、失信民国的结果，当在建构袁世凯在辛亥革命期间的政治形象时，也一定要找出其一开始就对清廷怀有异志、善于耍弄权术的前因，不如此难以体现其翻手为云覆手为雨的阴险恶人本质，所以以往建构出山六条件中的政治条款自然被人们不假思索地信服接受。殊不知如此叙述看似合情合理，实则与事实相差甚远。二是因为后来治史之人，由于受官方档案以及有关这一事件的直接私密函电未公布因素的影响，在建构史实的情况下，只能去而求其次，使用除此之外的报刊史料、亲历人回忆录等。但是，治政治史，特别是揭露重大历史事件的内幕，仅仅依靠报刊舆论资料，回忆录等，不仅难以令人信服，而且所得出的结论可能与事实真相大相径庭。这再次表明了原始档案史料的重要性，任何二手资料都是值得怀疑的，须慎用。

原载《近代中国》第26辑

清帝退位前袁世凯对北方反共和声势的因应

清帝退位，是辛亥革命史上具有里程碑式意义的重大历史事件，标志着在中国长达两千多年来的君主专制制度的灭亡，亦促使中国政治制度开始真正实质性地朝现代化迈进。但学界对之研究则显宽泛轻浮，嘲谑戏弄替代理性分析，缺乏严谨与实证，有失历史研究之本意。为了弄清这一问题之来龙去脉，还原其历史的本来面目，现拟对清帝退位前夕北方反共和势力及袁世凯的因应问题，做一粗浅探讨。认为清帝退位的实现并非一件易事，清皇室内部诸亲贵屡屡作梗便是明证，他们是阻止退位的直接力量或内部障碍；除此之外，北方反共和及清帝退位的声势不小，一些忠清的官僚和士绅对共和并不认同，他们是阻止退位的重要力量或外部障碍。为了避免南北陷入战争僵局，袁世凯遵守南北议和主要协议，决定促清帝退位；为了达到使清帝顺利退位的目的，袁世凯利用国内国外多种有利局面，对北方反共和力量采取了一系列谋划，说服和软化忠清的官僚士绅和军队接受共和，为清帝退位做外部的准备，扫除一切外部尽可能存在的重大障碍。

一、清帝退位前北方反对共的声势

总体来看，清帝退位之前，全国大多数省份皆主张共和，舆论更是一边倒地赞同共和。而反共和的省份尽管不多，但其力量及地理位置都不容忽视，稍有不慎，后果不堪设想。

（一）反对共和主要地域及重要官僚

清帝退位前，北方反对共和的阻力仍然不小，从地域分布上来看，主要是东三省、直隶、陕甘等省，且都与京城毗邻或接壤，几乎形成三面包围京城的态势；从主要官僚来说，主要是东三省总督赵尔巽、黑龙江巡抚周树模、直隶总督陈夔龙、陕西巡抚升允、陕甘总督长庚、署两江总督督张勋等。他们都是忠清的官僚，都是一方的主要军政领袖，并控制着一定数量的军队，他们的政治态度在清廷中占有一定的分量，具有重要的影响，特别是东三省总督赵尔巽，与清廷的关系十分密切。武昌起义后，他听从清廷指挥，极力保护清皇室成员和皇陵，赞同君主立宪，十分反感民主共和，还在东北大肆捕杀革命党，处死张榕。① 当报载袁世凯有主张清帝退位情事时，赵尔巽十分不满，就电诘袁世凯："忽日来各处谣传及各报登载谓我内阁有令今上退位之说，尔巽闻耗之下，不胜惊恐，继思我内阁公忠体国，素持大体，万不以势力之大小改变个人之宗旨。"② 一时社会上形成多种谣传，甚至有"皇太后懿旨电谕东督赵次帅组织新内阁"③ 之论，大有取袁世凯而代之之势。升允、长庚更是反对退位，对袁世凯一直怀有敌意，后来甚至不承认民国，清帝逊位后，他们仍然不奉行停战，继续剿杀革命党人。陈夔龙更是直截了当，"如君主主义，尚可勉效职守，如有不忍言之事，即当委而去之，不复候代，如虑贻误地方，可速派人接替"④。很显然，不与袁世凯合作。

当时的一篇报道比较准确地反映了这些实情："闻政界密息，现在共和之机，虽已成熟，而奉督赵次帅，黑抚周少帅。陕抚升吉帅，甘督长少帅均有电报至京，绝对不承认共和，其措词均极坚决。袁内阁非常焦灼，闻近日连致各该督抚长电多次，均系劝令恪遵朝旨，赞同共和，勿得抗拒暴动等情，反复详陈，极为痛切。闻已连接复电，其中以奉甘两督及陕抚三人坚持君主为最烈，对於袁内阁颇多微词，并责其不应遽变宗旨，趋向共和，有逼勒朝廷，蛊惑军队之举。"⑤ 其实，他们之中的一个绝对反对共和，就已经够袁氏头疼的了，更何况这些忠清

---

① 章开沅、罗福惠、严昌洪编：《辛亥革命史资料新编》第三卷，湖北人民出版社 2006 年版，第 488 页。

② 章开沅、罗福惠、严昌洪编：《辛亥革命史资料新编》第三卷，湖北人民出版社 2006 年版，第 501 页。

③ 《北京专电》，《盛京时报》宣统三年十二月初七日，(二)。

④ 《要闻》，《申报》1912 年 1 月 10 日，第一张第五版。

⑤ 《袁内阁与各都抚之要电》，《盛京时报》宣统三年十二月二十二日，(二)。

的主要官僚常常联手。由此可见，袁世凯说服他们的工作并不好做。

（二）反对共和的普通士绅

相对而言，反对共和的一般士绅呐喊声势很大，但与上述的重要官僚的阻力相比要小很多，这些士绅主要是恪守纲常礼教的旧官僚，京城有如梁鼎芬、劳乃宣、恽毓鼎、许鼎霖、陆润庠、于式枚等等。地方则是东三省、陕甘这些传统上的清廷忠实臣民，如省议会、各种社会团体，还有就是各地不明大势的府州县官等。尽管他们所产生的实际力量不会很大，但是他们所带来的影响不容忽视，因为这些人大都握有一定的话语权，能写会道，可以把其思想写下来广播出去，鼓舞和激励那些怀有赞同君主立宪主义者，从而形成一个强势力，在社会上造成不稳的因子，以对抗民主共和。所以，这些反对和的一般士绅仍是袁世凯不得不考虑的对象，不得不想方设法减少他们的影响。

在东三省，有以东三省全体人民的名义，直接发电内阁，指出东三省决无承认共和之理。“东三省所处地位特别，人民对于朝廷之心理亦特别。默察舆情，熟筹时势，现时决无承认共和之理。全国人民心理究竟如何，东三省不敢臆断，而所真知灼见不敢默然而不言者，实惟东三省之地位心理，此时实难强之使同。钧阁统筹全局，所有情形谅在洞鉴。若果君主立宪，无论如何危险，东三省人民至死不移。如竟成共和国体，应请将东三省暂予以特别办法以保境安民为必要，万不可遽与内地各省混同一致，以免铤而走险，牵动全局，致酿瓜分，人心惶惑，迟恐生变。伏乞钧阁鉴察，速与赵督协商办法，务底万全。东三省幸甚，全国幸甚！东三省全体人民公叩愿”①。东三省各团体亦认为“为今之计，只可请将召集国会谕旨收回成命，宣示主战，以定人心而慑敌焰”②。

陕、甘、新三省绅民亦致电袁世凯：“查我中原民族休养于专制政体之下者四千余年，服教畏神，久成习惯。今改用君主立宪政体，已越开明专制之梯级，尚恐难于急就范围，不过一君主名义号召群伦，亿兆自能从伏。倘骤躐共和一阶，则民情惶骇，谣诼纷乘。……将来不至斩木揭竿、四海鼎沸不止。而蒙藏地

① 《宣统三年清皇室退位档案》，《历史档案》2011 年第 3 期。

② 章开沅、罗福惠、严昌洪编：《辛亥革命史资料新编》第三卷，湖北人民出版社 2006 年版，第 471 页。

广人众，尤难不生事端。是共和之所欲绅民权者，适以贼民命矣，思之痛心。公如能裁及刍荛，确定君主立宪政体，某等自当惟命是从，共勷新政；倘力持共和主义，则某等虽至愚极弱，实万不敢随声附和，肝脑吾民。惟有联合同志之士，共图保境，遥戴皇灵，决不承认共和名义。”①

参与南北和谈的北方议和随员许鼎霖，即便曾经目睹南方共和势力之强大，但回京之后仍主张荡平革命军，不要再和谈。他还把南北议和情形通报给即将结束的北京同志联合会。恽毓鼎对此有过记述：“将闭会，而许久香同年（鼎霖）以议和随员归自上海，乃详报和局情形。唐绍仪之通匪卖国，令人发指。久香又痛言革党之专横贪诈，全无人理。……若革军三月不平，东南将无噍类矣。”②其实，恽毓鼎本人也极力反对民主共和，他自称“忠于本朝”③。劳乃宣则认为：“我中夏以君主立国数千年矣，今天下数万人知有民主名词者，千万中之一二耳，何能骤与语，此况民心犹未忘本朝乎？……苟全国上下屏除私见，一力一心实求进步，未必无振兴之望，故君主之名存，国可存，君主之名亡，则必至於亡，此一定之理也。”④ 劳氏之论在北方更具有代表性。

针对亲贵御前会议，奕劻力主禅让，溥伦和之的情形，北京同志联合会决定“游说诸亲贵，开陈让位之害，以折其邪谋”。他们认为“天下者祖宗之天下，岂奕劻等所能送人耶?”甚至一个干事员阿佑三说：“吾之欲以身殉，固非殉皇上，亦非殉清朝，殉吾平素所抱君主之志而已。”恽毓鼎十分赞赏阿佑三观点，认为“此即匹夫不可夺志也。其言极当”⑤。

总之，尽管共和是大势所趋，但北方反对共和的声浪并没有停息，甚至很激烈，再加之满族贵族载泽、良弼、铁良等暗中运作，给南北议和带来不小阻力。

（三）反对共和的北方军人

军人的动向，始终是袁世凯谨慎捕捉的目标，也是袁氏决策行动的重要参照

① 劳祖德整理：《郑孝胥日记》第三册，中华书局 1993 年版，第 1385—1386 页。
② 史晓风整理：《恽毓鼎澄斋日记》，浙江古籍出版社 2004 年版，第 568 页。
③ 史晓风整理：《恽毓鼎澄斋日记》，浙江古籍出版社 2004 年版，第 570 页。
④ 《劳乃宣示儿书》，《盛京时报》宣统三年十一月初八日。
⑤ 史晓风整理：《恽毓鼎澄斋日记》，浙江古籍出版社 2004 年版，第 571 页。

标。首先，袁世凯关注北洋集团内部的军人动向，其次才是京城内部的禁卫军、旗营。当然随着袁世凯行动的变化，有的能比较准确地理会到袁世凯的意图，但由于袁氏态度不明确，且外界说法很多，混淆视听，意会和判断不到袁氏目的的仍大有人在，如内部冯国璋、张怀芝、王士珍等。外部有江南提督张勋，两江总督张人骏，陕甘总督长庚，陕抚升允等。在北洋集团内部，尽管冯国璋、王士珍反对共和，但没有过激的实际行动，仍然服从袁世凯的指挥。但是在天津的张怀芝就不同了，他在南北和谈出现波折之后，就急发电报至京：以“外博忠君之名，内谋自固之计”，“为保持君主残局起见发起军界联合会，预备和局破裂即行号召张勋、倪嗣冲、张彪、曹锟辈结为死党，同力抵抗”①。与此同时，东北军队也蠢蠢欲动，联合张怀芝反对议和。驻东北奉军统制潘矩楹就曾致电段祺瑞：“中国现势，万难民主共和，北省各军队皆赞成君主立宪，誓以武装解决，非达目的不止。……现已与津门张镇军电商办法，凡各省勤王之师，设总机关部于津，以期联络而筹进行。”② 张作霖亦致电内阁，略谓：非以武力不足解大局。③京外盘踞江苏的江苏巡抚、署两江总督张勋，也以勤王为口号，曾经电致亲贵，痛诋袁世凯不忠，皇室如果有退位之举，当与袁决一死战。④ 以上这些反对共和的军人，真是要付出行动，肯定会为袁世凯制造出很多麻烦。

除此之外，北京的一些中下层官佐，如禁卫军步、马、炮、工、辎机、目兵等也发布通告，主张开战：“窃自革党倡变天下纷扰，朝廷俯从彼党之请，颁信条告太庙辍亲贵内阁，是俯从彼党之请无微不至矣，然朝廷既已开诚而布公，则彼党宜就抚而享治安之福矣，乃革军不能遵从，甘心破坏大局，以少数之思想强万人之遵从，是直视我北省无一人矣，我北省之人何无心肝何无思想一至于此极耶！……”并认为，这样一来“中国不亡于外人而先亡于南省之人矣”。他们是“天下之公敌也，既云公敌，即当群起而攻之，凡有血气者当莫不响应，当兹危

① 《张怀芝》，《申报》1912 年 1 月 10 日，第一张第五版。

② 章开沅、罗福惠、严昌洪编：《辛亥革命史资料新编》第三卷，湖北人民出版社 2006 年版，第 59 页。

③ 《各统领电致内阁》，《盛京时报》宣统三年十二月十九日。

④ 劳祖德整理：《郑孝胥日记》第三册，中华书局 1993 年版，第 1388 页。

急存亡之秋，正臣子效命之日，愿我北省同胞荷戈直往前驱，破彼党嚣张之气”①。向来接受忠君教育的中下层军官、士卒，不明时势，意气行事，时常会制造一些紧张的气氛，在京城挑起满汉之争，导致相互屠杀。

其实，反对共和者有的公开直接宣扬，有的则是背后辱骂，誓守臣节的郑孝胥就曾在日记里隐晦地对袁批判：“干名犯义，丧心昧良，此乃豺狼狗彘之种族耳，何足以列于世界之人类乎！”② 对袁世凯来说，公开的自然稍容易应付，暗地活动的就很棘手了。

二、袁世凯对北方反共和声势的谋划

面对北方反对共和的声势，为了尽快结束南北纷争的局面，袁世凯以大局为重，以国家利益为根本出发点，小心试探，利用北洋集团的能量，把自己的资源发挥到极致，且通过使用各种金蝉脱壳权术，达到应有的目的。从这一点而言，似乎袁氏运气的确很好。

首先，袁世凯开始有意亮明自己赞同民主共和的政治态度，但这个信息的传递并不是通过他本人来完成的，而是通过其重要谋士杨度来实现的。其实，自从出山后，杨度就一直跟随袁氏左右，为其出谋划策。袁氏亦很看重杨士，起初杨度则是极力鼓吹君主之说，以与共和党相抗。南北议和期间，由于袁氏安排，杨度曾与革命派谋士汪精卫组织国事共济会，号召南北通过议和解决争端；在袁世凯力图敦促清帝退位，想表明自己赞同共和的态度，而又不能公开宣扬时，就指使杨度设立共和促进会。③ 当时舆论对之很关注，并发表了评论：“立宪党首领杨度为主张君主最力之人，而今忽一反其面目，组织共和促进会，皆谓其宗旨变也。余谓杨度辈安有所谓宗旨，不过承袁世凯之意向行事也耳。昔袁坚持君主，则杨为立宪党首领；今袁既赞成共和，则杨为共和促进会之发起人矣。”④ 明眼

---

① 《北京义勇决死军之宣言》，《盛京时报》宣统三年十一月二十六日。

② 劳祖德整理：《郑孝胥日记》第三册，中华书局 1993 年版，第 1399 页。

③ 《杨度亦改变宗旨耶》，《申报》1912 年 2 月 3 日，第三版。

④ 《清谈》，《申报》1912 年 2 月 3 日，第三版。

人都能看得出来，杨度态度的转变，实则是向北洋集团及整个社会发出一个强有力的信号，它使很多观望者开始加入到支持袁世凯行列中来，甚而一些先前的反对者也开始“迷途知返”，原来的支持者鼓动清帝退位亦更加卖力。

其次，尽管袁氏公开表露心机，但是北方诸省守旧官僚士绅大多还是不愿与其为伍，仍持君主立宪政体。为此，袁世凯进行了诸多秘密谋划。

（一）对东北、直隶的筹划

东三省总督赵尔巽、直隶总督陈夔龙反对共和，在当时掀起了轩然大波，袁世凯非常担忧。鉴于东三省和直隶地理位置的重要，与清廷关系紧密，袁世凯行事十分慎重，一方面向他们通电宣明时势及自己的无奈：革命派毫不妥协，为了和平保全国家，杜绝外国干涉，只有默从民主共和。一方面不失时机地向这两个地方渗透。

东三省是清祖宗所在地或者说是大清朝的发源地，历来为清廷重视。清廷不会轻易选择人选来任东三省总督，只有经过严格考验，被认为对清廷忠心耿耿者才能当选。正因为赵尔巽一向做事有力，且忠勇有嘉，在宣统三年三月二十二日，继锡良调补东三省总督兼管三省将军事务。① 在全国大势共和所趋的情况下，赵尔巽在君主民主问题上的态度，更说明了这一点。在 1912 年 1 月 25 日下午，其在与驻奉天日本总领事落合谦太郎的会晤中，再次重申：“本督确信，为维持清国国家之尊严与安全，除保存君主外别无他策；共和制度不但不能维持国家安宁，反而会迅速造成瓦解之局。此乃本督始终坚持不渝之原则，成败自应置诸度外。”② 后来，在促清帝退位过程中，载泽、溥伟、善耆、毓朗、良弼的诸亲贵之所以制造出种种波折，就是背靠赵尔巽。由此观之，赵尔巽是的确袁世凯统一南北的一大心病。

袁氏深知求得其支持本属不易，去之岂不更难，只得求其合作。为了稳定东三省政局，切断诸亲贵与赵尔巽之间的密谋，袁世凯除了函电恭敬劝说之外，还利用职权有意往东三省渗透自己的势力，如令山西巡抚张锡銮迅赴奉天会办防务

---

① 辽宁省档案馆编：《奉系军阀档案史料汇编 1》第一册，江苏古籍出版社 1990 年版，第 560 页。

② 邹念之：《日本外交文书选译》，中国社会科学出版社 1980 年版，第 71 页。

就是明证[①]。最后，袁世凯利用隆裕太后之力，终于使赵尔巽软化下来，接受让位之实。此外，袁世凯还派段芝贵游说张作霖，1 月 31 日，善于屡吐大言的张作霖曾信誓旦旦地说："身为北人而附和南人之共和，甘受其制，本人宁死亦不屑为。"[②] 还未至清帝退位，就软化下来。其中缘由，据日本驻奉天总领事观察，认为上述情况，"恐系张作霖被袁世凯通过张锡銮及其他人以种种方法进行怀柔、说服之结果"。据日本警察系统精密探悉，"张作霖已接受袁世凯之馈赠达数万金之巨。因而态度一变，软化下来"[③]。由此可见，袁氏为了使东三省接受共和，通过各种方式来打通关节。

直隶向来为清廷所重视，是拱卫京师的重要咽喉，因其稍有动乱，便会危及京师安全，故直隶总督一衔非重臣莫属。直隶总督权重位显，集军事、行政、盐务、河道及北洋大臣于一身，其权力已大大超过直隶省范围，甚至有名列全国八都之首的称谓。武昌起义后，时任直隶总督陈夔龙对清廷忠贞不渝，为清廷收复失地建言献策，力主君主立宪，声嘶力竭地反对民主共和。还先后多次质疑袁世凯的作为，因而袁世凯不敢轻视直隶总督陈夔龙，更不敢得罪之。后来陈夔龙在回忆此时情景时，仍不无感慨："项城谓与余政见不同，诚为知言。余始终惟知有国家，期不负三朝恩遇而已。项城虽日以暗杀为能，侦骑密布，卒亦无如余何也。"[④] 陈氏这番话应属可信，袁世凯的确不能把其轻视。可当陈夔龙意识到清廷有愿意退位的迹象时，终不能接受，就"挂冠而去"[⑤]。这无疑令袁世凯心中窃喜，立即让其表弟湖南提法使、筹办爱国公债的张镇芳督直。[⑥] 张镇芳督直的消息一出，天津城议会、顺直谘议局商务总会天津县议事会皆有电内阁，拒其到任，因张在直隶盐运使任上曾贪赃受贿。[⑦] 针对由于天津镇总兵、帮办直隶防务大臣张怀芝曾公开反对共和，袁世凯就想把张怀芝调离直隶至山东，后又让其任

---

① 《宣统政纪》，《清实录》，中华书局 1986 年版，第 1279 页。

② 邹念之：《日本外交文书选译》，中国社会科学出版社 1980 年版，第 74 页。

③ 邹念之：《日本外交文书选译》，中国社会科学出版社 1980 年版，第 80 页。

④ 陈夔龙：《梦蕉亭杂记》，北京古籍出版社 1985 年版，第 116 页。

⑤ 《陈筱帅拟往青岛》，《盛京时报》宣统三年十二月二十三日。

⑥ 《宣统政纪》，《清实录》，中华书局 1986 年版，第 1289 页。

⑦ 《天津城议会上袁内阁电》，《盛京时报》宣统三年十二月二十四日。

安徽巡抚,① 也许因此张有所“醒悟”，一再称病，请假，续假。② 由此，袁世凯完成了对直隶一地的布置，直隶几乎完全在其掌控之下。

（二）令其子斡旋陕甘政局

由于袁世凯曾多次致电长庚和升允，遵守停战协议，可是他们根本置之不理。③ 袁氏有些着急，自己待在京师，分身乏术，为了处理好陕甘政局，袁世凯就嘱咐其子克定力任艰巨，这就是所谓上阵父子兵。在稳定陕甘局势方面，袁克定就秘密派人前往山陕、甘新地区游说，做了不少实事。当时参与其事的刘孚若在回忆这一段历史时说：“袁项城督师湖北，予屡函劝其作非常举。胡君石青则随项城军中，劝项城作非常举者，到京后，与予宗旨大合；遂相率访袁云台，劝其速赞成共和。不数日，朱芾煌等秘自南中来商和议。有伍唐专使议和之举，予谓共和不日可成，而升允尚在西北，恐煽诱回部，为大局忧！秘陈之云台，云台韪之，即嘱予至甘肃，设法联合地方，先为之所。”④ 另一位当事人景梅九的回忆也可以佐证，“此事由刘君芙若从北京来，始告我知道。芙若名为受袁克定氏委托来晋疏通，实则欲入甘肃，对回族宣布革命共和的利益，使他们赞成，以免兵祸，及到山西后，对我说明外边实情，略谓：‘昔日主张君宪的人，如范源濂辈，都极力提倡民主共和。袁克定密联民党，也劝老袁颠覆帝政，我曾与克定氏约，若项城主张共和政体，我可以劝山西民军首领承认项城为第一任总统，并不以攻山西为条件。否则恐山西不能让步。’”⑤ 正是在袁克定的运作下，北方局势特别是陕甘、山西，有渐稳的趋向。为以后袁世凯可以腾出手来集中精力对付满族亲贵，抵御外交压力，以及在南北议和中占据优势创造了条件。⑥

---

① 《宣统政纪》,《清实录》，中华书局 1986 年版，第 1276 页。

② 《宣统政纪》《清实录》，中华书局 1986 年版，第 1261、1273、1279 页。

③ 《甘省亦无贺电》,《盛京时报》1912 年 2 月 29 日。

④ 刘孚若：《刘君孚若自述辛亥革命密史一节》,《辛亥革命资料类编》，中国社会科学出版社 1981 年版，第 158 页。

⑤ 景梅九：《罪案》,《辛亥革命资料类编》，中国社会科学出版社 1981 年版，第 105 页。

⑥ 参见丁健《小人物，大历史：辛亥革命中的袁克定》,《宁夏社会科学》2012 年第 5 期。

（三）安抚忠清士绅

对于忠清的士绅，由于其所发挥的能量有限，袁世凯更多的是采取稳住其心的做法，防止他们节外生枝。如针对梁鼎芬的质疑，袁世凯就曾复梁鼎芬书："节庵仁兄大人执事，比辱赐书，所以期许而敦勖之者殷勤甚厚。持诵惭感，敬佩德音。仆以衰病之躯，息影洹上，杜门却扫，于今三年。私冀抱瓮灌园，长为老农以没世。遭遇时变，夺我烟霞，诏旨敦迫，急于星火。坚辞再四，乞不获请。扶疾就道，仓猝誓师。军事未终，寻综阁务，艰巨投遗，非所夙期。自维棉薄，曷克负荷。所谓责孱夫以举鼎，策驽马使绝尘，惴惴于心，若陨深谷。第念先朝顾托之重，时局祸变之深，不敢偷安，勉当大任。受事以来，跼天蹐地。人心尽去，既瓦解而土崩；库储已空，将釜悬而炊绝。内之则主少国危，方孤立于众谤群疑之地；外之则交疏援寡，群欲逞其因利乘便之思。正不徒共和独立之誓言日盈于耳，炸弹手枪之恫喝咸与为仇已也。险象环生，棘手万状，怀忧茹愤，谁可告言。惟有益坚尽瘁之初心，勉竭鄙力所能至，奋此愚忠，战彼群魔。但求皇统之能保，领土之不破碎，免瓜分之惨，纾种灭之忧。惓惓寸私，惟在于此，成败利钝，非所逆睹，知我罪我，付之千秋。一俟大局稍安，国势粗定，便当敬避嫌路，翩然挂冠。成都之桑，东陵之瓜，足娱此生，庶毕乃愿。执事忠肝贯金石，古谊若龟鉴，行见翌赞明廷，辅世进化，致富强，兴太平，自有莫大之事业在；仆敬当为国于民馨香祝之，而断非仆之衰朽所敢自任者矣。略陈所怀，不尽缕缕。顺颂起居，惟希亮察。愚弟袁世凯顿首。"① 袁氏的这一番话，力图表明忠君，耿耿忠心，梁氏看后暂时缄默其言。其他的重要士绅，袁世凯要么自己出面安抚，要么利用北洋集团如徐世昌、梁士诒、赵秉钧来运动，要么通过清廷权贵奕劻、载振、溥伦等说服。

（四）有意嗾使北洋军队通电要求共和

袁世凯有意唆使北洋军队通电共和，似与张謇的函告有关。张謇在袁世凯左右为难之时，曾密电袁氏："如是则南北政府得以军人为借口，可免许多为难。公如以为可行，请一面电复，一面密告芝泉，俾可放胆为之。倘公不以为然，亦

---

① 劳祖德整理：《郑孝胥日记》第三册，中华书局1993年版，第1383页。

请明晰电示，謇亦不便再问。但恐更一决裂。此后愈难收拾耳。”① 张謇的话，刺激了袁世凯终于敢利用军队达到实现共和的目的，结果便有段祺瑞、姜桂题等人多次联衔要求共和事件。② 军队要求共和，掀起轩然大波，其所产生的效应十分明显，清廷担忧，一般士绅更是噤若寒蝉。但另一方面为了继续安抚北洋内部的仕清将领，他还要欲盖弥彰。就在段祺瑞联衔五十几人上奏清廷之后，袁氏自己亦感到闹得动静太大了，又与徐世昌、王士珍、冯国璋等就段祺瑞领衔通电要求共和事复电湖广总督段祺瑞："忠君爱国，天下大义。服从用命，军人大道。道义不存，秩序必乱，不为南军所俘，便为乱军所胁，利害昭著，万勿误歧。我辈同泽有年，敢不忠告。务望剀切劝解，切勿轻举妄动。联奏一层，尤可不发，亦不能代递。我军名誉，卓著环球，此等举动，玷辱无余。倘渔人乘此牟利，大局益不可保。务望转饬诸将领三思。”③ 看似责备段祺瑞，实则是进一步掩盖自己的立场。知袁氏者，肆惮为之；不知者，亦无奈袁氏何。其实，运用军队之举，具有重要的导向作用，明眼人都能意会其中所蕴含的内容：清廷所依靠的军队都要求共和了，清廷还怎能维持君主立宪呢？

（五）利用西方列强钳制反对共和者

袁世凯出山后，就十分注意西方列强的态度。在私下的交往中，袁氏与英国驻华公使朱尔典最为密切，交换意见接近推心置腹；对日本驻华公使伊集院则采取策略，有所保留。对德俄美法各公使，采取大事告知，小事自决的方式。在中国政体上，英国与日本表现得最为积极，也最为支持君主立宪政体，特别是日本尤其反对共和政体。当袁世凯把英日两国赞同君主立宪的主张公之于众后，引起国际社会的广泛关注，致使英日两国处境十分尴尬，不得不改口，同意中国的问题自己解决，开始支持袁世凯赞同共和，以达到中国国内和平。英日两国的政治导向，无疑给了袁氏一把利刃剑，可以以此为借口，搪塞质疑和反对民主共和者。汉阳拿下后，陈夔龙曾经质问袁世凯，为什么不进攻武昌，袁世凯就说：

① 张謇研究会编：《张謇全集》第一卷，江苏古籍出版社 1994 年版，第 211 页。

② 《宣统三年清皇室退位档案》，《历史档案》2011 年第 3 期。

③ 中国史学会主编：《辛亥革命》（八），上海人民出版社 1957 年版，第 173 页。

“已有英公使出任调和”①。陈夔龙无可奈何。袁世凯还曾通过朱尔典钳制东三省总督赵尔巽，针对数名清室王公潜赴满洲，向东三省总督进行策动，为恢复满洲朝廷而努力，英国驻华公使朱尔典就指示其驻奉天总领事，要其按如下旨趣向该总督提出劝告。“（一）当此之际，该总督如单独采取特殊态度，并将毫无所获。（二）根据清帝退位上谕，袁世凯已受命组织南北统一之新共和政府，包括满洲在内。日前袁世凯正为完成此项任务而努力。（三）在满洲，不论发生任何分裂活动，均对清国之领土保全不利。而该总督身为当代资望最老之勋臣，若参与此种活动，亦不符合满洲皇室之旨意”②。结果，赵尔巽赞同共和，停止向诸亲贵提供任何支持。

综上所述，袁世凯公开致力于北方反共和声势的谋划，已经表明其已不再唯唯诺诺，遮遮掩掩地讨论民主共和了；已经表明其把清廷幻想建立君主立宪制度的愿望开始化为乌有，甚至使其断了这个念想。尽管这一时期社会乱象渐多，谣言蜂起，猜疑严重，但袁世凯已经公然朝着促使清帝让位方向努力了。在清末政坛锻炼过的袁世凯深知，要逼清帝退位，就必须把忠清的势力，反对共和的力量逐步扫除或同化，即尽可能地铲除君主立宪制赖以存在的载体和基础。为此，袁氏开始主动出击，说服和软化忠清的官僚士绅和军队接受共和，为清帝退位做外部的准备，扫除一切尽可能存在的障碍。

原载《宁夏社会科学》2013 年第 4 期

① 陈夔龙：《梦蕉亭杂记》，北京古籍出版社 1985 年版，第 115 页。
② 邹念之：《日本外交文书选译》，中国社会科学出版社 1980 年版，第 348 页。

论辛亥革命进程中袁世凯的地位和作用

武昌起义后，国内局势动荡不安，人心惶惶，谣言不断。四川保路事件尚未了结，南方革命又起，而且影响逐步扩大，清廷危机雪上加霜。不得已重新起用袁世凯，袁世凯再起，改变了官革双方的斗争态势，并使政治局势的发展日趋明朗：由南北战争转而南北议和，由南北议和又至清室退位，再由清室退位终而南北统一，实现民主共和。关于这一时期政治局势之演化，既往的研究，多从革命的角度出发进行立论，忽视了相关革命“对立面”的研究，因而显得不是很全面，有进一步研究之必要。长期以来，我们总认为袁世凯在辛亥革命中的作用是消极的，且多持批判的眼光，而忽视了其所发挥的积极作用，自然对其的研究也没有得到应有的重视。袁世凯作为辛亥革命过程中一个极为关键的历史人物，有必要对其重新审视，一来可以从另一个侧面来观察辛亥革命的复杂性，二来也有利于完善辛亥革命史的研究。本文就袁世凯与武昌起义后政局演化的关系做一初步的探讨，并非有意为袁辩护，而是想历史地客观地还原袁世凯丰富的形象。①

一、武昌起义后国内政局的走向

武昌起义后，国内局势日趋复杂化，许多矛盾交织在一起，不可预料的事情层出不穷。而决定政局走向的则主要是官革双方力量的消长。官即指以清廷为核

---

① 以往我们把袁世凯给脸谱化，戏说化；不神化，就鬼化。结果，只知其一不知其二，离历史的真实场景愈来愈远。其实袁世凯的形象是丰富的，而且也不是固定一成不变的。

心的中央政府，坚持皇族内阁，集权中央；革是为南方的革命党人为核心的革命阵营，以推翻满洲政府，建立民主共和国为己任。立宪派则由一支独立的力量逐渐分化为忠清的和革命的，事实上已不能形成一个整体。

就当时的情势而言，清廷仍是表面上的统治者，尽管十分腐朽，其力量仍然不可低估。维持正常的统治，为其所愿，谈何容易！南方的革命党一开始就从人心上占有优势，得到中外普遍的同情，且一举夺取武汉，尽管其影响逐渐扩大，但短期内推翻清廷也不现实。

武昌起义一爆发，就成为时人关注的焦点。当时就有报纸指出："今日朝野上下，殆无不以全副精神注重于湖北之乱事。政府之所论，皆湖北之乱事；疆臣之所筹划，皆湖北之乱事；士大夫之所研究、商民之所探问，亦无非湖北之乱事。"① 由此我们不难看出，革命所带来的震动非同小可。但革命的随及而来的结果如何？完成推翻清廷的任务需费时多久？或者清廷能否镇压革命，巩固摇摇欲坠的政权？成为人们心中的疑问，但无论如何，人们都渴望有一个好结果。而等待这个结果的过程无疑将会是痛苦的。

有人认为革命军将被镇压。"事平，则官杀革命党，事起，则革命党杀官，不知此后之湖北官杀革命党乎，抑革命党杀官乎？我谓只有官杀革命党，而革命党不能杀官，假使官军胜，而革命党必力战不屈，其被杀固不待言；即言官军而败，其上者，能割发易服而逃，其下者，必能弃甲曳兵而走，而革命党无游刃之地矣。我是谓官场之能力究胜革命党十倍"②。对革命悲观的原因，既是定势思维使然，恐怕也是对清政府顽固官僚一贯强势的无奈。

有的对革命前途抱有乐观。"以现形论之武昌革命之事，第一步已经成立，有土地，有军队，有军械，有纪律，能使各国之人承认中立，能使政府以陆军大臣与之对抗，能得一般人民之心，能有各地同党之响应，已非山泽草寇一哄而起，早负戈而夕扑灭者可比矣。"③ 且"今日者革命军之起事甫旬日耳，所据不过武汉三镇一弹丸黑子地也，即或荆黄宜长诸大郡望风归附亦不过江楚一隅，长

① 《谨告全国官民》，《时事新报》1911 年 10 月 17 日。

② 《清谈》，《申报》1911 年 10 月 18 日。

③ 《武昌革命》（三），《申报》1911 年 10 月 15 日。

江衣带之水何足以鞭笞中华而薄海响应也者，然自乱事倏扰四方震惊，远而燕齐，近而湘汴而三江而两浙而岭海，一若异旗特树，朝不保暮也者”，再说“天下事之成败亦视乎其人心之向背，何如耳？……人心之向背关系大局之成败非浅鲜矣。”① 似乎成功指日可待。从后来各省响应的势头来看，这种认识不无道理。

有的认为官革双方前途未卜。“武昌革命军已进陷汉阳，得汉阳之炮兵工厂又与汉口之各领事宣言，不侵外人不害商务，欲令外人守局外中立，北京政府亦已大举命陆军大臣荫昌率近畿军两镇南下征伐，俨然有两军对峙之势矣，虽然两军之胜败现在固尚难预料。以力量论，政府兵有两镇，而武昌兵不及一镇，政府兵又有各省之协助，而武昌兵则止有此数，是政府必能胜革命军；以情势论，则武昌之兵却能一心，而政府之兵亦为新军，难保不生中变即或不变，而其交战之时亦未必能如武昌军之尽力，而况武昌之兵现已守城，且为本地之兵，是为之主，政府之兵则由北来是为之客，以客攻主其势已难，况武昌之兵预备毁铁路占车站，北来之军亦属不易，则胜败之数一时又未可知；再以两军之调度论，武昌之兵虽由乱而起，然着着进取，既得武汉扼要，又得汉阳军械之厂，又能申明纪律，不杀平民不害外人，又能进取汉口，断北军南来之要口，举动迅疾不落人后，而政府之处置则适与之相反，以陆军大臣而统师则中央已虚，京城虽有禁卫军之保守，而直隶全省黄河以北已倾兵而来，苟一旦更起他乱，则此次之兵前后受敌而陷於绝地矣，由今以观则政府之兵实视武昌军更多危险也”②。由此可见，政府与革命军互有优势，各有长短。单从影响战争胜利因素的天时、地利、人和的角度来考虑的话，革命军占的确有优势；要从双方的力量上看，政府军显然强一些。总的来看，胜负难分。

当时社会的心理固然也影响政局的发展走向。人们的心理究竟如何？时人是这样论述的：“普通一般人之人民，虽未必个个赞成革命军，然却无一人反对革命军者，於一切言语词色之间可以观之。一般卖守地方之官则处处似有革命党之潜伏，时时若有革命军之猝发而一刻不得安心；其余之各官吏则观望中立以视革

① 《呜呼今日之人心》，《申报》1911 年 10 月 24 日。

② 《武昌革命》（二），《申报》1911 年 10 月 14 日。

命军与政府军之胜败，政府而胜则仍服从政府，革命军而胜则即服从革命军。官绅商之有财者，则既知政府之不足恃，又不敢于投诚革命军，唯恐各处土匪乘机而起，於己之财产有损，或提存款，或购金元或存外国银行，终日营营惟此是务，而商业因而牵动。商界中人大半唯忧各地起乱，於己商业有碍，其一部分则知此机会之可乘，因欲算计乘机以图大利。奉政府之命往鄂与革命军对敌之兵欲与革命军战，则同类相残既有所不忍，欲倒戈相向一时又有所未便，故悉保持中立之态度，命之守地方则尚平安无事，命之攻革命军则即合而为一，此於豫於汴之兵而已然也。今所不可知者唯北来之军及袁氏耳。"① 的确，面对如此突然和迅猛的局面，人们一时不知如何是好，不同的阶层有不同的反应，无所适从。但厌乱却很快成为主基调。

总之，武昌起义后，国内政局将走向何方，并没有一个明确答案。因为不可预料之事层出不穷，过早的预言很难实现。尽管当时人们对南北双方形势发展有着不同的认识，但由于官革双方政治上的根本分歧，南北战争势不可免，必将由此而造成事实上的无政府状态当是事实。这样一来，不仅清末新政以来的经济发展受到影响，人们无疑也难免饱受战乱之苦，而且列强乘机干涉危险日增，国家陷入分裂的概率扩大，局势只会更加糜烂。但是，由于袁世凯再起，给局势的发展带来了诸多变数和转机，改变了官革斗争的态势，且使政局的发展逐渐变得有章可循。

二、袁世凯推动局势由战而和

袁世凯出山后，将采取什么样的方略，人们极为关注。舆论也把袁世凯推向风口浪尖，一时间关于其动向的猜测，说铺天盖地也不过分。其实，袁氏在没有弄清楚南方革命原因时，并没有轻举妄动，况且此时清廷还未对其完全信任，对其便宜行事之权仍有所保留，兵饷的准备也不充分，袁世凯只有静观时变，以待时机。

---

① 《今日各种人之心理》，《申报》1911 年 10 月 19 日。

当时一则逸闻颇能反映袁氏之心态："项城自归卧而后，已自拟终老烟波，断无重行出山之想，虽暗中接纳权贵，亦不过为子孙计而已。谁知世事难料，竟有辛亥革命之役，项城为时事所迫，使之不得不出山，然项城当再出山时，亦踌躇不能自决。盖项城之为人，事事皆为己计，他人非所顾也。此时之举措不出三途：一则高卧不起；二则一出而扫平革命党，为清室中兴名臣；三则乘机而夺清室之鼎。三则之中审时度势，果何者必为办到即何途是从，其目的但视大势为转移，初无一定之成见也。当庆亲王三下彰德之时，项城对於庆王终不坚拒，但延期不肯出山，一面密令心腹分途至京沪密告两面军情，电报一日数至，项城昼夜环走室中，状类发狂，每阅一电时而喜时而怒时而忧，虽家人莫测其意也。……或又言项城当踌躇时，家人甚忧之辄时进食饮并慰令休息，项城辄大怒，往往掀杯盘与地，曰：汝等妇女安知天下大事，其勿与我言，然数日不食，其原配於夫人忧之，谓为鬼祟，将令道士拔除之计，袁大公子知项城心事，谓此非关鬼事与其母力争而罢。"① 袁氏再起时的紧张，不知所措是难免的，在野三年，等得好辛苦不说，终于有了出头之日，可偏偏赶上南方革命。自然使得袁氏心理本能地绷紧满汉芥蒂这根弦。胜了，难免鸟尽弓藏，兔死狗烹；败了，毁了一世英明。所以一时冲动之后，何去何从，权衡利弊，袁氏自然会选择一条稳妥的道路，即主要通过政治地方式而非战争的方式解决南方的革命。

起初，关于袁氏之行踪，与其关系密切的驻华英国公使朱尔典，在致外交大臣的信中这样说："关于袁世凯的活动，此地不知道任何确切消息，但普遍的印象是他在近几天内将动身前往汉口。他的任务虽然带有军事性质，但人们却认为是调节性质的。他的威信或许可能使他能够安排某种妥协，即将挽救朝廷，又将满足起义者的要求。运动已发展到如此广阔的范围，对袁世凯这样一个具有实际见识的人来说，任何以武力镇压运动的企图大概不会具有很大的成功希望。""在中国人民与清王朝之间，没有任何人能够比袁世凯更适于充当调停者的角色，因

① 《再出时之踌躇》，野史氏编辑：《袁世凯轶事续录》卷一，上海文艺编译社1916年版，第34—35页。

为他是中国人民中最受信任的代表，而他和他的家族有好几代人为清朝效劳。”①事实上，在南北对立之间，袁世凯所处地位，无疑是超脱的，既是双方争取的对象，又是当时一支极其重要的力量，袁世凯的倒向将直接影响下一步局势的发展。

当然，袁世凯并非一开始就主张南北言和，而是剿抚兼施，转变有一个过程。曾是袁氏幕府中重要人物的张国淦，在回忆这段历史时不无感叹地指出：“以项城才略经历，自属过人，其对于时局，言剿改而言抚，言抚进而言和，纯出于项城之主持……经此酝酿，仍促成南北议和之局。”② 此未免有些夸大之词，但袁氏在促成南北和局中发挥了很重要的作用，却是不容置疑的事实。袁世凯是如何推动南北由战而和的？采取了哪些措施？

第一，试探和谈。尽管感到“此次鄂变，事虽仓猝，蓄谋已久，厂、库、局、所，悉为占踞，粮足器利，人多精练，自与寻常匪徒啸聚乌合者，迥不相侔。”③ 但当时袁世凯并不是十分清楚湖北军政府的打算，为了试探一下虚实，于是于11月2日“令营务处刘振（承）恩及张彪等，致函黎元洪，招其归顺，使洋人送往。时接复书，称现开会议，一二日定局再告，语气尚恭顺，然匪心叵测，战备仍不敢懈”④。由此观之，袁世凯还是作战与和两手准备。幸运的是，形势比估计的好得多，因为黎“语气尚恭顺”。然后，再次派员与黎接触，这一次又得到比前一次更多的信息，至少了解当前革命阵营内部对政府和对袁本人的态度。当时，黎元洪对刘承恩所派侦探王洪胜讲了很多，大致有二点：一是现在要讲和，“须将皇族另置一地与他居住，管他的吃穿，不准他管我们汉人的事情”。如果“随便和了，以后大权归他，他更比从前加一倍的狠，我们更无法子了”；二是袁宫保这时不该出来，“先前宫保做直隶总督，好好的，为什么开缺？

① 《朱尔典爵士致格雷爵士函》，胡滨译：《英国蓝皮书有关辛亥革命资料选译》（上），中华书局1984年版，第60页。

② 张国淦：《辛亥革命史料》，上海龙门联合书局1958年版，第269页。

③ 《袁世凯致清内阁请代奏电（八月二十八日）》，《闵而昌旧存有关武昌起义的函电》，《近代史资料》1954年第1期。

④ 《袁世凯致清内阁电（九月十五日）》，《闵而昌旧存有关武昌起义的函电》，《近代史资料》1954年第1期。

现在有乱事，又请宫保出来，为什么不叫满人带第一镇来打仗？可见旗人大有奸心”①。交往多一点，袁世凯对革命派的想法了解就多一些，这都为其以后促使南北正式和谈奠定基础。

第二，以战促谈。有了前几次接触，南北交往渐多，但是袁世凯所希望的南方归顺，不仅没有得到答复，反而遭到革命党人的“反招抚”。黎、黄甚至不惜以大总统相戴袁，要袁当机立断，反清归汉。还告诫袁世凯“倘鄂军屈服于满清，恐不数月间，飞鸟尽，良弓藏，狡兔死，走狗烹矣！执事犯功高震主之嫌，虽再欲伏隐彰德，而不可得也”②，又多次拿三年前的旧事刺激袁，且语气渐渐强硬。正常的谈判几不能维持，因为南北立场观点针锋相对。袁世凯为了使南方就范，就通过军事高压，命冯国璋攻汉阳，结果，革命党人大败，黄兴走上海，黎元洪也情绪低落，甚至表露出赞同君主立宪政体之意，不得已通过英国驻汉口领事向袁提出停战条款。③ 袁世凯的目的又达，正如英国汉口代总领事所说的那样“通过我的调解，双方已同意无条件地停战三天。目前的情况几乎同袁世凯所要求的完全一致”④。这时，通过以战促谈，就已经基本上奠定了南北正式和谈的基础。

第三，利用西方在华驻使牵线南北，推动南北正式和谈。武昌起义爆发后，面对形势的一发而不可收拾，西方列强感到清廷前途黯淡，又害怕在华政治经济利益受损，多希望南北和平解决，袁世凯正是利用列强的这一心理，运动在华大使，穿线南北。当时关于这样的报道很多：“驻汉美领事现在袁黎两人间斡旋和议，极具热心”⑤。“驻汉口之俄国领事，由袁世凯之请求，欲为汉军、清军执仲

---

① 《刘承恩致袁世凯书》，《闵而昌旧存有关武昌起义的函电》，《近代史资料》1954年第1期。

② 《黎元洪等致袁世凯书（九月二十二日）》，《闵而昌旧存有关武昌起义的函电》，《近代史资料》1954年第1期。

③ 胡滨译：《英国蓝皮书有关辛亥革命资料选译》（上），中华书局1984年版，第96页。

④ 胡滨译：《英国蓝皮书有关辛亥革命资料选译》（上），中华书局1984年版，第105页。

⑤ 《美领斡旋和议之热心》，《盛京时报》宣统三年十月二十三日。

裁之劳”①。日本驻华公使伊集院也多次与英国驻华公使一道调停南北。袁世凯还经常与驻京公使团会晤，并“乞即函达驻沪领事团，请其善为调停，以期早日平和解决”②。当然，南北双方最高规格的正式谈判则是得益于驻英公使朱尔典从中活动。关于南北和谈的内情，既往研究较多，在此不再赘述。由于受袁世凯和平解决南北问题政策的影响，军方的谈判也紧锣密鼓地进行，北方代表廖宇春，南方代表苏浙沪联军顾忠琛，并达成重要协议。有人对此做很高的评价“谭史实者，知辛亥南北议和代表之为伍廷芳，唐绍仪，而不知和议之成，实成於顾忠琛，廖宇春之磋订五条草约也”③。我们以后见之明观之，这一点不假。

此外，袁氏还让其子与汪兆铭联系，以了解革命阵营的内幕。又通过立宪名流张謇、赵凤昌等人与革命党人联系，讨论和局，获得不少革命派方面的信息。后来又授意杨度与汪精卫组织国事共济会，有人对此抱以很大的希望，认为“杨度为君主立宪党发起人，汪兆铭为民主立宪党发起人，联名组织共济会，主张从速息战以免大局糜烂。汪君已将组织是会之宗旨电告武昌军政府劝其从此罢兵，杨君亦将组织是会之用意告北京政府，想此次乱事不难平和了结”④。

当然，袁世凯之所以力主和平解决南北问题，是与当时的形势密不可分的。首先，南方革命的目的是为了政治改良，并无他求；其次，袁世凯害怕南北长时间对峙，会招致外国干涉；最后是袁世凯内外交困，库款奇绌，不得不如此。再说，当时整个大的环境还是渴望议和成功的，特别是西方列强的求和心切，袁氏自然不敢不顾及，况且袁氏也多次表示：以多数舆论为从违。

尽管袁世凯出山后，很快由军事布置打击，转向积极推动南北和谈，一时间战争的危险不再，但要使南北问题来一个彻底解决，并非易事。因为议和的结果只有两种：一是革命党主动妥协，清廷既往不咎，并实行改革，贯彻君主立宪制度；二是清廷做出妥协，实行逊位，享有优待，成立一民主共和国。无论哪一种

① 《俄领事调停记》，《民立报》1911 年 12 月 4 日。

② 《北京之议和谈》，《申报》1912 年 1 月 2 日。

③ 钱基博：《辛亥南北议和别纪》，《辛亥革命》（八），上海人民出版社 1957 年版，第 103 页。

④ 《共济会之进行》，《盛京时报》宣统三年十月初二日。

结果，都需要双方做出妥协，而且必须有一方遵从另一方。这样一来，中国再次陷入分裂的危险仍在。

三、袁世凯促使南北言和转而南北统一

由南北议和到南北统一的最大关节点是要么清帝退位问题，要么革命派同意君主立宪。但从南北谈判的过程来看，革命派决不让步，让步的只有清室了，这是一个难度很大的问题，袁世凯自己也感到困难重重，并在处理此问题上略显犹豫和踌躇。

袁世凯出山之初就信誓旦旦，“凯衰病余生，何堪负重，然受恩高厚，利钝故不敢计，惟有竭尽心力，以图报称”①。“至前敌军务，制胜不敢诩操胜券，但有报国一日，断不至有北犯之虑”②。这让惊魂未定的清室感到一丝安慰。事实上，袁世凯也一直坚持以君主立宪为底线，在他看来“以限制君权之君主立宪政体，与国民欲取以尝试，不论是否合宜之他种政体比较，则君主立宪实为经常之计”，“余之主意在留存本朝皇帝，即为君主立宪政体。从前满汉歧视之处自当一扫而空，尤有重大之问题，则在保存中国，此不能不仰仗各党爱国者，牺牲其政策扶助我之目的，以免中国之分裂及以后种种之恶果，故为中国计须立刻设立坚固政府，迟延一天，即生一天之危险，余愿进步党人思邦国应至若何地步，与余通力合作，使各要事皆处置妥当也”③。而且还多次对驻华外国公使说“共和政体将给国家带来分裂和毁灭的双重结果”。“有限的君主制是惟一能保证维持国家统一的整体”④。为了实现君主立宪制度，还多次询问英日公使的意见，而且希望依靠外国干涉得到支持。总之，袁世凯认为当时共和并不适用于中国，适于中

---

① 《袁世凯致清内阁请代奏电（八月二十八日）》，《闵而昌旧存有关武昌起义的函电》，《近代史资料》1954年第1期。

② 《致内阁电宣统三年九月初五日》，引自《骆宝善评点袁世凯函牍》，岳麓书社2005年版，第326页。

③ 《袁内阁之政见》，《盛京时报》宣统三年十月二十二日。

④ 章开沅、罗福惠、严昌洪编：《辛亥革命史资料新编》（第八卷），湖北人民出版社2006年版，第188页。

国的最佳政体只有君主立宪。

南北议和中，撤销唐绍仪代表的资格原因就是与其先前宣布的以君主立宪为底线的宗旨相悖，结果使袁氏感到难堪。再说北方反唐呼声很高。有的说他“非议和也，馈献江山耳”①，有的认为应该“召回议和唐、杨二全权，坐以通匪卖国罪，立斩西市”②。还有的认为“项城入京以来，其眼光所注专在外交及亲贵，故其布置亦惟对於此二者，着着进行，却未曾留意其部下之军队有反抗之举动，自初九日懿旨颁布后翌日，舒清阿即怂恿张怀芝通电各镇联名请战，而冯华甫既克汉阳，以不得进攻武昌成就其盖世之功为大恨，遂亦有意反对，鼓吹开战之说，於是一班资政院之顽固议员乘民选议员之散去大局，活动、开动演说、竭力主战，项城出於不意仓皇失措，不得不将唐少川代表撤销”③。但也有的认为袁世凯此举似在“愚弄政府”④。不管怎么说，北方反对向南方革命派妥协的势力还不小，化解这一部分力量还需要时间。

尽管撤销了唐绍仪，与南方的和谈并未停止，但是政治敏锐性极高的袁世凯，不会不对唐绍仪附从民军默认共和的举动做进一步思考，不会不对当时人们渴望和谈成功舆论漠然视之。其实，这也从另外一个角度向袁透露了这样的一种信息，即民主共和思想的影响在逐渐扩大，而且到了不重新审视不可的地步了。唐绍仪还向他透露“与其坚执於前，毋宁养晦待时”⑤。袁世凯不能不为其所动，自己也觉得有必要重新给自己定位了，

但真是到了让清帝退位这一事上，袁世凯实难出口。起初，袁世凯只是以辞职相威胁，当时报端有记述这一事情，并指出原因有四：一此次议和非达到君主立宪不可，而民党坚持共和，不能开议，是以不得不辞职；二民党要求禅让，诸亲贵不允，难免意外之祸，是以不得不辞职；三和议决裂，即须开战，军饷无

---

① 尚秉和：《北京政府成立》，《辛亥革命》（八），上海人民出版社 1957 年版，第 548 页。

② 史晓风整理：《恽毓鼎澄斋日记》，浙江古籍出版社 2004 年版，第 567 页。

③ 《表白项城心理之函件》，《国民公报》宣统三年十二月十二日。

④ 《西报纪和议之变局》，《申报》1912 年 1 月 4 日。

⑤ 《唐绍怡之议和电文》，《申报》1912 年 1 月 1 日。

着，兵力难固，数人之力不敢支此危局，是以不得不辞职；四政体未定，需款正殷，万难持久，是以不得不辞职①。继又多次重演，效果不是很明显，可又不能明说，袁世凯心里很着急。然后又让亲贵自己召集国会公决国体，袁之意图是，你们自己的事情自己做主，可仍是吵吵嚷嚷并无结果，“于是他仍旧运用奕劻作傀儡，密以退位优待条件示奕劻，说这是替清室和满人谋安全的最上办法，革命党既不肯让步，用兵实在危险”②。结果奕劻动了心，但仍有载泽、溥伟等宗社党的反对，局势一再迁延，而且一时之间，南北开战的舆论，甚嚣尘上。战端重开的危险可谓再现。

一时间，社会上劝袁之声不绝于耳。岑春煊劝袁：“今日国民多数均以共和为目的，朝廷既有召国会决政体之谕，自系采取多数，我皇上之从民所欲不私天下，以尧舜之心为心，为海内外所共见，民军感於朝廷礼让为国罢战息民，故亦众口一辞，必以尊崇皇室为报，上下相交各尽其道，为世界历史开一未有之局，诚吾国之光荣也，唐使南来国民咸以平和有望，列强忠告企盼尤殷，春煊养疴沪上，蒿目时艰，念公为国为民必能主持定议，不图撤回和使重启战端，皇上不以吾位自私而公必返遏其德意，国民皆以人道为重，而公必自逞其兵威，从此战祸相寻，永无恢复和平之望，生灵涂炭，同就沦亡，上贻主忧下益民祸，谁尸其咎，为公一人。”③ 熊希龄也进言袁世凯：指出连日阅报和议相持，势将决裂，大局之危不堪设想，在公左右为难具有苦衷，然人心所趋大势所在，万不能再有君主立宪之理，征之事实约有三端：一是满室对祖宗发祥地东三省，危亡在即，尚不见爱更何爱於全国；二是满室所最密切者无如满蒙各旗之人筹划八旗生计，结果敷衍塞责，满室对於满蒙同族尚不见爱更何爱於汉人；三是武昌起义后满室最信任的亲贵首先提取大清银行存款，市面因而动摇。满室对于亲贵官吏尚不能得其信用，更何信用于今日之一般人民。以上三项事实征之，满室已失君主之资格，不能再临臣民之上。④ 北洋内部倾向共和的也愈来愈众。总之，共和已是大

---

① 《袁世凯辞职之原因》，《申报》1912 年 1 月 5 日。

② 李剑农：《戊戌以后三十年中国政治史》，中华书局 1980 年版，第 133 页。

③ 《岑西林劝袁世凯勿悔和议电》，《申报》1912 年 1 月 10 日。

④ 《熊希龄等致袁内阁电》，《盛京时报》宣统三年十二月初三日。

势所趋，清帝已失君主之资格。其实处此环境，亲贵们固执己见，又有何用？但袁世凯总还想找一个两全齐美的办法，既能使清帝退位，又能使清帝感到值得退位，可时势不等人。

最后，由于社会名流的强势喧导，外国驻华公使也都纷纷电告政府退位，再加上外国势力的威逼，因为袁世凯曾答应驻华公使团“此事年内总可解决，请转达各国政府知照”①。此时，革命阵营亦有照会与段祺瑞“现约定阴历本年之内，敝军（革命军）保持现状，其有鄂境以外者，本督（黎元洪）亦设法维持。如阴历年内不能解决，敝军即当前进，以资援助”②。终而使袁世凯痛下决心，先是再劝皇族，请速定国体大计③；紧接着拿出看家本领，让北洋军队迫使清帝退位。

关于清帝逊位而出现的扑朔迷离现象，也有的认为“此殆袁世凯之诡计也，袁世凯者素抱天下一人之雄心，欲以撤销满政府之奇功，博一民国总统之要职，彼盖自受任以来至今日，初未尝一日忘怀者也，特恐逊位问题出之太易，震世之奇功将无以表爆於天下，不得已而演此波叠，隐然借铁良之魔力以为雉媒，事成则扬扬然语於民军，曰铁良到京后洵涛等如何密议，宗社党如何昌炽，逊位之问题几几决裂，幸仗我以消弭此续战之恶兆，共和新政府之成立皆袁世凯一人之力焉耳，以故近数日内忽焉而不与朝议，忽焉而急欲脱身赴津之宣言，豫为异日居功之地位，不然，铁良一败亡满虏耳，果其孤掌可鸣，足以维持夫残局”④。此似乎有些神化袁世凯的能力，可内心复杂的袁世凯即便有此想法，恐怕亦属正常，如果从袁伍后来交涉的内容来看，袁世凯确有延宕时日的嫌疑。

不管袁氏究竟出于什么目的，迫使清帝退位的任务是由他来完成的，两千年来君主专制政体也是靠他之手来推翻的。这是不容置疑地事实，也是无法改变得了的。有人会认为这不能算袁氏的功劳，这是辛亥革命的结果。一点不错，而从

---

① 《北京之议和谈》，《申报》1912 年 1 月 2 日。

② 黎元洪主持编辑：《武汉战纪初稿》，《辛亥革命史丛刊》第三辑，中华书局 1981 年版，第 161 页。

③ 为此，袁世凯当时连发两篇分量极重的奏折，分别见《袁内阁请速请大计折》，《申报》1912 年 1 月 30 日，《袁世凯奏请收回封爵成命及沥陈大局情形折》，《时报》1912 年 2 月 3 日。

④ 《论逊位问题之大波折》，《申报》1912 年 1 月 25 日。

这个意义上说，袁世凯恰恰迎合了革命，顺应了潮流。所以在这一问题上，仅仅认为袁世凯别有用心，恐怕并不合适。我们要着眼其一生中的主流大事，而不应纠缠在某些传闻的细枝末节。后来虽然背叛了共和，但我们不要忘了，他完全是一个出自旧中国历史背景，并且受其支配的人。

完成了清帝退位的任务，离南北统一仅一步之遥，按照南方革命派的要求，袁世凯还必须赞同共和。赞同共和也有一个过程，这个过程与迫使清帝退位并行不悖，而时常合二为一，尽管袁氏恐怕骨子里还是希望实行君主立宪政体，由于赞同共和的呼声很高，但大势所趋，潮流所向，袁氏只得应付由共和而带来的麻烦。

（一）承认共和前的种种安排

尽管共和大势所趋，但是种种阻碍仍在。当时有这样的报道："闻政界密息，现在共和之机，虽已成熟，而奉督赵次帅，黑抚周少帅。陕抚升吉帅，甘督长少帅均有电报至京，绝对不承认共和，其措词均极坚决。袁内阁非常焦灼，闻近日连致各该督抚长电多次，均系劝令恪遵朝旨，赞同共和，勿得抗拒暴动等情，反复详陈，极为痛切。闻已连接复电，其中以奉甘两督及陕抚三人坚持君主为最烈，对於袁内阁颇多微词，并责其不应遽变宗旨，趋向共和，有逼勒朝廷，蛊惑军队之举。"① 事实也正如此，守旧的督抚不说，各地仍有很多反对共和的举动。宗社党秘密活动，不仅反共和，而且想把袁世凯置于死地。有的不愿为服务于民国，清帝一宣布退位，其马上挂职而去，时任直隶总督陈夔龙即是；还有京内外一批守旧的官僚文人，力反共和政体，如于式枚、梁鼎分，劳乃宣等等。劳乃宣就认为："苟全国上下屏除私见，一力一心实求进步，未必无振兴之望，故君主之名存则国可存，君主之名亡，则必至于亡，此一定之理也。"② 其实，君主观念根深蒂固的大有人在，民国都过去六年之久的 1918 年 11 月 10 日，不还出现过梁济"殉清而死"③！

---

① 《袁内阁与各都抚之要电》，《盛京时报》宣统三年十二月二十二日。

② 《劳乃宣示儿书》，《盛京时报》宣统三年十一月初八日。

③ 梁济：《戊午敬告世人书》，沈云龙主编：《近代中国史料丛刊》第三十四辑，台北文海出版社 1966 年版，第 81—83 页；黄曙辉编校：《梁巨川遗书》，华东师范大学出版社 2008 年版，第 62—70 页。

为此，袁世凯做出多种决策。“一面遂示意北方军队联电要求共和，一面复邀张锡銮电告胡子首领冯麟阁等勿助亲贵，又遣人说赵尔巽劝其承认共和，诸亲贵抵奉后因之种种失败，遂至束手，而袁则复乘诸亲贵离京之时，约人同告清太后，力言共和之利，且故为危词以耸听，又力言各亲贵之无意识以帝后生命为孤注，清后意为之夺，遂允予以全权，复恐旗人阻挠，则力联奕劻，并将禁卫军半数调往河南，并没收其武器，又调重兵驻京，迨诸事妥帖始缮退位诏稿”①，从清帝宣布退位时，并没有发生什么特别异常举动来看，说明袁氏经营之周到，考虑之缜密。

（二）清帝宣布共和后的布置。

虽然清室宣布共和政体，也难保不会出现意外，袁氏还是担心有人打着勤王的招牌，反对共和。为保证民主共和政体正常实行，袁世凯又做了重大努力，并为此做了一番精心布置。

先是稳定官秩，军律。在清帝退位的第二天，连发数电，要求“现有内外大小文武各项官署人员均应照旧供职，毋旷厥官，所有各官署应行之公务，应司之职掌以及公款公物均应照常办理，切实保管，不容稍懈”②。对军队做出特别要求“从前政体未定，革命党人为改良政治起见，多持激烈主义，以致地方不靖，各省官吏不免有捕拿党人之事，现已宣布共和，端赖组织政党，建设一切，嗣后各省及带兵官务饬所属，勿得再拿党人，其已拿者，均一律释放，至实系土匪扰害地方，既不得藉党人为名，自应从严惩治，以维秩序”③。

其次是稳定社会秩序。规定“所有旧定之军纪警章，仍当继续施行，藉以统一政权，保持秩序，倘有不逞之徒借端生事，扰乱治安者，定当按法惩治，以维大局，凡各级长官务当共申此怡，认真约束，勿得稍有疏懈，致干咎戾”④。

---

① 《记退位前袁氏经营之大略》，《盛京时报》1912 年 2 月 29 日。《申报》1912 年 2 月 23 日，第二版。

② 《全权组织临时共和政府袁布告内外大小文武官衔》，《临时公报》，辛亥年十二月二十七日。

③ 《致北方各省督抚及所辖各军队电》，《临时公报》，辛亥年十二月二十七日。

④ 《全权组织临时共和政府袁布告军警》，《临时公报》，辛亥年十二月二十七日。

最后，特别注重对各督抚历陈实情：共和是大势所趋，退位亦是朝廷所愿，希望他们不要妄加猜测，共图建设共和大业。他说“世凯等复屡荷慈谕谆谆以保全宗庙、寝陵及安全，两宫相训勉，并谓万不可激成种族之惨祸，闻命惴慄惧莫能副，心力既竭计无复之，只得以国家为前提，以安上全下为目的，以多数舆论为从违，当奉懿旨与民军先商优礼皇室，暨待遇满蒙回藏等条件，此实朝廷两害取轻，万不得已之苦衷，果能双方同意和平解决，皇室既可永享尊荣为前代所未有，而满蒙回藏世爵各旗俸饷均可照旧，不致停废，以视决裂之后受祸不测者，其安危苦乐殆不可同年而语，磋商数四，朝廷比较厉害斟酌定议，遂有今日之局。诸公热心求治，伟略匡时，渴望和平，定征同意，惟於此中原委或尚恐未知其详用，敢略述奉达，伏乞亮鉴”①。由此可见，袁氏着眼的仍是南北统一的大局。

总之，武昌起义从爆发到得到阶段性的解决，费时仅仅四个月，袁氏在其中的作用自然不能忽视，退一步说，如果没有袁世凯的再起，辛亥革命会是个什么样子，有什么样的结局，真不好说！当时人们也似乎都把国家的前途命运系于袁世凯一人之手，无不盼望其早日逼迫清帝退位，赞同共和，实现南北统一，结果他全做到了。因此，说其是南北统一的关键、枢纽，恐怕并不为过。

看看当时骂袁世凯最激烈的《民立报》，是如何看待这一时期袁世凯的，颇值得玩味，并以此作为结尾。“袁世凯中华民国之骄子也，彼挟其天生之聪明，政海之经验，强有力之军队，出山以来，决意停战力主和议，百余日间，兵不血刃，遂使清帝退位，民国成立。而我四百兆国民所馨香祷祝之共和国体於兹得以达其目的，强邻之图我者，畏之如虎；亲我者爱之如女；满族之压制我者，恶之如蛇蝎；国民之爱戴之者，尊之如神明；猜疑之者惧之如豺狼。雄才大略，震烁今古，虽比之华盛顿拿破仑又何多让！”②

原载《民国研究》2009 年第 2 期

---

①《致各督抚电》，《临时公报》，辛亥年十二月二十七日。

②《袁世凯》，《民立报》1912 年 2 月 22 日。

辛亥革命期间的赵秉钧述论

辛亥革命时期，赵秉钧无疑是袁世凯北洋集团一位重要的得力干将，其参与谋划了京师治安、南北议和、清帝退位以及一些重要外交事务，应该说在辛亥和局的实现上发挥了不容忽视的历史作用。但学界对其在辛亥革命的事略，闪烁其词，着墨甚少，专论更是鲜见，很有进一步深入研究之必要。① 不仅如此，近些年，学界对赵秉钧的整体研究，成果数量亦十分有限。究其缘由在于，一因人们对赵秉钧的认识和研究大多仍停留在不加任何分析的简单批判层面，且带有强烈的先入为主之见；又因其后来与宋教仁案有着不明不白的关系，其个人形象就几乎被定格为“心凶骨媚，深沉阴鸷”②。这就限制了研究视野，束缚了研究动力。为了历史地还原赵秉钧真实面目，丰富人们对他的认识和了解，本文拟以辛壬鼎革之际的赵秉钧为研究中心，着重论述其在辛亥革命中的主要政治参与，详细梳理其与各方政治势力的关系，但尽量不做过多价值评判，以求有助于推进学界对赵秉钧的研究。当然，由于视野所及，知识有限，难免不无瑕疵，恳请读者批评指正。

---

① 关于辛亥革命时期赵秉钧之活动的研究仅仅是限于其一生的传记中，学界很少对之有过专论。比较有代表成果请参见李守孔《赵秉钧》，《汝州文史资料》第2辑，总第6辑，中国人民政治协商会议汝州市委员会学习文史委员会1991年版；李宗一《赵秉钧》，《中华民国史·人物传》第八卷，中华书局2011年版等。

② 李新、孙思白主编：《中华民国史》（第八卷），中华书局出版社2011年版，第5240页。

一、临危受命，稳定京师

武昌起义爆发前夕，湖广总督瑞澂刚刚奏报逮捕革命党事，遏制了所谓“乱党”，并称湖北省城平安种种迹象，可谓“忠诚奋发、迅赴事机，俾得弭患于初萌，定乱于俄顷”。清廷因以稍得安慰。可粉饰的太平还未满一日，瑞澂再急报“现在兵工厂军械库、藩盐各库、官钱局悉被占据”,① 省城失守。

消息传至北京，清廷如晴天霹雳，惊慌失措。一时间，恐慌和谣言笼罩了京城，未知真相的人们纷纷涌入银行，进行提现，导致大清银行、交通银行、信成银行等发生纸币兑换硬币或提取存款等挤兑现象。消息灵通的汉人、满人开始以惊人的速度逃离北京，导致开往天津、东三省的火车人满为患。汉人害怕满人报复大批出走或将他们的家眷送走，满人亦因害怕将来可能的下场（担忧大清难以保住）焦急躲避，似乎在京的每个人都害怕别人加害于他。总之，汉人和满人都惶恐不安。此外，清政府还实行宵禁，一向准许向民间发卖之官仓米也暂停发卖，这就进一步加剧了京师人心动摇。

京师的动摇，将直接危险及清廷统治，亦会影响到湖北前线战事。更有甚者，时任民政大臣桂春采取蛮干做法，先是令京师巡警总厅通知各戏园停演夜戏，正阳门大街每逢三、六、九日的夜市也勒令停止；再是携报复之念将京师汉族之充警察者，查点人数，密造名册，将之一律撤出京城。此外，还秘密调集京城外之旗兵二千余人进城以补汉族警察之缺，并准备屠杀京城之汉人。本来京师社会治安就一团糟，桂春出此下策更是激化了京师满汉矛盾。结果不仅汉族官员反对，一些皇族贵族也认为十分不妥，于是御史急上弹章，庆亲王奕劻立将桂春诏至官邸，训斥其成事不足败事有余，立即阻止了这种过激举动。如何筹划京师治安，严峻地摆在清廷面前。鉴于京师治安严峻形势以及袁世凯起用赵秉钧之建议，更重要的是看重赵以前在巡警部干练作为，清廷急忙下诏罢黜桂春，“民政

---

① 中国第二历史档案馆编：《中华民国档案资料汇编》，江苏古籍出版社 1991 年版，第 168—169 页。

大臣桂春以汉人革命，内城汉人宜尽行驱逐，昌言于朝，举措乖谬罢之”①。并任用赵秉钧为新的民政大臣，且令其迅速至京接任民政部事务。

赵秉钧临危受命，进京之后，立即晋谒摄政王载沣，面奏京师情况，并周密谋划京师治安策略。为避免浮浪之徒乘机蜂起，发生各种变乱，以致危及外人，事态将越发不可收拾，赵秉钧的警察才能再一次充分展露。首先，利用其在京师警政系统的地位和威望，严密布防，加强警察巡视和监视，防患于未然，并进行广泛维稳宣传，这样一来京师治安开始逐渐好转，火车站客流量大大减少，准备要出城的人们也开始重新安顿下来，谋划生计。其次，为切实避免一时谣传甚盛的满汉屠杀惨祸发生，赵秉钧立即下令取消桂春在任时令办之事，并通告内外城两厅厅丞，晓谕民众，深得民心，不仅获取了汉族官僚士绅的同情，而且博得满族王公大臣的满意。复次，立即遣散桂春电调的外城两千旗兵，每人给川资现大洋一元，令其火速出城，回原地待命，避免了京师警政内乱。再次，赵秉钧一改桂春时的高压态势，命警厅传知京城各戏园准予开演夜戏，夜市也恢复营业，市面秩序逐渐稳定下来。这些政策的实施无疑就舒缓了市民一直紧绷的神经，为秩序根本稳定打下了坚实的基础，正所谓人心稳，社会才能稳定。不仅如此，赵秉钧还和陆军部密切联系，以求得帮助清除京城革命党，打击革命活动，共同维护京师治安。

总之，经过赵秉钧之整顿，京师秩序逐渐安好，人心已渐平稳，外国人亦感安堵。这充分显示了赵氏在维护社会秩序方面之能力，由于京师的稳定，就避免了京城皇族亲贵的庸人自扰，从而减少了很多谣言和不必要的冲突；也打破了西方列强乘机而入的危险，辛亥革命后，随着各地革命响应，全国形势一直处于动荡不定的情景，西方列强害怕庚子事变再次重演，纷纷绷起紧张的神经，其驻华公使各自向本国政府要求增兵中国。为了更好地应对中国事务，他们还成立了外交团，不时向中国政府施加压力，而京师的稳定却一定程度上杜绝了其武力干涉中国的口实。其实，京师的稳定也为支持袁世凯南北和谈方略提供了强有力保障，可以使袁氏不至于腹背受敌。吴禄贞事件的发生证明了北方局势并非完全控

---

① 尚秉和：《辛壬春秋》，中国书店出版社2010年版，第18页。

制在北洋集团手中，第六镇统制的所谓叛乱会否直接影响京师，袁世凯心里并没有底，可赵秉钧在京师的着着布置，完全打消了袁世凯的顾虑，为其一心一意对付南方革命党创造了良好的条件。

二、配合和支持袁世凯南北和谈政策

清末以来，赵秉钧与袁世凯的关系不断升温。赵以警察天才深得袁世凯的赏识，在直隶创办巡警，成绩卓著，成为袁氏之股肱；尽管袁氏被黜之后，善耆夺取北京警政，赵秉钧被撤职闲居天津，但时常与袁世凯来往。辛亥革命爆发之时，赵秉钧正在河南彰德洹上村为袁世凯祝寿，亦参与了密谋袁世凯再起。袁世凯再起之后，为了保证京师安全，袁遂命赵先入北京，利用其在巡警界的潜势力，布置一切。如前文所述，赵秉钧在北京治安方面的谋划，完全是配合袁世凯的谋划，但其支持南北和谈却是有一个转变过程。

起初，赵秉钧并不赞成和谈，他看到袁世凯应诏即起之时，信誓旦旦："制胜不敢诩操胜券，但有报国一日，断不至有北犯之虑。惟祝京师镇静，根本稳固，无论外省如何变乱，均尚可图也。"① 所以，起初赵秉钧在京的一切活动，完全是在配合袁世凯镇压革命党的政策。他的这种思想意图曾经在与日本人特派书记官谈话时有过流露："与武昌革命军谋求妥协，确属十分困难。与其最后不能达成协议，不如尽早给予沉重打击，使其彻底溃败；否则将导致各地暴动蜂起，势将一发不可收拾。"② 但是，随着局势的发展，袁世凯认识到徒恃兵刀，亦非良策，特别是其到北京之后，面对诸亲贵的监视和猜忌，袁世凯不得不下决心改变剿杀的策略，对革命党由剿改抚，并向英国驻华公使朱尔典明确表示，愿烦英公使从中调停。赵秉钧对袁世凯的政策调整，心领神会，由支持镇压革命党，转而赞助在袁世凯左右，支持与配合南北和谈。这体现在：

第一，监视皇族亲贵的行踪。

---

① 骆宝善：《骆宝善评点袁世凯函牍》，岳麓书社 2005 年版，第 324—325 页。

② 邹念之译：《日本外交文书选译——关于辛亥革命》，中国社会科学出版社 1980 年版，第 59 页。

袁世凯北京就职内阁总理大臣之后，赵秉钧入阁成为民政长，这就更加方便了二人之间的往来。袁世凯由对其遥控指挥转而直接授意，赵氏自然俯首听命。由于袁世凯完全没有按照某些皇族亲贵设计的路线对革命党进行严厉镇压，而是转而采取与南方革命势力议和的策略，这立即招致激进皇族亲贵们十分不满，并开始怀疑袁世凯包藏祸心，置大清朝于不顾，说袁世凯是曹操、王莽一类的人物，且经常做出鲁莽的举动，搅乱袁世凯的既定部署。在南北议和正式开始之初，由于议和是在不公开的状态下进行的，议和代表唐绍仪先向袁世凯报告，然后袁世凯再向清廷奏报，所以载沣、载涛等对议和信息不能及时了解掌握十分不满，多次聚集袁宅，要求公开议和往来电报，袁不允，几起冲突。可随着南北议和的深入，民主共和被提上日程，这更使皇室和年轻诸亲贵难以容忍。于是宗社党出现了，并秘密号召和组织满族激进人士，向袁世凯施压甚至是提出暗杀，这使袁世凯十分狼狈，左右为难。其在与外国驻华公使接见时，多次流露过其处境的艰难。为了保证袁世凯的安全，也出于策应袁氏谋略，赵秉钧转而严密监视皇族亲贵的一举一动，并每日报告于袁世凯，及时了解他们的举动，为袁氏及时化解了诸多危机。

第二，拉拢革命党，释放政治犯，配合袁世凯南北和谈政策。

为了暗中配合南北和谈，赵秉钧还主动与同盟会联络、游说。为了确保袁世凯顺利做上临时大总统，赵秉钧就秘密联系刚刚释放不久的政治犯汪精卫，在袁世凯的授意下，对其极度笼络。汪精卫是同盟会中重要的人物，当时他在革命阵营中很有威信，更因其刺杀摄政王载沣，名声大噪，所以其对当时南北政局的影响不可忽视。后来，在赵秉钧等北洋集团要人的笼络下，汪不仅致函京师内城警厅章宗祥等，谢不杀之恩，并与袁氏之子袁克定结为异姓兄弟，而且还与袁世凯心腹幕僚杨度在天津成立国事共济会，共同发表宣言，力主南北和谈。为袁世凯统一南北，顺利当选民国临时大总统出力不少。胡汉民回忆这一段历史时曾说：“精卫极意斡旋于伍廷芳、唐绍仪之间，而余则力挽先生之意于内。余与精卫二人，可云功之首，而又罪之魁!”① 总之，赵秉钧利用其在京师的特殊身份和权力，通过释放政治犯，获得不少革命人士的同情，然后又通过收买笼络等手段，迷惑了一些未知事实真相的革命党中下层人物，使他们听命和服务于南北议和的大局。正是因为革命党内部主张与袁世凯谈和的声势很大，孙中山归国后，也奈何不了局面，不得不对袁世凯提出，“暂时承乏，虚位以待”②。

此外，赵秉钧还与其他北洋要人经常汇聚北京锡拉胡同袁宅，秘密筹划各种应对时局之策，并通过自己的努力，向皇族亲贵进行劝导，以接受和谈的事实，并挫败诸亲贵反对和谈之行动，有力地配合与支持了袁世凯的谋略。赵秉钧不仅推动了南北和局的发展，而且在迫使清帝接受让位事实上亦做出了重大努力。

三、赞画清室退位

随着南北和谈的逐渐深入，革命派认识到无条件实现民主共和尚有难度，许诺只要袁世凯逼迫清帝退位有功，即拥戴袁世凯做民国临时大总统；袁世凯北洋集团亦深深感到君主立宪之策并不能说服革命党人，延续清朝寿命之图更是难孚众望，于是逐渐倾向赞同民主共和。由此以来，南北双方各退一步，和谈的重心开始转移至商讨如何迫使清帝退位上来。赵秉钧亦适时进行调整部署，服从服务于北洋集团大局，在全力掌控京师治安的同时，开始把精力放在围绕促使清帝退位努力上。

首先，在保证京师治安的前提下，开始由幕后转为前台。

武昌起义后，赵秉钧奉袁世凯意旨，潜入北京，在奕劻等人的帮助下，重新掌管京师警权。在赵秉钧的周密布置下，京师治安逐渐好转，并受到满汉官僚的一致好评。尽管赵秉钧的形象和威望如此之好，但此间其一直是在幕后活动，无论是秘密调查，还是在各重要王公大臣住处布置警察；无论是秘密向袁世凯汇报京师秩序情况，还是联络姜桂题部禁卫军秘密排查；无论是命令各商户纷纷开

---

① 胡汉民：《胡汉民自传》，《近代史资料》第 45 号，中国社会科学出版社 1981 年版，第 60 页。

② 《致袁世凯电》，《孙中山全集》（第一卷），中华书局 1981 年版，第 576 页。

业，还是广泛收揽各国外籍警察人才，赵秉钧并没有直接参与到南北之争中来。但是，随着南北和谈之深入，南北同心协商退位时机逐渐成熟，赵秉钧这位深得王公大臣信赖的警察天才，也开始遵守袁世凯的长远规划，从幕后走向前台，积极主动地参与国家大政，并扮演了重要角色。为了实现清帝退位，减少阻力，赵秉钧曾密请袁世凯将皇族尽驱入宫，以兵守禁城，限制其自由出入，并派遣军队，护卫各府，名曰保护，实则监视其出入。① 因赵秉钧维持京师治安有功，已经完全取得清皇室，特别是隆裕太后的信任，其言行自然有一定分量。袁世凯正是出此考虑，令赵秉钧公开参与议政大事，对清廷施以压力。赵秉钧的这一转变实际上是袁世凯谋划中的重要一步，也对日后清帝退位产生了很大的影响。

其次，御前会议上充当袁世凯代言人，舌战反对派。

尽管袁世凯及其北洋幕僚大都趋同一心，逼迫清帝退位，甚至令前线统帅段祺瑞联合其他将领武力逼宫，但清室内部顽固派、宗社党并不愿意将大清政权拱手送人。在清廷召开的几次御前会议上，他们吵吵嚷嚷，成立君主立宪会，散发传单反对退位。尽管袁世凯一再表示南北再战，兵力不足，饷械不够，且重启外国干涉，不如清室退居二线，享有民国优待，可不但没有得到应有同情，却遭到激进年轻贵胄的敌视和反对，并声称将其暗杀，并运动东三省总督赵尔巽取袁世凯代之。② 正当袁世凯左右危难之际，北京发生了针对其的炸弹案，所幸并无大碍，但却给了袁世凯不上朝议政的借口，以退为进。也正在此时，袁世凯令赵秉钧等代表其出席御前会议，几次重要的御前会议上赵秉钧独当一面，舌战顽固不化之满蒙王公、亲贵接受让位这一事实。1912 年 1 月 19 日的御前会议上，他先是晓之以理说："革命党势甚强，各省响应，北方军不足恃。袁总理欲设临时政府于天津，与彼开议，或和或战，再定办法。"③ 继而指出"人心已去，君主制

---

① 马士良：《清帝退位前后》，《世纪风云》，北京出版社 2000 年版，第 37 页。

② 丁健：《清帝退位前袁世凯对北方反共和声势的因应》，《宁夏社会科学》2013 年第 4 期。

③ 溥伟：《让国御前会议日记》，《辛亥革命》（第八册），上海人民出版社 1957 年版，第 112—113 页。

度，恐难保全，恳赞同共和，以维大局”①。可此举立即遭到溥伟等人强烈的质疑，赵秉钧也不示弱，郑重其事地说：“此案实为内阁苦心孤诣于万难中想出之办法，若不见纳，除袁内阁全体辞职外别无办法。”② 结果，不欢而散。由于溥伟是清帝退位的最大阻力，后来赵秉钧又亲自到恭王溥伟府，再次告以总理大臣之苦心，民军之劲勇，北军动摇，种种危乱。溥伟终于软化下来，感慨道：“时事至此，予亦无法。”③ 由此可见，赵秉钧在舌战皇族顽固派与宗社党的斗争中，发挥了十分重要的作用，顺应了历史潮流。尽管其所作所为全是为北洋集团整体利益服务，但从历史发展的趋势来看这是值得肯定的。

最后，直接促成清帝退位，泣别大清王朝

前几次御前会议上，退位与反对退位两派进行了针锋相对的斗争，主张退位的势力已经摊牌，如不退位，袁世凯内阁集体辞职，一切问题清廷自己解决，可是势单力孤的清廷哪里还能独自支撑局面，不得不依靠袁世凯。后来，赵秉钧奉袁世凯意旨，继续逼宫。奕劻早已看出大清难以赓续，不依靠袁世凯就连优待条件也难以保证，隆裕太后亦深知，年轻亲贵意气用事，于事无补，就向赵秉钧哭诉：要对袁世凯说，务要保全我母子性命。赵亦哭状答以誓言决心保驾，一定顾全和优待清室。隆裕得到赵之回复后，立下谕旨，授袁世凯全权与革命派商讨一切问题，袁世凯也不再故作病状，2 月 3 日，率赵秉钧、梁士诒、胡惟德等入朝觐见隆裕，商讨优待条件事宜，各王公大臣亦皆痛哭失声，隆裕太后哽咽流涕，当众训斥道：“予三年中深居宫中，不预外事，一般亲贵，无一事不卖，无一缺不卖，卖来卖去，以致卖却祖宗江山。”言至此，又失声痛哭。稍停又言：“亲贵至今日，不出一谋，事后却说现成话，甚至纷纷躲避。只知性命财产，置我寡妇孤儿于不顾。”并对袁世凯、赵秉钧等人说：“卿等独在此勉力支持，予甚愧对卿等。予当率荒地退居颐和园，让出宫殿。”袁、赵诸臣提出：“大内有太庙、社稷

---

① 张国淦：《辛亥革命史料》，上海龙门联合书局 1958 年版，第 310 页。

② 凤冈及门弟子编：《三水梁燕孙先生年谱》（上册），商务印书馆 1946 年版，第 111 页。

③ 溥伟：《让国御前会议日记》，《辛亥革命》（第八册），上海人民出版社 1957 年版，第 112—113 页。

坛，内殿又有祖宗圣象，断非民国所敢居住。……况皇太后为天下生灵让退，民国必十二分优礼，万无他意，请太后放心。”① 说完君臣哭成一片。至此，清朝命数已尽，换颜民国了。其实，袁世凯、赵秉钧之哭，一半是真情流露，一半是职责所关。无论如何，赵秉钧在促使清帝退位过程之中，始终是重要的参与者和实践者。清帝退位的实现，标志着中国两千多年来的封建君主专制制度的覆亡，开辟了中国历史的新纪元，从此角度而言，赵秉钧的确有功于民国。

四、结语

辛亥革命史整体研究已经比较成熟，但是微观研究仍有很大的余地。今天学界亦重新就历史研究中存在的总体趋向问题进行了深入的探讨，到底历史研究需不需要“碎片化”②，个人以为历史研究固然要注重整体概念，但要想深入研究历史，碎片化似难以避免。正是出于此种考虑，笔者拟系统深入研究辛亥革命期间诸多历史人物的活动，一方面考察历史大变革时期的历史人物反应出不同的心理和面相，一方面挖掘不同人物对变革时期政局的影响作用。本文选取赵秉钧作为研究对象，是希望学界对后来人们认为的所谓反面人物有必要进行再梳理。治史困难之处在于难以摆脱政治意识形态和道德评价标准的束缚，历史人物的一生当然是一个整体，但别忘了其也是由各个不同的生活片段组合而成，因此，评价历史人物既要总体论定，还要看看不同时期的个别评论，不能只见树木不见森林，也不能只顾总体定调不见阶段性评价。其实，从辛亥革命的历史场景来看，赵秉钧并无多少可以贬抑之处，他参与辛壬之际的政治变革，固然有为北洋集团整体利益服务的因素，但也在政治大变局中主动承担了历史赋予的责任，特别是在维持北京治安和清帝退位两个重要方面，发挥了别人无可替代的作用。

原载《中国国家博物馆馆刊》2014 年第 4 期

① 史晓风整理：《恽毓鼎澄斋日记》，浙江古籍出版社 2004 年版，第 576 页。

② 罗志田等：《中国近代史研究中的“碎片化”问题笔谈》，《近代史研究》2012 年第 5、6 期。

小人物，大历史：辛亥革命中的袁克定

我们常言历史研究的目的，是要还原历史的真相，但说起来容易做起来难，袁克定就是一例。有关袁克定的研究，目前还停留在简单的批判上，做深入研究的尚不多见，传说和坊间传闻，要远远多于严肃的学术研究。袁克定作为袁世凯的大儿子，在历史中的作用虽然远不及袁世凯，但也并非无研究的价值和必要。袁克定（1878—1955），河南项城人，字云台，号焕愈，从小立下大的志向，尽管年小体弱多病，“然好学不倦，未尝以病偶辍，始攻帖括下第后，顿悟时文不足为世用也，类集其旧书一炬毁之，乃博求经世之术及经史群籍，余事读兵法，学英、德、法、日诸国方言文字，延宏博之士闭户讲论十年，而学识孟晋”①。后又留学德国，通晓英语、德语。历任农工商部右参议、右丞，开滦矿务监办，兼任董事长，后为外交部顾问。1914 年帮助袁世凯主办陆军模范团，次年 4 月任模范团第二期团长。袁世凯死后匿居天津，1955 年病死于北京。由于身份的特殊，其在辛亥革命中的作用不能忽视。为了把辛亥革命史研究推上一个新台阶，有必要对其做进一步的研究。一来可以更清楚地了解辛亥革命的复杂性，二来有利于丰富袁克定这个人物形象。本文仅选取其在辛亥革命中的一些活动，看看“小人物”在大历史中的作用，以求对其有进一步的认识。

① 袁克文：《洹上私乘》，大东书局 1926 年版，第 15 页。

一、为其父积极谋划，稳定北方政局

武昌起义爆发后，清政府尽管决策荫昌、萨镇冰南下，但还是对前途不放心，因为北洋军不是谁都能指挥得自如的，于是，让袁世凯复出就顺理成章了。清廷起用诏下之后，袁世凯这边便开始忙活了，急忙召集幕府中人，商讨对策。当时，为袁世凯做过寿还未来得及走的亲信，各抒己见，集思广益。

袁克定告诉乃父，不必应命①。他担心事机一旦平定，其父必有性命之忧。况且在野三年，袁克定也跟着生了三年的闷气。现在有难了，想起我们父子了，我们就是不出，看你们能撑几天。毕竟年轻气盛，思考事情极不周到。其实，袁克定及王锡彤的这种想法有点多余，也太看轻了袁世凯的实力。在这个时候，袁世凯只要能复出，势力做大做强不是谁能控制得了的，清廷也不例外。因为其拥有全国最精锐的部队，拥有最广泛的国内国际关系。所以，最终袁世凯力排众议，铁定应诏即起。袁世凯决定出山后，袁克定对其父的决策，并没有不赞成，而是积极谋划布置；也许是在袁世凯的授意下，袁克定经常往返於洹上、京城两地之间②。在京城，会见各种亲袁势力，为其父打通各种关节，并打探各种消息，这些都成为日后袁世凯决策的出发点。等袁世凯回到北京，荣升为内阁总理大臣时，袁克定活动得更有劲，忙里忙外，参与了不少重大的政治活动。比如清帝退位问题就是一例。尽管当时清帝退位问题已是必然的事情，但究竟何日宣布退位，大家并不知晓，可袁克定心里就十分清楚，而且还很有信心地告诉别人，当时《申报》载“据袁世凯之子（袁克定）昨日（念四）告人谓：无论南京政府允受所拟各条与否，改革政体之谕，明日必当宣布”③。事实也证明了袁克定

---

① 王锡彤：《辛亥记事》，《辛亥革命资料》，中华书局1961年版，第517页。

② 据王锡彤的记载，袁克定明确往返京、彰的时间分别是：九月初三日前一次，初八日回彰；初十日去京，十三日（11月3日）回彰；英国外交档案中，根据袁克定会见朱尔典三次，一次是10月23日，一次是11月2日，一次是11月14日（九月二十四），可知11月3日后袁克定至少又来京一次。所以在袁世凯回京就任内阁总理大臣之前，即短短的二十几天之内，袁克定往返京、彰至少三次。

③ 《专电》，《申报》1912年2月23日，第二版。

所言是准确的。时人恽宝惠就认为在参与颠覆清室的密谋中，“他已是中坚分子”①。这一点儿不错。

的确，自从袁世凯出山南下后，袁克定不仅为其父出谋划策，还为其父解决了不少后顾之忧。首先，办团练以固家。

彰德是袁世凯经营多年的根据地，是带有极强的象征意义的。彰德的不稳，毫无疑问代表着袁世凯地位的不稳，袁世凯十分重视彰德的防御，因此除与河南巡抚宝棻商议保护外，还积极地组织团练自保。当袁世凯不得不赴前线指挥督师时，十分关心的仍是彰德的安全。一方面，固然是自己的家人安危，一方面，则是担心洹上村的固全。再说，彰德是袁世凯的后路粮台，如失去，大局将不堪设想。其实彰德一旦不稳，全世界都有可能被传为笑柄。所以袁世凯临走之前，对彰德的安全一再布置，安排袁克定全权主持家务，要其必须倾全力捍卫彰德的安全。其实，袁世凯之担忧并非无必要，就在袁世凯动身前线督师不久，就发生了吴禄贞事件，据说吴的目的是袭击袁宅，“车已经生火待发矣”，由于其“部下皆袁公旧部，闻之愤怒，结合数十人刺吴死”②。尽管如此，但吴禄贞事件的影响不容低估。这对此时独力经营彰德的袁克定来说，震惊之余，不得不精心筹划，未雨绸缪，防患于未然。后来，袁克定并没有让其父失望，除了联络河南地方有名的士绅、商人外，还与巡抚宝棻及当时驻扎彰德的王士珍商议③，如何防止彰德被革命党或者袁世凯的反对派骚扰。当时，宝棻对此牵挂在心，也出力不少。他曾电奏陆军部让袁克定在彰德附近办团练，“查有农工商右丞袁克定，器识宏深，忠诚素著，治兵尤其家学，可否仰恳天恩俯念豫省关系较大，准其先在河北一带招募防军，办理团练，俟训练成军，再图进取之处，出自逾格鸿施。至所需枪弹粮购，应俟仰蒙俞允，再由宝与之妥筹商办，伏乞代奏请旨施行”④。

---

① 方建文、张鸣主编：《百年名人自述——20世纪中国风云实录》（第二编），线装书局2000年版，第126页。

② 王锡彤：《抑斋自述》，河南大学出版社2001年版，第174页。

③ 时王士珍驻扎在袁宅，据王锡彤记载主要是“主办袁军后路”。参见王锡彤《抑斋自述》，河南大学出版社2001年版，第174页。想必另一方面也是在守卫彰德的安全。

④ 《清陆军部档案》，《中华民国史档案资料汇编》（第1辑），江苏人民出版社1979年版，第208页。

在兵荒马乱时期，陆军部也不好拒绝，于是袁克定积极操办团练，并设置布防，有效地防止了外部对彰德的干扰，稳定了袁世凯根据地的安全，也为袁世凯腾出手来对付前线的革命党提供了便利。

其次，袁克定有时候还主动为乃父冲锋陷阵。稳定山西、陕甘政局就是一例。因为在他看来，袁世凯之成功，将来就有自己的好处。

随着局势的发展，南北双方逐渐达成共识，就是停战议和。尽管由于南北双方同意议和，可北方的局势并不乐观，山西、陕甘争斗并没有停止，局势还有进一步恶化的趋向，不得已袁世凯从前线回京，把稳定北方政局作为首要任务。时人对袁氏此举给予很高的评价，称之为“老成谋国之识”①。因为北方局势不稳，就会动及根本。而在稳定北方政局方面，袁克定做了不少实事，不仅侧事其中，还秘密派人往山陕、甘新地区游说。当时参与其事的刘孚若在回忆这一段历史时说：“袁项城督师湖北，予屡函劝其作非常举。胡君石青则随项城军中，劝项城作非常举者，到京后，与予宗旨大合；遂相率访袁云台，劝其速赞成共和。不数日，朱芾煌等秘自南中来商和议。有伍唐专使议和之举，予谓共和不日可成，而升允尚在西北，恐煽诱回部，为大局忧！秘陈之云台，云台韪之，即嘱予至甘肃，设法联合地方，先为之所。”② 另一位当事人景梅九的回忆也可以佐证，“此事由刘君孚若从北京来，始告我知道。孚若名为受袁克定氏委托来晋疏通，实则欲入甘肃，对回族宣布革命共和的利益，使他们赞成，以免兵祸，及到山西后，对我说明外边实情，略谓：‘昔日主张君宪的人，如范源濂辈，都极力提倡民主共和。袁克定密联民党，也劝老袁颠覆帝政，我曾与克定氏约，若项城主张共和政体，我可以劝山西民军首领承认项城为第一任总统，并不以攻山西为条件。否则恐山西不能让步’”③。正是在袁克定的运作下，北方局势特别是陕甘、山西，有渐稳的趋向。为以后袁世凯可以腾出手来集中精力对付满族亲贵，抵御外交压力，以及在南北议和中占据优势创造了条件。

---

① 史晓风整理：《恽毓鼎澄斋日记》，浙江古籍出版社 2004 年版，第 556 页。

② 刘孚若：《刘君孚若自述辛亥革命密史一节》，《辛亥革命资料类编》，中国社会科学出版社 1981 年版，第 158 页。

③ 景梅九：《罪案》，《辛亥革命资料类编》，中国社会科学出版 1981 年版，第 105 页。

当然，尽管如此，袁世凯在做总统的道路上所面临的阻力还是很大的，有革命派，清皇室，内部守旧大臣，忠清的官僚等等，在这些阻力面前，袁世凯就是不倒，为什么？就是因为这些阻力被分化了，被某些人化解掉了，袁克定无疑就是其中的一个。在迫使清帝退位方面，袁克定的确表现得十分出色，其弟袁克文对其的评价是“大兄与有力焉”①，即有很大的功劳。这并非溢美之词。当时，袁克定一方面从舆论上大造声势，另一方面联络军界给清皇室以压力②，的确加速了清帝退位的时间。

二、参与南北和谈，促袁接受共和

袁世凯出山后，并没有抱着一定要镇压革命党的思想。他认为，革命党在各国都有，政治多改良一些，革命党就会少一些③，所以他一直抱着君主立宪思想，因为他认为这比清朝君主专制政体要进步多了。再加上战争的残酷性，时间已近冬天，心痛自己党羽的同时，希望以传统招安的方式来解决革命，这样一举几得，各得其所。但是，实际情况远比其预料的复杂，招安恐怕不可能实现，和谈便不可避免。和谈是一项系统而持久的工程，如何在和谈中占据优势，恐怕是袁氏父子最渴望得到的，谈何容易！为此，袁克定不少下功夫。当然，其最后促袁接受共和的动机，既是渴望尽快结束南北对立局面的反映，又是其政治上野心的重要施展。

首先，是与刚刚释放的小有名气的革命党人汪兆铭联系，布置南北和谈。一位美国学者指出，“汪开始结交袁氏之子，并很快与袁氏本人建立了关系”。“袁氏视汪氏为自己和革命党人之间的重要管道，因此极力拉拢，并鼓励其子克定与汪氏交往”。“从 11 月底到 12 月初，汪氏和另一位同盟会员魏宸组，经常秘密与

---

① 袁克文：《洹上私乘》，大东书局 1926 年版，第 15 页。

② 王锡彤：《抑斋自述》，河南大学出版社 2001 年版，第 178 页。其中有载：“十五日（1912 年 2 月 2 日），晚至彰德，访袁云台，备述一切，并由云台授意前敌将士，照请愿共和不独立之策进行。”

③ 《袁项城洞知事变》，《盛京时报》宣统三年九月初四日，（七）。

袁氏晤谈”①。后来，又“在京津间与杨度诸人发起国事共济会。希图妥协”②。其实，从当时汪精卫的活动表明，汪氏也愿意为袁氏父子效力，这多少也可以看出，革命有时候也得攀附权贵。事实上，这并不是汪兆铭一人的心态，革命阵营中迷恋袁世凯的亦不在少数。当时，黎元洪、黄兴为了促袁反正，甚至不惜大总统相戴③。这是深思熟虑，还是革命势力软弱的表现，还是二者兼而有之？总之，“汪精卫穿梭于南北之间，积极促成议和，而且也是革命派中间反对孙中山继续当选临时大总统最力的一个，但在举袁世凯为民国大总统一事上，他又是最早赞成者之一”④。后来，胡汉民在回忆这一段历史时，不无心痛地指出孙中山之所以放弃政权，就是因为“精卫极意斡旋於伍廷芳、唐绍仪之间，而余则力挽先生之意于内。余与精卫二人，可云功之首，而又罪之魁”⑤。当时，汪精卫为什么这么卖力的为袁氏服务，当然，首要原因在于推翻清朝的专制统治，再便是袁氏父子对其的笼络。

其次，秘密派人与革命阵营讲和。袁世凯确定议和主张后，并没有公开，只是私下打探，以减轻由转变策略造成的压力。当时清廷主要意图仍是主张打压革命，所以就连袁世凯的亲密将领领会袁氏意旨的亦不多。这样私密的事只有让自己的儿子担当，才最合适。身历其境的王毓超回忆说“当第一军攻下汉阳后，战事暂停，江面沉寂，忽有一人乘民船由武昌方面渡江北来，被哨所士兵查获，怀疑是奸细间谍，询其姓名叫朱芾煌，身上带有‘钦差大臣袁’的龙票（即护照），难辨真假，冯命我同何恩溥推问，朱供称是受袁克定所派，秘密到武昌与黎元洪接洽谈和的。即将其拘禁，由冯国璋电讯袁世凯，袁回电之说‘此事需问克定’”⑥。袁克定得知情报后，急忙去信解救这一重大棋子，他说“华甫大哥爵

---

① ［美］王克文：《汪精卫与辛亥革命，1905—1912》，《中外学者纵论20世纪的中国》，江西人民出版社2003年版，第110页。

② 居正：《梅川日记》，大东书局1944年版，第65页。

③ 卞孝萱辑：《闵尔昌旧存有关武昌起义的函电》，《近代史资料》1954年第1期。

④ 丁健：《袁世凯获得临时大总统的历史原因新论》，《武汉科技大学学报（哲社版）》2010年第3期。

⑤ 胡汉民：《胡汉民自传》，传记文学出版社1969年版，第69页。

⑥ 王毓超：《北洋人士话沧桑》，中国文史出版社1993年版，第2—3页。

帅大人：朱君芾煌系弟擅专派赴武昌。良以海军背叛，我军四面受敌；英人有意干涉，恐肇瓜分；是以不得不思权宜之计，以定大乱。今早有电，谅达记室。朱君生还，如弟之脱死也。此上。敬请勋安。弟定顿首”①。一面是纪律，一面是和谈，当然和谈大过纪律，这一点袁克定心里十分清楚。所以敢拿着老子的招牌说硬话，尽管他并不是什么长官，可是由于它是袁世凯的儿子，大家都得让其三分。当然，这一次并不是个例外，袁克定“太子”作风一直如此，后来，段祺瑞也受过不少他的不恭举动。结果冯国璋只好下令放人。在当时谁敢这样“胡为”，袁克定就为了。后来，还受到了相当高的评价，参与南北和谈的廖宇春就认为袁克定派朱芾煌去武昌运动民军是“于大局利害，独具只眼”②。

后来，就是在廖宇春与黄兴顾问官顾忠琛之间的军方秘密和谈，也多有袁克定的身影。本来廖、顾之间的和谈，已经达成协议五条：“（一）确定共和政体。（二）优待清帝。（三）先倾覆清政府者，公推为大总统。（四）南北满汉出力将士各享其应得之权利并不负战时害敌之责任。（五）同时，组织临时议会，恢复各省秩序。以上条件，彼此各书一纸，签名划押，互换收执。”③ 但当时北洋军界有人反对议和，且当轴诸公，顾虑太深，南北双方都害怕“推袁之约中途失败，共和解决转成画饼”。于是，廖宇春等准备上书劝陈袁世凯“时机日亟，迫于燃眉，中国存亡，决于和战，宫保躬掺政柄，身系安危，舆望所归，群生托命，正宜力维大局，早勿为左右所惑，致蹈危机”④。选择谁来传递这个信息呢，他们一致选定袁克定代陈。当然袁克定无疑是最佳人选，一方面袁克定倾力支持廖、顾和谈，值得托付；另一方面袁克定与袁世凯有着特殊关系，袁世凯自然信任其子。而袁克定此时也希望南北统一，一致推选乃父当选民国大总统，所以也欣然接受他们的邀请。袁世凯逐渐地接受共和，“盖先生（廖宇春）与袁克定君

---

① 《袁克定致冯国璋函》，《近代史资料》1981 年第 2 期，第 89 页。

② 廖宇春：《新中国武装解决和平记》，《辛亥革命史料选辑》（下），湖南人民出版社 1981 年版，第 335 页。

③ 《廖宇春助袁胁迫清帝退位的一件史料》，《历史档案》1982 年第 2 期。

④ 《廖宇春助袁胁迫清帝退位的一件史料》，《历史档案》1982 年第 2 期。

迭次筹划大计，颇有密切关系也"①。这一点儿不假。

其实，关于当时几次南北会谈的活动，袁克定几乎都参与其间。另一个例子是利用革命党人曾昭文。曾昭文字可楼，河南光山县人，1904 年赴日本留学，1905 年加入同盟会，当时孙中山为总理，曾为书记官，积极从事革命。在日本时与王锡彤的次子泽放是同学，武昌起义时，回河南运动独立，为河南巡抚齐耀琳捕获，准备杀之。王锡彤得知此事，密告袁克定。袁克定认为这又是一个不可多得人才，便将其招来彰德，不仅没有问其罪，反将其放归，目的在于利用他疏通南北关系。结果也收到良好的效果，因为后来其成为"俾通南北关键"②，也是南北政局稳定后，北上迎袁专使之一③。无论怎么说，袁克定笼络革命党人有术，大大促进了南北和谈的进程。

在南北和谈的后期，民众一致呼吁袁世凯推倒清朝，荣膺民国临时大总统。可由于袁世凯没有准备好，还不能过早宣布答应，此时袁克定也着急了，甚至有些飘飘然，催促其父尽快答应民众要求④。关于此事，与袁世凯来往密切的英国《泰晤士报》记者莫里循有过这样的记述，"他的儿子（袁世凯同他有密切的关系，现在就住在他家里）极端仇视满族统治。不论什么时候他总是恳求他父亲放弃顽固态度，帮助建立共和政府"⑤。结果，袁克定在外也逢人便讲其父就要做民国大总统了。其实，言外之意，即是我也要出人头地了。袁静雪就说袁克定"对旧时官场中的事情，非常熟悉通达，……在政治上也很有野心"⑥。事实上也正是如此。

袁克定的这一公开宣扬，固然有利于人们对袁世凯意图的揣摩，但也造成了

---

① 《廖宇春助袁胁迫清帝退位的一件史料》，《历史档案》1982 年第 2 期。

② 王锡彤：《抑斋自述》，河南大学出版社 2001 年版，第 175—176 页，第 185 页。

③ 中国第二历史档案馆编：《中华民国史档案资料汇编》（第 2 辑），江苏人民出版社 1981 年版，第 88 页。

④ 其实，早在武昌起义爆发不久，袁克定"即以共和政体几谏世凯。世凯恐左右疑之，斥使归里"。参见中国史学会主编《辛亥革命》（八），上海人民出版社 1957 年版，第 547 页。

⑤ 《莫里循致布拉姆函（1911 年 11 月 21 日）》，骆惠敏编：《清末民初政情内幕》，知识出版社 1986 年版，第 796 页。

⑥ 袁静雪：《我的大哥袁克定和二哥袁克文》，《魂断紫禁城：袁世凯秘史见闻》，中国文史出版社 2001 年版，第 70 页。

形势的复杂化。莫里循就曾经对袁克定的冒失有过评论，他说“我找不出任何理由为什么袁世凯竟不能继续左右形势。有些对袁世凯的不信任，如果不是全部的话，归根到底是他的脑袋里缺一根弦的儿子不谨慎，从一开始就称他父亲为未来的中华联邦共和国的总统。袁世凯的目标是当总统，我对此没有怀疑过。可是在袁世凯采取行动之前，他儿子的冒失已播下人们对他父亲不信任的种子”①。莫里循的评价显然是只知其一，而不知其二。袁克定表面上看似年轻鲁莽，却并不误事。因为其不加思索的言语，往往起到混淆视听的作用，有利于一方，固然就必然会对另一方构成威胁。

实际上，袁世凯一直在思考做临时大总统的合法性问题。而这种合法性如何获得，答案自然是对民国的贡献。所以，有时候的“乱”是袁世凯需要的，因为其结果就必然是稳定因素的呼声增强。而袁世凯认为自己有能力收拾乱局，成为民国总统不就是顺理成章的事情吗？当袁克定在外大肆宣扬的时候，袁世凯并没有责怪、制止，却反而认为袁克定不再是乳臭未干的黄毛小子，也能做大事，成大器。②

三、斡旋外交，助其父处理国际事务

斡旋外交，这恐怕是当时袁世凯交给袁克定的重要任务。这也是极其私密的事情，就是与袁克定关系密切的王锡彤亦不了解其中的情况。③ 总体来看，袁克定完成得很不错，没有出什么大的乱子。这表现在，袁克定到北京以后，除了联络京内亲袁势力外，还帮助袁世凯打开外交关系。多次会见袁世凯的老朋友英国驻华公使朱尔典，充当乃父的外交使者，为其父办成几件重要的外交事务。

---

① 《莫里循致柔克义函（1912 年 1 月 24 日）》，骆惠敏编：《清末民初政情内幕》，知识出版社 1986 年版，第 845 页。

② 《致五弟袁世辅等函》，《骆宝善评点袁世凯函牍》，岳麓书社 2005 年版，第 340—341 页。

③ 据王锡彤《抑斋自述》记载，几次去京、返彰都是他和袁克定一起的，但对袁克定会见朱尔典一事，毫无记载。就当时的情况而言，如果王锡彤知道的话，这么大的事他不可能不记。

第一，希望英国向清政府施加压力，给其父前线全权军事大权。关于此事，武昌起义发生后的第十三天，此时的袁世凯尽管已经答应清廷前线督师，但仍在彰德进行一系列必要的准备，包括调用旧员①、筹饷、招兵②等等，因为袁世凯向清廷所提之“节略八条”，清廷还未完全答复。③ 袁氏一面坐等清廷的回音，一面想利用外力迫使清廷就范。可局势发展刻不容缓，为了探听各国特别是英国的意图，于是就让袁克定北上会见朱尔典。会谈过程中袁克定承父意直截了当地告诉朱尔典，“他的父亲一定不会到武昌去，除非摄政王让他直接统率一支远征军。他认为摄政王只是利用他父亲的名望，借以维持北洋军的忠诚，但不会给他实际权力，去镇压革命暴动”④。这明显是在传达这样的意思：一是，我父亲不是不愿意去武昌镇压革命，而是怀疑清廷不会赋予前线指挥全权；二是，你们（英国）既然宣称全力支持袁世凯复出，不能仅仅停留在舆论呼吁的表面上，要付出实际行动。而当时英国的确迫切希望袁世凯出山收拾局势，以确保其在长江流域的利益范围不受损害。自然，面对袁克定的说辞，不会无动于衷。后来在英国公使的牵头下，各国公使达成共识，并向清政府施压：非给袁世凯全权不足稳定局势和平定南方叛乱⑤。

第二，加强与英国的联系，渴望获得更多的帮助。1911 年 11 月 2 日，袁克定再次访朱尔典。朱尔典记述了当时的谈话经过：“袁氏之子曾告诉本公使，说

---

① 《袁世凯致清内阁请代奏电（八月二十九日）》，卞孝萱辑：《闵而昌旧存有关武昌起义的函电》，《近代史资料》1954 年第 1 期。

② 《袁世凯致清内阁请代奏电（八月二十八日）》，卞孝萱辑：《闵而昌旧存有关武昌起义的函电》，《近代史资料》1954 年第 1 期。

③ 参见刘路生《袁世凯辛亥复出条件考》，《广东社会科学》2003 年第 4 期。根据刘路生先生的考证，这八条分别为：“募兵、筹饷、不为遥制、调将三条、宽容被裹胁者、赈灾，共八条。”当时，清廷仅就募兵、赈灾、宽容起义者，调将三条，很快有了答复，但对筹饷、及不为遥制、前线事权统一迟迟未予答复。亦可参见丁健《辛亥革命时袁世凯出山问题的成因及真相考述》，《北京档案》2019 年第 4 期。

④ 《朱尔典爵士致坎贝尔爵士函》，章开沅、罗福惠、严昌洪编：《辛亥革命史资料新编》（第八卷），湖北人民出版社 2006 年版，第 99 页。

⑤ 陈春华等译：《俄国外交文书选译有关中国部分：1911—1912》，中华书局 1988 年版，第 208 页。

其父亲希望在当月16日赴北京。他有意占据汉阳作为战略点，好与武汉叛军谈判。若能说服武汉军接受条件，其他叛军必将一一归附。但袁氏亦承认，各地反清情绪激烈且又获得广泛的蔓延。妥协是否能达成，实在令人怀疑。据袁子称，袁氏本人之意，乃是迅速建立完全的立宪政府，保留清王朝的地位，而不让其掌握实权。但与之正间接洽谈中的国民大会不信任清室的诺言，坚持要解除满清军队，作为一项保证。"① 从谈话内容，我们不难看出，其所含信息量很大：一、袁世凯的战略意图；二、武汉是否接收招降，令人怀疑；三、建立君主立宪困难重重。显然，这是在向英国方面通报信息，让英国人清楚袁世凯的行动，以便今后采取相应的对策。这种不断加强与英国的联系，互通声息，时不时地透露一下袁世凯的艰难处境，表明一下袁世凯所从事的活动与英国利益相一致，说一说袁世凯对各国态度不明确的疑虑。无疑有利于得到英国政府的同情和帮助。事实上，朱尔典针对袁克定透露的这些信息，很快行动，先是报告给英国外交大臣格雷，其次是与日本驻华领事伊集院商议对策，帮助袁世凯联络南方的革命党。②

第三，就政体问题，探询英国的反应。出山后，袁世凯一直奉行以君主立宪政体为底线，但随着与革命阵营的深入交往却发现，革命党人坚持民主共和毫不妥协，一时南北陷入僵局。可是用兵实在危险，且兵力不足③，再加上此时西方外交团体也向南北双方施加压力，要求尽快恢复秩序。袁世凯一时处境两难，为了弄清楚各国，特别是英国在政体上的态度，11月14日，袁克定又代表其父访问朱尔典，他说"他父亲原本希望挽救清廷，现在却似乎已再不可能扮演此一忠贞角色，不知究竟应采取何种路线，实在极感困惑。全国民意皆要求废除王朝。黎元洪和武昌起义的领袖们，已促请袁世凯出来担任中华民国的总统，他们保证充分支持他"。"他相信上海、广州及其他革命据点亦皆会跟着给予支持。一般民

---

① 《朱尔典爵士致格雷爵士电》，章开沅、罗福惠、严昌洪编：《辛亥革命史资料新编》（第八卷），湖北人民出版社2006年版，第112页。

② 参见邹念之《日本外交文书选译关于辛亥革命》，中国社会科学出版社1980年版，第273页。陈春华等译《俄国外交文书选译有关中国部分：1911—1912》，中华书局1988年版，第208页。

③ 中国第二历史档案馆编：《中华民国史档案资料汇编》（第1辑），江苏人民出版社1979年版，第204—205页。

意希望废弃王朝制度，并在热河或蒙古为清朝王族安排适当的赡养。袁世凯希望在清廷下面成立立宪政府，有关这一点，唐绍仪和袁氏许多旧友都拒绝与袁氏合作"①。问题亮明了，袁世凯是想成立立宪政府，但是"唐绍仪和袁氏许多旧友都拒绝与袁氏合作。"怎么办？朱尔典告诉他："此问题最好的解决办法是，保留满清王朝作为国家的象征元首，而同时如所承诺地作立宪的改革。共和政体的政府在我看来仍不适合于中国，而是一项冒险的尝试。"得到英国的表态后，袁克定又把心窝里的话告诉朱尔典，"并且暗示说，他父亲可能被拥立为皇帝，而共和可能只是个过渡阶段"②。当然袁克定有时表现出的幼稚举动，并不妨碍准确的传达信息。也不妨碍英国一如既往地对袁世凯之支持。有必要指出，英国的这种支持当然是以维护本国的利益为根本出发点的。最后，朱尔典要求把袁克定告诉他的事，秘密转告美国大使。袁克定欣然同意。在得到英国的态度时，袁世凯心里便有底了，急忙计划布置下一步的事情。

当然，事后朱尔典还是不放心袁克定的言辞③，就去直接求证袁世凯。袁世凯当然不会同意袁克定说法，袁克定说的是自己的心里话，正式外交场合，袁世凯怎么会把自己的真实意图轻易流露。关乎此，朱尔典曾记述道："袁氏谓，黎元洪坚持废除满清，而反对其所有建议。上海与南方革命军皆支持成立民国，然北方民意则赞成君主立宪，袁氏之意，在于领导赞同后项政策之党派。今资政院既已不足代表全国民意，袁氏建议于上海或天津召开各省代表大会，将其本人计划交由大会通过。袁氏以为若能结合北方各省支持其政策，将可形成一政府核心，借以终将赢得南方支持，或以武力收取。"最后还是不忘再次提醒朱尔典，"是否可能使其获得英国政界人士中具有实际经验者之辅助，并非担任其顾问，

---

① Jordan to Grey（Nov. 14，1911），FO371/1095（45368），转引自 Ernest P. Young，Yuan Shih-Kai's Rise to the presidency。

② 《朱尔典爵士致格雷爵士电》，章开沅、罗福惠、严昌洪编：《辛亥革命史资料新编》（第八卷），湖北人民出版社 2006 年版，第 100—101 页。

③ 《英国驻华公使朱尔典致英国外交大臣葛雷电（11 月 15 日）》，《档案与史学》2004 年第 3 期。朱尔典认为袁克定之言带有试探的性质，并不可靠。

而是以朋友的身份协助其艰巨任务”①。这可谓一语中的，其实，袁世凯让袁克定出面目的亦何尝不是想向英国寻求帮助呢！事实上，袁世凯也多从英国的意旨行事，后来其之所以赶在旧历年内促使清帝退位，是因为，辛亥年十二月十八日，驻京外交团由朱尔典领衔照会袁世凯，“催请速向民国政府商定一切条件，务于年内和平解决”②。

其实，袁克定除了运动英国驻华公使朱尔典帮助其父成就大业之外，还经常私下里同日本浪人及军界人士联系，日本人坂西中佐③就是一个，一方面给他们带去情报④，一方面利用他们获取革命党人的情报。为其父提供了不少有价值的信息。

袁世凯向来认为外交无小事，况且武昌起义后，国内形势日趋复杂化，西方列强由于在华势力的不均衡性，表现的态度也不大一样。当时英国在华的利益最大，所以面对南北斗争的形势，绝不会漠然视之。袁世凯心里最清楚这一点，所以，出山后把外交的重点放在英国方面，但袁世凯有时候无暇顾及，就只得让其子代行，⑤ 以试探英国及其他各国的意图。这样，可以先让其儿子表明一种观点，如果发现对方怀疑时，袁世凯就亲自出马，或者圆场，或者纠正，或者重新亮明另一种观点。这对减轻袁世凯所面对的外国压力，起到很好的缓冲作用。总之，爷俩演双簧，效果还不错，辛亥南北议和时英国在穿线南北过程中，的确帮了袁世凯不少大忙，而在举袁为南北统一的领导人方面，朱尔典直言不讳地告诉英国外交部长：“承认袁世凯是保证中国有一个强固政府的惟一希望。”⑥ 对袁世

---

① 《朱尔典爵士致格雷爵士电》，章开沅、罗福惠、严昌洪编：《辛亥革命史资料新编》(第八卷)，湖北人民出版社 2006 年版，第 102 页。

② 《袁世凯又乞援於英使》，《申报》1912 年 2 月 5 日，第三版。

③ 即坂西利八郎，日本陆军军人，后来晋升陆军中将，以通晓中国情况而著称一时。长期在中国活动。1904 年袁世凯任直隶总督时，受到袁世凯的重视，即被聘为兵书翻译官，辛亥革命当时任日本驻华武官。1912 年 8 月受聘为袁世凯总统府军事顾问。

④ 邹念之：《日本外交文书选译关于辛亥革命》，中国社会科学出版社 1980 年版，第 211 页。

⑤ 袁克定的身份与地位是十分微妙的，因为他的话很容易被认为就是其父意旨的表达。

⑥ 《朱尔典爵士致格雷爵士电》，章开沅、罗福惠、严昌洪编：《辛亥革命史资料新编》(第八卷)，湖北人民出版社 2006 年版，第 184 页。

凯可谓推崇至极，就是明证。

事实上，那些看似不是很重要的人物，有时也起着很重要的作用。辛亥革命中袁克定就起到当时别人无法替代的作用。在政局动荡不安，外界谣传很多的情况下，而出山后袁世凯极其需要听取各方面信息，但辨明真伪却是件很困难的事情，又很难做到事事亲历，苦于分身乏术。可袁克定就让其有了这一本领，为袁世凯跑前跑后，传递、收集、辨别情报，忙得不亦乐乎，且终于铸成良果。袁克定的表现，无疑让袁世凯觉得“孺子可教”，并心中窃喜，所以后来袁克定骑马搬家不慎摔伤时①，袁世凯心痛万分，可惜至极。他在其致五弟袁世辅等函中说：“克定伤在脑部，甚重，如不求良医诊治，恐甚危险，或成残废，彰宅医多乱治，且甚嚣杂，极不相宜。……万不可再乱治……兄年已逾五旬，当如此乱世，只此一子可支门户，讵不爱念。但为救其性命起见，不得不靠名医调治也，京津名医甚多，可延十位八位公同诊酌，必有完善之法。望切劝汝四嫂，万无固执，速同往治，早一日好一日。甚盼。近日万忙，不意添此意外心思，伤心运舛，徒呼奈何。”② 舐犊情深，可见一斑。其中“只此一子可支门户”，尤见袁世凯对袁克定的评价之高。也正是因为袁世凯十分信任自己的儿子，当后来袁克定积极怂恿乃父称帝时，袁世凯不顾全国上下的反对，悍然称帝，结果身败名裂。当然，这已经是后话了。

原载《近代史学刊》2013 年第 10 辑

---

① 袁克文：《洹上私乘》，大东书局 1926 年版，第 16 页。当时袁克定主持从洹上村往北京的搬家事务，在骑马回洹上村时，不慎跌落。袁克文记载“不期已入村矣，而马忽前蹶，大兄下坠，伤首，昏绝，举室惶骇，绝则三日”。

② 《致五弟袁世辅等函》，《骆宝善评点袁世凯函牍》，岳麓书社 2005 年版，第 340—341 页。

革命派、立宪派与辛亥革命

GEMINGPAI、IIXIANPAI YU XINHAI GEMING

辛亥革命期间孙中山的政治处境及释权

辛亥革命是一场伟大的政治变革，它直接停止了封建君主专制的步伐，促使中国社会朝着民主共和的方向发展。社会急速变革并未经过充分准备，武昌起义一发不可收拾，也远远超出革命党人特别是其领袖孙中山、黄兴等人的预期。传统与现代价值观的冲突，在推动社会变化发展方面功劳不小，但是也直接影响了革命党人心理变动，论功排辈还是论资排辈？这就成了搅乱同盟会并不坚强的内部阵线。如果说革命刚刚成功，革命党人还未顾及这个问题的话，但革命形势的迅猛发展，由一省而发展至全国，革命领导权问题就变得越来越重要，越来越突出。于是，黎元洪、黄兴的矛盾日益上升，谁是大统领，谁是大元帅，悬而未决。而革命派内部的钩心斗角远不止此，这无疑将直接影响及辛亥革命全局的发展。有识之士为之忧心忡忡，调停折冲，暂时消泯因争领导权而出现混淆阵线的思想。即在此时，孙中山也从美国辗转欧洲然后归国，开始了其人生中事与愿违的尴尬处境，其政治诉求由激首昂扬转至为别人做嫁衣，政治心理由兴奋而逐渐平静，最终不得不放弃政权，拱手相送与袁世凯。武昌起义后，孙中山的归国为什么会遭遇如此尴尬的处境？孙中山的领袖地位为什么会遭到挑战，孙中山的心路历程如何？这些疑问目前看来仍未得到很好的解决。既往的研究无论是宏观的抑或是微观的层面，大都未有把注意力集中于此，亦可能是为尊者讳的缘故，而是避重就轻，寥寥数语，导致人们对这一问题仍然知之不多。为了还原历史真相，弄清历史事实，现拟就这一向被遮遮掩掩的问题进行初步探讨，不足之处，祈请方家批评指正。

一、未直接领导武昌起义成为日后处境难堪的基础

自从兴中会建立之后，孙中山逐渐开始了毕其一生而奋斗的革命历程，虽然成为清廷通缉的对象，但也赢得了广泛的国际国内声誉，成为革命同志公认的领袖人物。武昌起义之前，孙中山为其“驱除鞑虏，恢复中华，创立合众政府”的人生目标，发动数次武装起义，大都因准备不足或者起义前遭泄密而失败，但孙中山并未气馁，而是屡败屡战。可发生在辛亥革命前夕的黄花岗起义，更是孙中山几乎孤注一掷的努力一搏，准备可谓充分，很多留学生即所谓革命党之菁华参与其中，可最后仍是一败涂地。这让孙中山感到心灰意冷，不得不做从长计议，于是，辗转国外，以待时机。

可惜的是，几乎一筹莫展的孙中山在国外并未有多大成绩，原来一直表示愿意支持革命的华侨和革命志士，亦开始对孙氏之能力表示怀疑，对孙氏再次要求筹饷革命的意图，大都应之寥寥。正当孙中山还在为革命前途积极奔波之时，亦即黄花岗起义失败之后的第七个月份，辛亥革命首先在武昌打响了，并且进展极其顺利，乃至全国景从。获知武昌起义胜利的消息之后，孙中山多少有些吃惊、迟疑，但惊愕之后即是欣喜若狂。认为“近日中国之事，真是央央大国国民之风，从此列强当刮目相看，凡我同胞，自当喜而不寐也。今后之策，只有各省同德同心，协力于建设，则吾党所持民权、民生之目的，指日可达矣”①。1911 年 10 月 31 日，但当了解到革命党人已经推举黎元洪出任，对此很有不屑一顾之感，他在致咸马里的信中这样说道：“黎元洪……是难以解释的，突然成功可能助长其野心，但他缺乏将才，无法持久。各地组织情况甚好，都希望我加以领导。”②

显而易见，孙中山从美国急于归国的目的就是想直接领导辛亥革命，以顺应历史潮流，但此时他并不了解当时国内情形已经发生了很大变化，随着获取有关

---

① 广东省社会科学院历史研究室等编：《孙中山全集》（第二卷），中华书局 1982 年版，第 544 页。

② 广东省社会科学院历史研究室等编：《孙中山全集》（第二卷），中华书局 1982 年版，第 544 页。

国内更多的信息，加之身边随从人员对国内革命形势的研判，孙中山渐渐感到形势的发展并非遂其所愿，掌握革命的领导权并直接影响中国革命走向并非易事，先前的归国热情开始遭遇冷水洗头。可是孙中山又不想放弃对辛亥革命的领导权，经过复杂的思想斗争之后，决定暂缓回国，因此滞留欧洲，避开国内锋芒，以缓和可能引起的革命派内部矛盾，伺机归国。

其实，领导权问题是孙中山紧绷的一根弦，是其不得不面临的一大问题。早在辛亥革命前，针对革命领导权问题，孙中山与其他革命团体的领导人之间矛盾愈深，罅隙愈大，如因经费问题与章太炎的关系恶化，其中固然不乏章氏书生气派、自命清高之嫌，但是孙缺少作为领导者的宽宏大量以及坦白做事风格亦遭到不少革命志士之猜忌和不满。与陶成章的矛盾，主要体现在争夺领导权问题，后来陶氏主动妥协，表示“与中山先生取团结一致的态度”①。革命尚未成功，兄弟阋墙，加深了同盟会内部危机。此外，孙黄矛盾、孙宋矛盾也悄悄滋生。随着武昌起义的成功，大家都暂时摒弃前嫌通力合作，孙中山亦是希望革命党都能够接受其领导，但一个更为直接的问题即是武昌起义发生之时，其并不在国内，令已经掌握领导权的湖北集团、江浙集团听从其领导，怎么能够说得过去？谈何容易！尽管孙激流勇进，可是毕竟难以做到有理有据。

还有一个问题无法回避，那即是孙中山的革命策略问题。孙中山在其先前的革命生涯中，一直把革命的重心放在两广，对于中部同盟会志士提出的在长江流域发动革命的设想并不重视，这令湖南、湖北革命集团十分不满。一些人对孙中山注重广东，对于长江各省一点也不注重，并且将华侨所捐的钱物也只用到广东方面去，别处的活动一个钱都不肯给的战略十分不满。1910 年夏间，在东京的革命党人，讨论将来发难地点问题，湖北籍同盟会员杨时杰就主张在武汉举行起义，并一一说出在武汉举事的优点。这年秋间，他回到武汉，在与另一湖北籍同盟会员杨玉如谈起此事时亦说：“这几年孙总理，黄克强等专在沿海几省，靠几处会党，携少数器械，东突西击，总是难达到目的。我们长江的党人都想从腹地着手。尤其是我们湖北人，就想在湖北干起来。”杨玉如赞同他的观点，说：“我

---

① 陶珍：《孙中山与陶成章》，《文汇报》1981 年 10 月 21 日。

们湖北居长江形胜，有枪炮厂，有官钱局，饷充械足，新军知识又高，易受运动。”① 再后来，谭人凤、宋教仁等都主张要把长江流域作为革命活动的中心，并成立中部同盟会作为活动的总指挥机关，但最终孙中山没有采纳他们的建议。结果是一向不被孙中山看好的长江流域率先举起辛亥革命大旗，并屹立不倒，而且影响甚众。这完全出乎孙中山的意料，由此而言，要让已经在起义中进一步发展壮大的湖北、湖南革命集团乖乖听话，恐怕并非易事。

正是出于以上诸种因素的思考，孙中山开始放缓归国的步伐，用其话说是“自美徂欧，皆密晤其要人”，以求得中立。事实上，孙中山滞留欧洲期间，也并未一一会见诸国要人，更多的是会见国内旅欧华侨、留学生、同盟会会员。孙氏此举，一方面是静观时变之举，另一方面是想以此获取国内更多的同情和支持。毫无政治资本急速回国是很难堪的，想获取革命的领导权更是名不正言不顺。因此，孙中山也开始改口掩饰，对革命领导权表现出无所谓的态度：“总统自当推定黎君。闻黎有推袁之说，合宜亦善。总之，随宜推定，但求早巩国基。”② 还对其老师康德黎表示：“余于共和政府之大统领毫不介意。惟维持中国前途之责任，予可担当。”③ 实际上，孙中山面临的选择是困难的，无奈的，痛苦的，归国领导革命难以名正言顺，但又不想放弃；滞留欧洲，又为国内部分革命志士呼吁归国，盛情难却。所以，才有言不由衷的推迟归国之决定。

孙中山未能直接领导武昌起义，是其缺乏革命远见，革命思想理论不足的重要表现，也是其对革命整体形势分析不足、革命进取心暂时减退的真实体现，亦是其革命战略失误的恶果。

二、孙中山归国后面临尴尬处境之种种

孙中山推迟归国之决定，一方面是出于对国内革命形势发展不甚明确的担

---

① 杨玉如：《辛亥革命先著记》，科学出版社1958年版，第25页。
② 《致民国军政府电》，《民立报》1911年11月16日。
③ 《孙中山之踪迹与言论》，《神州日报》1911年12月1日。

忧，因在其看来“此次武昌事起过于神速，未能十分预备，故困难之点尚多”①。一方面是想在欧洲筹集一定款项，作为归国的献礼。但当国内形势逐渐明朗，清廷几无反手之力，南北要开展和平谈判时，孙中山亦感到“今之中国似有分割与多数共和国之象”，十分必要建立一良善之中央政府，因此他觉得归国就显得适逢其时了。可是关于归国的具体路径，归国后如何主持大计，孙中山与他的盟友曾发生过分歧。

关于归国，孙中山有自己的打算，就是要组织一临时政府。如何实现这个理想，在哪组织之就成了孙氏首要考虑的问题。起初，胡汉民、廖仲恺建议直接回广州，因广州是孙中山革命的根据地，其对广州政情、人事、地理、风俗等都十分熟悉，更容易开展工作，应该说这是一个很好的建议，固守东南一隅，以图内进，并非不是良策。但是孙中山却不这样认为，在他看来，广州还不足以号令全国，只有深入革命纵深地方，才能担当起这一重任。因此，他对胡汉民等人说：“以形势论，沪宁在前方，不以身当其冲，而退就粤中以修战备，此为避难就易。四方同志正引领属望，至此其谓我何？……鄂即稍萌歧趋，宁复有内部之纠纷。……我若不至沪宁，则此一切对内对外大计主持，决非他人所能任，子宜从我即行。”② 在对龙济光信函中也提出：“现在各国政府士夫，均望文速归，组织中央政府。”③ 正因如此，孙中山没有返回故里从事养兵，以此自重，而是径赴中部其并不熟悉且内部矛盾重重的沪宁一带，实现其组织临时政府的梦想。

其实，早在孙中山回国之前，革命党人就关于临时政府地点、人选问题，各执己见，争论不休。章太炎以此再掀舆论波澜，他竟以革命党的名义公开发表电文：“武昌都督转谭人凤诸君鉴：电悉。革命军起，革命党消，天下为公，乃克有济。今读来电，以革命党人召集革命党人，是欲以一党组织政府，若守此见，

---

① 广东省社会科学院历史研究室等编：《孙中山全集》（第二卷），中华书局1982年版，第559页。

② 广东省社会科学院历史研究室等编：《孙中山全集》（第二卷），中华书局1982年版，第569页。

③ 广东省社会科学院历史研究室等编：《孙中山全集》（第二卷），中华书局1982年版，第570页。

人心解体矣。诸君能战即战，不能战，弗以党见破坏大局。”① 显然，章炳麟的意图对处于革命热潮中的革命党人而言并非能完全理解，② 但其所产生的混淆作用却是影响深远，不仅被立宪派利用，也误导了同盟会上层领导者，自然也为孙中山归国组建统一政府设置了不小的障碍。

革命党人处于群龙无首的境地，而且又迫切需要建立一个统一政权时，孙中山此时归国，无疑有利于暂时平衡各省之争，填补权力真空。实际上，面对革命内部吵吵嚷嚷的境况，孙中山本意是想选举正式大总统，而不是临时大统领，以此重新整顿革命力量，实现民主建国之目的。但是，由于革命派与袁世凯之间已达的协议和默契，只能选举临时大总统，为此，尽管孙中山心中并不情愿，但因其于几乎孤军深入沪宁地区，并没有决定权，只得依从先前革命派已经准备的选举方略，选举其为临时大总统。但关于施行总统制还是内阁制问题上，矛盾又来了，孙是想采取美国总统制，总统拥有实权。宋教仁主张施行内阁制，利用内阁限制总统的权力，鉴于南京临时政府所处为难情形，最后从孙中山之意，采取总统制，可是在如何组阁问题上，再掀波澜，经过唇枪舌剑，讨价还价，最后炮制成一“部长取名，次长取实”的内阁，并且随着南北和谈的深入，这个内阁存在时间十分短暂，很快被袁世凯组织的北京临时政府取代。

孙中山归国之时，南北双方已经开始正式谈判，北方派唐绍仪、南方派伍廷芳在上海议和，尽管大规模的军事冲突已经止歇，但是局部冲突动荡仍时有发生。当时南北双方都面临财政困境，如何维持庞大的军费开支，革命党人使出浑身解数，但由于战时招募军队数量过多，难以维持局面。各海关早被清政府抵押给了外国人，西方列强又拒不贷款给革命政府，而国内的关税、盐税、茶税、捐税和大部分田赋又都被独立各省地方政府截留，革命政府为了解决财政困难，往往是仅靠发行一些公债、军钞等来应付军需，结果是杯水车薪，也难以救急。李书城回忆当时的情景，不禁感慨：“当时最困难的是南京拥有十余万军队，军费没有来源”，“只得把南京军队的伙食从干饭改为稀粥。以后连稀粥也不能维持

① 《章炳麟之消弭党见》，《大公报》1911 年 12 月 12 日。

② 杨天宏：《政党建置与民初政制走向——从“革命军起，革命党消”口号的提出论起》，《近代史研究》2007 年第 2 期。

了，乃将南京城的小火车向上海日商抵借 20 万元，暂维现状”。[①] 在经济状况十分糟糕的情况下，同心同德受到了前所未有的挑战，结果兵变发生了，经过这次兵变，革命领袖才切实意识到有兵无饷的危险。为此，作为革命政权的最高军事指挥陆军总长黄兴筹不到军饷，穷于应付，也毫无良方，有回忆称：“见克强兄以空拳支拄多军之饷食，……寝食俱废，至于吐血。”[②] 由于孙中山筹款的名声早已在外，大家迫切盼望其归国能够带来大批款项，以解燃眉之急。再说，孙中山滞留欧洲期间，也被各大媒体报道过其目的就是为了筹款。孙氏亦曾在媒体上多次指出“武昌举师以来，即由美旅欧，奔走于外交，财政二事”[③]。所以，人们渴望孙中山回国除了组织政权之外，另一个重要目的就是希望他能多少解决些革命阵营财政困难情形，避免士兵哗溃。

对于孙中山的回国，革命派对之抱有很高的期望，并举行隆重仪式迎接。孙中山刚刚上岸，立即就吸引了诸多记者，当被问及带回多少款项时，孙中山很镇定回答说：“予不名一文也，所带者革命之精神耳！”[④] 孙氏此言一出，立即导致一些中下层军官的不满。革命时代，革命精神固然重要，但是革命精神赖以存在的载体也需要革命粮饷。这估计是日后孙中山难以统帅革命并遭受内外挟制的另一层原因。

孙中山过于强调革命精神本身未有问题，可革命饷粮其何尝不重视呢？尽管其多次发出借款请求，但欧美各国并不愿意借款给他，以影响列强在华地位。所以，不得已他铤而走险地进行向日本借款，但仍难以应付庞大的军费开支，所谓巧妇难为无米之炊，孙氏只得转而从精神上寻求安慰，也正如此，孙大炮之称谓开始声名鹊起。

---

① 李书城：《辛亥前后黄克强先生的革命活动》，《辛亥革命回忆录》（一），文史资料出版社 1961 年版，第 194 页。

② 张孝若：《南通张季直先生传记》，中华书局 1930 年版，第 176 页。

③ 广东省社会科学院历史研究室等编：《孙中山全集》（第二卷），中华书局 1982 年版，第 571 页。

④ 孙文：《孙中山选集》（上卷），人民出版社 1956 年版，第 185 页。

三、孙中山力挽狂澜之意难敌革命内部求和心切

孙中山适时归国，并被当选为临时大总统，革命中下层将士甚是希望能在其带领下，迅速北伐，推翻清廷，建立民国。孙中山亦何不想展露其宏图大志，实现其首创的三民主义。但是国内时局的发展远出乎其意料，孙中山的主张即使在同盟会内部亦并非能够顺利推行，更不用说领导全国了。因此，虽说是临时政府的大总统，名义上掌握着革命的领导权，但不得不遵从革命派既定的方针，却毫无反转的余地。

孙中山归国，其目的显然不是要和袁世凯讲和的，他亦肯定不愿意做光杆司令。因为这样做很容易留下出卖革命的把柄，再说，这也太容易做了，根本不应该是一个革命领袖应该做的，否则，革命还有什么价值和意义呢？但面对复杂的革命形势，孙中山更想快刀斩乱麻，迅速实现建立民主共和国的理想。权衡利弊得失，怎么做呢？那即是顺从革命上层人士的主流意思，与袁世凯合作。正是出于此种考虑，归国之前，其潜意识中就已经有这样的想法了。他曾对廖仲恺等人说："谓袁世凯不可信，诚然。但我因而利用之，使推翻二百六十余年贵族专制之满洲，则贤于用兵十万。纵其欲继满洲以为恶，其基础已远不如，覆之自易。故今日可先成一圆满之段落。"① 显然，孙中山是主张与袁世凯讲和，并认为以此"今日中国如能以和平收革命之功，此亦足开世界未有之例"②。其实，孙氏之主张多少有些言不由衷的意味，但如果不顺从这种思想，做民国大总统的希望就很可能就会泡汤，显然在革命巨大困难面前，孙中山避重就轻，甚至不惜拿原则做交换。

作为临时大总统的孙中山，其主张与袁世凯谈和的思想流露，尽管更多的是同盟会内部上层将领的思想主流的代表，但其政策一旦明确，必然产生的懈敌情

---

① 广东省社会科学院历史研究室等编：《孙中山全集》（第二卷），中华书局 1982 年版，第 569 页。

② 广东省社会科学院历史研究室等编：《孙中山全集》（第二卷），中华书局 1982 年版，第 570 页。

绪，从而在革命阵营内部引起混乱。事实也正如此，孙中山由人们渴望的激流勇进，转为不思进取的近似投降政策，使很多革命志士想不通，并立即招致了同盟会中下层军官的批评，有的指出："近者议和屡有破裂之势，然袁氏犹时出其诡计，或谓派梁士诒莅沪，或传派唐绍仪续议，无非欲以迷离惝恍之手段，以懈我已固之人心，而支持其破碎之残局。幸我国民翻然知袁氏之侮我，于是有誓师北伐之举。燮和不才，今已秣马厉兵，从诸君子后，若公（指孙中山）犹迟疑不决，当机不断，或且误听袁氏再求和议之举，则误我神州大局，沦胥我炎黄胄裔者，公将不能辞其咎矣！"① 所以，北伐的呼声渐高，一些革命党人还大声疾呼："谁主和，谁吃刀！"② 可这些并未能阻挡南北和谈的大趋势。

孙中山为什么要服从袁世凯，这多少也带有革命乐观主义色调，这种乐观并非是建立在对袁世凯真实了解的基础之上。面对袁世凯的翻手为云覆手为雨，因找不出一条能够制胜的革命道路，转而寻求袁世凯的帮助，来达到自己的目的，事实上是不可能实现的，而这也正体现了辛亥革命时期革命力量尚难以与袁世凯一决雌雄。孙中山后来近乎直白的表露，如"暂时承乏，虚位以待""推功让能""非公莫办"等，将自己置于更为尴尬的处境。可后来孙中山再回忆这一历史时，并不认为这样做是自己失误："局外人不察，多怪弟退让。然弟不退让，则求今日假共和，犹未可得也。盖当时党人，已大有争权夺利之思想，其势将不可压。弟恐生出自相残杀战争，是以退让，以期风化当时，而听国民之自然进化也。倘若袁氏不包藏祸心，恢复专制，弟之退让，实为不错。"③ 由此可见，在同盟会内部矛盾重重，革命建国理论、人事等各方面还未准备就绪的情况下，仓猝革命难以发挥革命应有的效果，最后，国内政局被袁世凯成功控制就是明证。从此，民国进入袁世凯北洋集团统治时期，同时也导致了孙中山政治处境更为难堪，开始了其难以自拔的重树权威之路。

---

① 白蕉：《袁世凯与中华民国》，《人文月刊社》1936 年第 16 期。

② 蔡寄欧：《鄂州血史》，龙门联合书局 1952 年版，第 130 页。

③ 中国社会科学院近代史研究所等编：《孙中山全集》（第三卷），中华书局 1984 年版，第 126 页。

四、结语

辛亥革命中孙中山处境的尴尬，只是孙中山革命历程中革命波折的侧面体现，并不能影响其伟大的光辉形象。实际上，这也说明了辛亥革命并非是一次经过精心策划的起事，革命领导权的不统一，导致革命党自乱阵脚，不得不与袁世凯所代表的政治势力谈和，最后将革命领导权拱手相送。但这并不是孙中山个人的失误，这是当时革命内部的主流意见，是革命派政治立场信念不成熟的表现。由此可见，辛亥革命难以解决革命党人所有理论上设计的制度和社会诸问题。

今天我们再来审视这一问题，仍可从中总结一些成功经验与失败教训：革命不会也不可能一蹴而就，事实证明，没有流血牺牲的长时段的革命，革命的效果就不明显。没有经过精心准备的革命，不仅难以整合革命的效果，而且也可能导致社会元气大伤。革命思想坚定分子亦因失败失望气馁，再次踏上探寻革命救国道路的茫然征程；而一些思想动摇的革命分子，乘机扩大军容和地盘，转而成为革命的对立面。辛亥革命后，特别是袁世凯死后，军阀乱象层出不穷，根就在辛亥革命期间及其后地方势力的急剧膨胀。辛亥革命尽管伟大，可也留下很多后遗症，传统与现代的冲突，新与旧的矛盾始终贯穿民国初年的社会进程中，人们在调适的过程中，难免会出现阵痛，古今比照，时人大有民国不如大清之慨，因而对社会产生失望，而现厌世之风气。民国都过去六年之久的 1918 年 11 月 10 日，还曾出现过梁济“殉清而死”![①] 人们在研究民国初年历史时，大都将其称之为黑暗反动的北洋军阀统治时期，再加之是时价值观念上的错乱，后人亦因囿于现有史料的局限，难以厘清头绪，结果对之弃而不顾。由此看来，辛亥革命对民国初年历史影响的研究并未有得到应有的重视，尚待有识、有志之士下功夫整理。

原载《贵州文史丛刊》2015 年第 2 期

---

① 黄曙辉编校：《梁巨川遗书》，华东师范大学出版社 2008 年版，第 62—70 页。

张謇与辛亥鼎革之际的政局变迁

张謇是中国近代历史上一位非常重要的历史人物，是著名的实业家、教育家，是清季立宪派的核心人物与领袖。世人对张謇的认识多停留在其实业与教育方面的作为和功绩，而对张謇在政治上的贡献并不深知，可谓是“张在政治上的声望，亦反为经营实业之盛名所掩”①。实际上，当光宣之际及民国初建，无论是内政或是外交，凡是涉及国家重大政治变革，张謇莫不有直接或间接的参与。因此，加强研究张謇在清末民初政治方面的作为与贡献，不仅有利于更为全面地丰富张謇个人政治形象，而且有利于深入推进清末民初社会转型研究。近年来，学界对张謇与清末宪政运动的研究小有成绩，但对张謇与辛亥革命及民国政治方面研究的开拓之作，实属寥寥。② 有鉴于此，笔者不揣浅陋，妄图在前人研究的基础上，拟就张謇与辛亥鼎革之际的政局变迁为题，实证性地考察张謇在辛壬鼎革之际的政治作为，系统梳理其政治立场转变及对政局变迁的影响，简要勾勒张謇与袁世凯、清廷、革命派等政治派别及人物之间的复杂关系，希望有助于推进

① 沈志远：《袁世凯与张謇》，《古今》1944 年第 52 期，第 23 页。

② 比较具有代表性的著述主要有：章开沅：《辛亥革命前后的张謇》，《社会科学战线》1986 年第 1 期；陈志让：《张謇在辛亥前夕政治思想的转变》，《纪念辛亥革命七十周年学术讨论会论文集》，中华书局 1983 年版，第 2285—2307 页；罗华庆：《试论张謇从立宪到共和的转变》，《江汉论坛》1981 年第 3 期；王敦琴：《张謇在辛亥革命时期的政治参与及影响》，《党史文苑》2011 年第 19 期；张华腾：《张謇在袁世凯政府中的地位与作用》，《陕西师范大学学报〈哲学社会科学版〉》2016 年第 2 期；罗志田：《过渡时代的天下士：张謇与辛亥革命》，《社会科学战线》2017 年第 7 期等。由于视野所及，难免挂一漏万。但从研究时间上看，20 世纪 80 年代的居多，最近几年则是屈指可数。

学界对这一问题的研究。不足之处，敬请学界先进批评指正。

一、极力维护南方政局稳定

辛亥武昌起义前夕，张謇已经深深感到“中国国势在此四五年内，日日皆系危机，刻刻皆须防备。尤须望中国太平无事，方免外人乘机生衅，切求朝廷不为大拂人心之举动”①。因此，辛亥五月十七日，张謇在应对清廷秉政摄政王载沣、内阁总理大臣奕劻等的召见时，特别指出在内政上要“须注重民生以实行宪政”②。后来，张謇进一步献言清廷：中国何以需立宪？立宪的目的就是要“通政府与人民之隔阂也”，“统一各部之事权也”，“连缀各部行政之方针而使之一致也”。为达此目的，其认为“謇十四年来，不履朝籍，于人民之心理，社会之情状，知之较悉，深愿居于政府与人民之间，沟通而融和之”。③ 由此可见，张謇对后来辛亥局势急剧膨胀发展始料未及之时，仍怀揣立宪梦想，以其立宪派领袖的身份奔走于政府与人民之间，寄希望于清廷摄政王及内阁总协理大臣们，上下一心，审国势之危，筹救亡之策，以此挽救清朝大厦之未倾。

正当张謇仍以自己的身份与地位力图通过忠告清廷施行真立宪，改革弊政，来影响宣统三年之朝局时，孰料国内革命形势迅速酝酿，武昌起义一声枪响，全国景从，多省纷纷宣布脱离清廷而独立。处此境遇之下，张謇一方面观察国内形势的进一步发展，另一方面尽自己所能地维护南方政局的稳定与统一。这体现在：

第一，保卫苏省地方治安。

武昌起义，未及一月，四海响应，清朝统治摇摇欲坠。尽管张謇认为这“皆意中事”，“政府造成，无可言者”，④ 但国内革命形势的发展显然大大超出了其预测。张謇担忧苏垣动荡，特别是满汉矛盾在江苏激化可能引发的危机，殃及无辜，因而尽自己所能地避免此类事情的发生。

---

① 李明勋、尤世玮主编：《张謇全集》1，上海辞书出版社 2012 年版，第 215 页。
② 李明勋、尤世玮主编：《张謇全集》1，上海辞书出版社 2012 年版，第 215 页。
③ 李明勋、尤世玮主编：《张謇全集》1，上海辞书出版社 2012 年版，第 224—225 页。
④ 李明勋、尤世玮主编：《张謇全集》2，上海辞书出版社 2012 年版，第 279 页。

为达目的，张謇首先情词恳切地函劝时任江宁将军的铁良，忠告其不要不识时务，挑起南京城内乃至整个苏省的满汉之争，导致惨无人道的结果。他说："今苏与满之因果，善之、恶之，在将军一人。为将军计，当计其大与长。一身之计小，满人全体之计大；一朝之计暂，满族休养生息之计长。北面再拜，仰药以殉，一身之计也；奋斗效死，使两族生灵涂炭于兵锋，一朝之忿也。……为将军计，掷一身为沟渎小忠之事，毋宁纳全族于共和主义之中。为满人留一恶感，而遗以同尽之大危，不如为满人多种一爱根，而使之易世而滋大。浙省宣布独立，汉、满要约，不相残害，已事可鉴。今苏亦一律宣布矣，使彼此相见不以干戈，生民之幸，两族之福，将军之所遗也。如其不然，亦将军遗之。以将军之明于事，岂愿残人道于不顾以成己名乎？"① 不仅如此，张謇亦继续电告两江总督张人骏，要以保境安民为旨归："风闻江宁旬日以来，新旧军失和，将有溃决之势。……而谣言不息，得无以满汉之故乎！各国公论，以汉口官军残杀过当，又荆州、太原亦有相残之事，颇有违言。世界人道主义日益发达，故战时惨杀实违公例。今江宁所不能释人之疑者，惟有旗营。不揣冒昧，披肝沥胆，与铁将军一书，冀两族相见不以干戈，保全无量之生命，另纸录呈台览。公为守土之长官，必以民命为至重。伏愿仁人一言，有以启将军之恺恻。謇言或不足为公重，然事关地方大局，当可谅其无他。倘荷采纳，地方幸甚，祈赐还答。"② 尽管后来的历史没有完全按照张謇函劝铁良、张人骏等的理路发展，南京仍然在铁良、张勋等人的高压下与民军进行殊死搏斗，导致双方都付出了惨重的代价，但至少这位在清末舆论界颇具影响力素有东南人望的劝告，不可能不对这位不可一世的满族将军铁良及两江总督张人骏产生任何效果，实际上，后来民军迅速收复南京就是最好的解释。

在维护苏省地方治安上，张謇不仅函告两江地方要员，阻止苏省陷入清军与民军恶斗的糜烂处境，而且还主动任事，以实际行动捍卫治安成果。他在宣告于江苏父老时说："江苏各商会及各自治团体公函公电先后纷来，责鄙人迅莅宁垣，

---

① 杨立强、沈渭滨等编：《张謇存稿》，上海人民出版社 1987 年版，第 19 页。

② 李明勋、尤世玮主编：《张謇全集》2，上海辞书出版社 2012 年版，第 282—283 页。

担承保卫治安、维持秩序之大义。鄙人本齐民之一，为父老子弟公仆有年。……若循独善之说，洁身远引，视我乡里父老子弟濒危于水火之中，而不复一顾，儒者民胞之义谓何？世界人道之义谓何？不揣庸劣，刻日与二三同志星驰赴省。军旅之事未学，自有任其责者；至于保卫治安、维持秩序，鄙人不敢辞。惟是一省七十余州县地势相隔，范围颇大。所望各州县同志君子，各以地方治安秩序为重。联合约束，保卫维持。”① 言之凿凿，张謇亦确实践行了。而当南京被民军攻下，稳定秩序可期的时候，其不仅公开发电祝贺，还实实在在地劳军，他在贺金陵联军函中表示：“自鄂军起义，不两月而响应者十五省。天下方将以扬子江流域，握神州民国之中枢，造我四百兆同胞之幸福。金陵，形胜地也。咄彼张贼，负嵎自固，抗我义师，尤利汉阳偶挫之机，益播丑虏凶残之恶。幸仗贵军六昼夜之血战，摧拔坚城，将于是为民国之初基，奠东南之半壁。伟哉，战绩！葡萄牙不能专美于前矣。敝会议谨为吾省大江南北颂保障之功，更为吾国十八行省人民祝共和之业，公推马良、凌文渊两君代表全体，赍牛五十头，酒千瓶，敬劳贵军，藉申犒献之忱，聊佐凯旋之奏。”② 不仅如此，他还以通州实业公司的名义毫不吝啬地犒赏金陵捷军：“谨以实业所出，以面千袋、布千匹，奉劳诸君子。顾此戋戋，曾不足供一餐而充一裹，聊以是表下州之人未尝一日不念诸君子之辛苦。”③ 以上可见，张謇对民军取得胜利是由衷称赞的，为维护地方安全亦是实力支持的。

其实，张謇既不希望在苏清廷要员破坏治安，当然也不希望民军挑起满汉矛盾及危害公安。所以，当南京即将被攻下之时，张謇就语重心长地提醒程德全：“闻前锋已壁孝陵，日内当可即下。不即电请大旆旋苏者，冀旦晚听相公之破蔡州也。张勋殃民，人神所疾，自有必正之典刑。……入城之日，严戒兵士不害旗人，亦必应收之义声也。幸公加意，先为军中宣布命令。”④ 结果，还是发生了意想不到的事情，关于此，张謇曾在致马相伯函中抱怨说：“南京甫下，民军中

① 李明勋、尤世玮主编：《张謇全集》1，上海辞书出版社2012年版，第230—231页。
② 李明勋、尤世玮主编：《张謇全集》2，上海辞书出版社2012年版，第298页。
③ 李明勋、尤世玮主编：《张謇全集》2，上海辞书出版社2012年版，第298—299页。
④ 李明勋、尤世玮主编：《张謇全集》2，上海辞书出版社2012年版，第293页。

占住民房、掳夺财物者，指不胜屈，口不胜述，今且弗论。最可痛者，两江师范学校之军队。该校被占后，所失仪器、木器甚多。仪器有流至上海者，木器有摧而为薪者，图书册数，触地狼藉。致旧监督李梅庵痛哭诉人，谓能保全于张勋而不能保全于民军。嗣闻图书馆亦被掠取蹂躏，比在宁时，两江师范庶务员吴逸，一再来告，闻之心恻。……既背光复之本旨，复越公法之范围，舆论哗然，文明何在？民国新建，前途可危。”无独有偶，张謇还在日记中多次记载了民军的纷扰：如九月十五日“知吕四缉私营勇通盗伙劫事”① 十月二十七日“至江宁。知客军纷扰，居民大恐”②。十一月二十日“宁垣兵队抢劫之事日有所闻，南乎言军纪矣”③。不一而足。如何避免此类事情再发生，张謇不无愤慨地提出：“鄙意须由省议会协商各省代表，发起建议，与各军严重交涉。查明该公地之损失，军队隶于何省，即令何省赔偿。不独江宁为临时政府所在，必当如此，例须通告海内，行于全国，行于将来，或可以儆一般以邻为壑之私心，彰民军不自怙过之公义。否则，甲去而乙至，此靖而彼焚。”④ 于此观之，善于审时度势的张謇后来之所以一步步赞同政治强人北洋军领袖袁世凯，不是没有缘由的。

第二，力图维持南方政局之统一。

武昌起义后，尽管南方诸省先后独立，连成一片，但大都各自为政，互不统辖，难以形成合力与清廷对抗。张謇对之十分担忧，主张独立各省应尽快实现联合，唯其如此，才能避免“共和改造时代之殷忧巨患”。他认为：“盖大乱之极，必盾之以持繁挫乱之术，而后得粗维大局，不致分离迸裂之患。此不可不亟亟注意者也。当其俯伏专制政体之下，为淫虐积威所钤制，重足侧目，屏息潜声，患在不能紊乱其秩序。及诛伐既起，海内骚动，脱离羁绊，民权骤伸，独立自治之声盈耳，人皆自由，家可平等，横生怒发，樊然并起，斯既不患不能紊乱，而患在不能为秩序之恢复矣。夫居今日之世界，尚不能为无政府，愚者盖知也。一紊

① 李明勋、尤世玮主编：《张謇全集》8，上海辞书出版社 2012 年版，第 729 页。
② 李明勋、尤世玮主编：《张謇全集》8，上海辞书出版社 2012 年版，第 731 页。
③ 李明勋、尤世玮主编：《张謇全集》8，上海辞书出版社 2012 年版，第 732 页。
④ 李明勋、尤世玮主编：《张謇全集》2，上海辞书出版社 2012 年版，第 299—300 页。

不复，其或久乱不治；纷扰相寻，必致陷于无政府之状态。”① 所以，对南方独立诸省来说，当务之急即是成立临时政府，统一思想，统一军政。为此，张謇奔走呼号，做了诸多力图维持南方政局之统一的实绩。

首先，呼吁南方革命阵营思想统一。武昌一役的胜利，的确鼓舞了各地反清士气，特别是南方诸省更是率先做出垂范，先后独立。但由于内部缺乏统一机制，革命党人思想权利意识分歧，十分复杂。先是出现了革命党重要领袖章太炎抛出的言论：“革命军起，革命党消，天下为公，乃克有济。今读来电，以革命党人招集革命党人，是欲以一党组织政府，若守此见，人心解体矣。诸君能战即战，不能战弗以党见破坏大局。”② 这在革命阵营中引起了巨大的影响，导致思想淆乱；继又出现了湖北集团与上海集团为了区域利益，在选举大统领、南北议和以及未来政府所在地等诸问题上，互起争执；后又出现了湖北军政府与南京临时政府分庭抗礼，互相较劲，矛盾重重。对此，张謇呼吁南方革命阵营内部必须思想统一，步调一致，他指出：“倡义之初，事变仓卒，临时开幕，各自为主。方今幕府林立，军机满地，正同心同力，矢志歼敌之秋。一国三公，难为统率，一有不慎，或致内讧，中道阋墙，贻误大计。”③ 事实正是如此，所幸的是最终革命党内部豁除成见，成立了南京临时政府，暂时维持了南方政局之统一。

其次，主持盐务，改革盐法。南方诸省自军兴以来，军饷浩繁，皆以盐务为来源大宗。这说明盐务关系南方军队生死存亡。所以，苏省未独立前，苏都督就通电全国：拟设江苏全省盐务总局，因张謇向来主持公道，“即推张季翁总理其事”④。张謇接手盐务之后，顶住各方压力，开始了其治盐务、改良盐政及关于各种盐务交涉的艰苦历程。这其中发生了扬州民政部长李坚让张謇承诺其可以“欲径卖盐”事件⑤；求孙中山电令各都督转饬各军政分府保护盐运商事情⑥；

---

① 李明勋、尤世玮主编：《张謇全集》1，上海辞书出版社 2012 年版，第 231—232 页。

② 《章炳麟之消弭党建》，《大公报》1911 年 12 月 12 日。

③ 李明勋、尤世玮主编：《张謇全集》1，上海辞书出版社 2012 年版，第 234 页。

④ 《苏都督通电》，《申报》1911 年 11 月 27 日，第二张第一版。

⑤ 李明勋、尤世玮主编：《张謇全集》2，上海辞书出版社 2012 年版，第 303—305、306—307 页。

⑥ 李明勋、尤世玮主编：《张謇全集》2，上海辞书出版社 2012 年版，第 312—313 页。

致电外交部饬湘鄂赣皖等各省不可擅行挪用盐款①；江北都督蒋雁行、沪都督陈其美及徐宝山、林述庆等干涉盐务情事②。这些只是对盐务影响较大的交涉事件，其他有关盐务制销问题的交涉亦不在少数。在此期间，张謇尽管有诸般无奈，但仍极力维持。不仅如此，他还提出了改良盐法的主张："分标本二法，标则军政府卖盐而给还商本及息，本则实行设场聚制、就场征税。"③ 并把改良盐法意见书，交付史量才印制。④ 总之，整个辛亥革命期间，张謇为南方盐政的正常运转做出了不可忽视的历史贡献，有效地保证了南方诸省的军费收入与支出。

复次，主张亟谋南方军政之统一。南京临时政府成立之前，张謇对南方各省军政分治，互不协调，急功近利，颇有担忧。他在致赵凤昌函中就有明确表示："试反观民国军队之各不相下无论矣，即以财政论，统一之效安在？假使政府即日成立，其所设财政部长者，亦不过管理江苏一省之财政而已。近如浙江，远如广东，尚为完善之区，然亦无术可使统一，其他各省更有自顾不暇之势。且如湘、鄂等省，滥招军队，无饷无械，微特不能供给政府，势将向政府诛求。不遂，谤怨随之，其机甚显。而急进之徒，日日言临时总统，一若总统出现大功已成也者。按之事实，岂其然乎？"⑤ 所以，他在《对于新政府财政之意见书》中指出统一军队和财政十分必要："今欲设临时政府之目的，在能使各国承认共和。各国之能否承认，先视吾政府权力之巩固与否。政府权力，首在统一军队，次在支配财政。军队之能否统一，尤视财力之强弱为断。"⑥ 关于统一军队问题，其在致黄兴函中说："军事非亟统一不可，而统一最要之前提，则章太炎所主张销去党名为第一，此须公与中山先生密计之，由孙先生与公正式宣布，一则可融章太炎之见，一则可示天下以公诚，一则可免海陆军行政上无数之障碍，愿公熟思之。此为民国前途计，绝无他意也。"⑦ 不仅如此，张謇为军饷的筹措与发放亦

① 李明勋、尤世玮主编：《张謇全集》2，上海辞书出版社2012年版，第313页。
② 李明勋、尤世玮主编：《张謇全集》2，上海辞书出版社2012年版，第314—315页。
③ 李明勋、尤世玮主编：《张謇全集》4，上海辞书出版社2012年版，第201—205页。
④ 李明勋、尤世玮主编：《张謇全集》8，上海辞书出版社2012年版，第731页。
⑤ 李明勋、尤世玮主编：《张謇全集》2，上海辞书出版社2012年版，第299页。
⑥ 李明勋、尤世玮主编：《张謇全集》1，上海辞书出版社2012年版，第236页。
⑦ 湖南省社会科学院编：《黄兴集》，中华书局2011年版，第100页。

费力不少。事实上，军政统一问题一直困扰着南方革命政府，尽管有张謇、孙中山、黄兴等人的努力，成立了南京临时政府，但革命阵营内部并不团结，难以形成事实上的统一。这就注定了后来南北和谈失去主动权以及不得不推举袁世凯任大总统的结局。

其实，南方的稳定与统一，是其能够与清廷分庭抗礼的基础，缺乏这一条件，南北议和不可能进行，清帝退位亦难以实现，民国初建则更是空中楼阁。所以，张謇极力维护南方政局的稳定与统一，虽是权宜之计，但显然体现了其超强的政治敏锐性和超前的政治洞察力。

二、倡共和，促南北停战和谈

面对轰轰烈烈的辛亥革命，除了维护南方政局稳定与统一外，张謇未有固守传统王朝之道，反而是积极转换思路，改变传统政治立场，实现由立宪向共和的转变，即其政治活动由维护清廷统治转到促清帝退位、推翻清廷统治上来。这具有十分重要的价值导向作用，因其背后代表的是一个重要的君宪政治群体和东南商人群体，政治意义自不待言。张謇政治态度之转变亦是其一生政治立场的一次重大转折，其力图使共和成为时代最强的声音，不单需要很大魄力，亦是政治策略，是顺势而变，是时势使然，不能简单冠之以投机革命。学界对张謇立场转变原因的研究多从其动机谈起，很少注重其转变事实的实际效果。动机分析自然十分必要，但显然很难客观且虚的成分大一些，一百多年前的人物到底是如何思索的，仅凭其个人留下的函电、日记、年谱及时人回忆录，是很难揣摩和描绘的，况且以“一切历史都是当代史”的方法论建构张謇思想，本来就有局限性。相较而言，张謇思想转变的事实不仅是具体的，而且亦对当时的局势产生了深刻影响，所以，认真梳理张謇这一转变的过程与影响比仅仅分析其动机就更具有价值和意义。其实，武昌起义后，张謇利用其游刃有余的特殊身份，游离于革命派、清廷和袁世凯之间，说服南北停战，为推动南北政局不断朝政治议和的方向发展，做出了诸多努力。

第一，忠告民主共和是历史必然选择，对清廷当政诸要人施加影响。

辛亥革命后，接连数省的独立，清廷大势已去，迫使张謇不得不重新审视其素持的立宪救国主张，开始转向共和。张謇最早转向共和主义明显表现是在其规劝袁世凯函电中，这也是目前所见立宪党人中劝袁接受共和主义的最早表达：

旬日以来，采听东西南十余省之舆论，大数趋于共和。以汉、满、蒙、回、藏组成合众，美法之人，固极欢迎。即英、德、日、俄社会党人亦多鼓吹。而国内之响应者已见六省，潮流所趋，莫可如何。公之明哲，瞻言百里。愿征广义，益宏远谟。为神州大陆洗四等国最近之大羞，毋为立宪共和留第二次革命之种子。满族将来果有人材，何尝无被举总统之望，且可贻子孙永久之安，为满计固未为失也。①

后来，张謇又多次致函袁世凯："环观世界、默察人心，舍共和无可为和平之结果，趋势然也。""与其殄生灵以锋镝交争之惨，毋宁纳民族于共和主义之下"②。并正告拒绝担任清内阁农工商大臣及江苏宣慰使。③ 张謇为何三番五次地忠告袁世凯，一方面是辛亥前张袁会晤所达成的所谓"政治同盟"④，张謇对袁世凯认识的深化，或者说两人之间更为默契，另一方面在于手握兵柄、深得清廷倚信的袁世凯正在讨伐革军，张謇希望袁世凯以接受共和主义，实现停战议和，乃至促清帝退位的目的。

如果说张謇向袁传递共和主义是看中了袁世凯的政治地位与作用，那么他劝向摄政王载沣的共和表达，则仍是以一个居于政府与人民之间调停人的身份，在尽最后之忠告。值得一提的是，劝清皇室要人载沣，张謇是和伍廷芳一起署名发表在《申报》上：

川鄂事起，罪已之诏甫颁，杀人之祸愈烈，以致旬日之内，望风离异者十有余省。大势所在，非共和无以免生灵之涂炭，保满汉之和平。国民心理既同，外人之有识者议论亦无异致，是君主立宪政体断难相容于此后之中国。为皇上、殿下计，正宜以尧舜自待，为天下得人。倘行幡然改悟，共赞共和，以世界文明公

---

① 李明勋、尤世玮主编：《张謇全集》2，上海辞书出版社2012年版，第281页。
② 李明勋、尤世玮主编：《张謇全集》2，上海辞书出版社2012年版，第287页。
③ 李明勋、尤世玮主编：《张謇全集》2，上海辞书出版社2012年版，第286—287页。
④ 刘厚生：《张謇传记》，上海龙门联合书局1958年版，第181—182页。

恕之道待国民，国民必能以安富尊荣之礼报皇室，不特为安全满旗而已。否则战祸蔓延，积毒弥甚，北军既惨无人理，大位又岂能独存?①

很显然，张謇这样如此公开地表达，其实是在向清廷宣告决裂，也让时人重重地感到曾经支持清廷最力的立宪派都附和共和了，清朝灭亡将会不远了。

内阁是清廷处理全国政务的中枢机关，集合了一大批清廷的政治“精英”，他们很多都与张謇保持密切关系，之所以如此的原因在于张謇曾积极主张推行立宪改革。虽然内阁中人不乏开明之士，但他们的思想仍大多停留在君主立宪的层面，所以，张謇劝他们归顺共和是建立在对君主立宪制度批判的基础上：

今共和主义之号召，甫及一月，而全国风靡，征之人心，尤为沛然莫遏。激烈急进之人民，至流血以为要求，嗷嗷望治之情，可怜尤复可敬。今为满计，为汉计，为蒙、藏、回计，无不以归纳共和为福利。惟北方少数官吏，恋一身之私计，忘全国之大危，尚保持君主立宪主义耳。然此等谬论，举国非之，不能解纷而徒以延祸。

他进而指出“大抵君主立宪，最宜于国小而血统纯一之民族。日本神武天皇之子孙，万世一系是也。民主共和最宜于国土寥廓、种族不一、风俗各殊之民族。瑞士之二十五州为联邦，美之四十八州为合众国是也。瑞士民族，论者比为欧洲之缩团，美之国土广袤不亚于中国，而民主共和之治，最称瑞、美。此之两国，皆为吾法”。所以“窃谓宜以此时顺天人之归，谢帝王之位，俯从群愿，许认共和。昔尧禅舜，舜禅禹，个人相与揖让，千古以为美谈。今推逊大位，公之国民，为中国开亿万年进化之新基，为祖宗留二百载不刊之遗爱，关系之巨，荣誉之美，比诸尧舜，抑又过之”②。张謇对内阁的劝说，意在影响内阁中君宪思想动摇的骨干分子，当然对内阁中的皇族肯定也有敲打作用。

第二，宣传共和理念于蒙古地区。

张謇提倡宣传共和主义，不仅注重从清廷诸要人进行政治根本上解决，即以全国的名义发布通告赞同共和，以造成全国性的影响，而且注意向内外蒙古地区

① 《中国光复史》，《申报》1911年11月14日，第一张第五版。

② 李明勋、尤世玮主编：《张謇全集》2，上海辞书出版社2012年版，第288页。

传播，寻找革除君主立宪制度的同盟军。他在致库伦商会及各界电中有如是表达：

闻蒙汉同胞均赞成共和，诸公提倡热诚，曷胜钦佩。满清之待蒙人束缚钳制，视待汉人更酷。推其政策，直欲灭蒙人之种。不乘此时机，相与左提右挈，脱离羁绊，何以彰人道之公？况俄人垂涎蒙古，非止一日。为今之计，惟有蒙汉合力，推诚布公，结合共和政治，以汉之财卫蒙，以蒙之力捍汉，强邻觊觎，可以永绝。南方民军，对于蒙族，视如同胞，绝无丝毫外视之意。满清退位，即在目前，共和政治成立，人人平等。大总统由人民公举，汉、蒙、满、回、藏五族，皆有选举大总统之权，皆有被选为大总统之资格，较之坐受满清抑制者，大不相同。请诸公将此意宣告蒙族并居库满人，务各同心协力，一致进行，蒙汉同胞，并受其福。①

关于效果，张謇在其自订年谱中有如是表述："与汤寿潜、熊希龄、赵凤昌合电张家口商会转内外蒙古赞成共和，复电照允。"②

第三，驳斥北方君主立宪论调。

当张謇在南方积极宣传共和主义之时，北方各省之志存皇室者成立了以维护君主立宪为宗旨的同志联合会③，其主要成员主要有恽毓鼎、许鼎霖等。为维护清廷统治，许鼎霖就对同乡张謇大声疾呼的共和表示不屑，其在致张謇电中直截了当地指出：南北眼光、心理迥不相同，就此停战，即可维持秩序；各省独立必然导致赔款无着，旷日持久战争，经济一涸，南方行将哗溃。言外之意是指南方喧导之共和不可能实现。于是张謇就以上种种说辞，一一进行驳论，并最后提醒许鼎霖："总之，现在时机紧迫，生灵涂炭，非速筹和平解决之计，必至于俱伤。欲和平解决，非共和无善策。此南中万派一致之公论，非下走一人之私言。下走何力，岂能扼扬子之水使之逆流？公如不信，试回南一观，当可得之矣。"④ 本来是一私函，因张謇与许鼎霖分别代表两个不同的政治分野，但其背后的影响并不可轻视。身在京城为官的许宝蘅就对张謇倡导共和表示不满："此次之事，皆

① 李明勋、尤世玮主编：《张謇全集》2，上海辞书出版社 2012 年版，第 284 页。
② 李明勋、尤世玮主编：《张謇全集》8，上海辞书出版社 2012 年版，第 1030 页。
③ 史晓风整理：《恽毓鼎澄斋日记》，浙江古籍出版社 2004 年版，第 568 页。
④ 李明勋、尤世玮主编：《张謇全集》2，上海辞书出版社 2012 年版，第 294 页。

由彼等先倡妄说，以致成此现状，皆由劫运使然，真可愤恨！”① 身居上海的郑孝胥亦愤愤不平指出：“武汉乱后，国人多以排满为心理，士君子从而和之，不识廉耻为何物，……宜作书一正张謇、汤寿潜之罪。”②

第四，把光大共和思想寓于社会活动之中。

张謇顺势接受共和主张之后，除了公开鼓噪宣传，还把光大共和思想寓于社会活动之中，言行合一。这主要体现在：

一是在会场公开发表演讲，扩大共和主义的影响。针对当时国内对建立共和政体的种种非议之声，张謇在某次会场上的公开演讲中进行回应。关于国民程度与共和政体之问题，他指出“共和政体与君主立宪政体，不以国民程度之高下为衡，而以国民能脱离君主政府与不能脱离君主政府为适宜之取决。英之保存君主，以当日国民革命，贵族与有力。日本之尊王，所以覆幕，皆国势事实上之问题，与国民程度无关也。是故国民未能脱离君主政府，只有立宪，请求共和不可得。既脱离君主政府，只有共和，号召君主立宪不可得，亦国势事实为之也”③。关于国土寥廓、种族不一与共和政体问题，他诉说：“国土寥廓，最宜于共和分治……以事实证之：美之国土，广袤不亚于中国，而共和之治最先，成绩最美，其明征也。”在民族问题上，他认为“中国虽并包满、蒙、回、藏，……且满、回土地，已改行省，同化于内地，其能同赞共和，固无疑义”④。最后，他希望南北一致为建立共和政体而努力，“此真全国汉、满、蒙、回、藏五族死生存亡之机，所望于会议诸君熟察而深维之也”⑤。这就有力驳斥了当时中国不能建立共和政体的各种社会潜流。

二是组织共和统一会，建立大共和国家。

辛亥革命期间，各种政治团体应运而生，很多冠以与“共和”二字有关的名称，张謇、伍廷芳、汪兆铭等组织的共和统一会就是其中一种。共和统一会明确

---

① 许恪儒整理：《许宝蘅日记》第一册，中华书局2010年版，第386页。
② 劳祖德整理：《郑孝胥日记》第三册，中华书局1993年版，第1361页。
③ 李明勋、尤世玮主编：《张謇全集》4，上海辞书出版社2012年版，第200页。
④ 李明勋、尤世玮主编：《张謇全集》4，上海辞书出版社2012年版，第200页。
⑤ 李明勋、尤世玮主编：《张謇全集》4，上海辞书出版社2012年版，第201页。

指出："夫吾人之所谓为共和主义者，非谁某一族一姓之共和主义，乃合全国之二十二行省，及蒙盟藏卫，而为一大共和国。要以言之，即统汉、满、回、蒙、藏之五种人，而纳之一共和政体之下者也。"

"改造共和、建立民主之为政治革命，而略不含有种族问题之性质，盖毫未有暧昧者也。然则共和政体之当应运成立，虽历艰涉险，不容返顾。恢宏国人志气，以期达吾人健全之政治希望，此共和政体之所为，必务在期成，而本会以之标为任务者也"。"概以言之，即设共和政治进行时代有力之枢机，而即成一巩固健全之大共和国家者，此本会唯一之天职也"。① 后来，该会在加速南北议和进程、促进南北政局统一中发挥了重要作用。遗憾的是，其仅以拥袁统一南北为旨归。

倡共和，无疑是促使南北停战和谈的基石，张謇倾全力或私电或公开通电宣扬共和观念目的就是试图统一北方对共和的赞同，只有共识达成，南北停战议和才有保证。其实，张謇早在武昌起义发生一月有余的时候就曾多次向袁世凯提出停战要求。其一是在 1911 年 11 月 22 日，与程德全嘱咐杨廷栋前去进说袁世凯时指出："汉口、江宁之兵事，人心益去。不可收拾。……事既至此，惟有持人道主义，得不至引起意外分裂之祸，而可以纳两族于共和之中。……世界学说所趋，殆如注坡之马，谁无子弟，不乐平世？"② 五日之后，当知"饶生③北上，曾以鄙见属为面陈，知蒙采择"后，其又在另一电中再次强调："目前破坏已成，险象四伏，而愤盈之气、激烈之言尚弥满于耳目。其故由于北来之风说，不识公意之浅深。然识微虑远之士，则不得不以战祸延长，人民涂炭，万一惹起外患为大恐也。……窃谓停战为目前要著，宜由公以尊重人道主义发布，俾众周知"④。张謇议和心切在其致汤寿潜函中亦可见一斑："前说屡谋之，而鄂人气盈色盛，有但可北人来不可南人去之势，且有非鄂人不可发言之势，故辄不成效。顷汉阳、武昌继失，不知意复何如，要之，必须议和，庶免战事延长耳。"⑤ 此外，

---

① 李明勋、尤世玮主编：《张謇全集》1，上海辞书出版社 2012 年版，第 231—236 页。
② 李明勋、尤世玮主编：《张謇全集》2，上海辞书出版社 2012 年版，第 290 页。
③ 王潜刚、字饶生，辛亥革命期间时常往来于张謇与袁世凯之间。
④ 李明勋、尤世玮主编：《张謇全集》2，上海辞书出版社 2012 年版，第 292 页。
⑤ 李明勋、尤世玮主编：《张謇全集》2，上海辞书出版社 2012 年版，第 296 页。

张謇在其日记中的若干记述，也反映了张謇主张以议和的方式解决南北争端，特别耐人寻味的是其关于革命派急先锋汪精卫的评价："汪精卫极盼以和局成就为人民幸福，此君解事。可喜。"①

总之，不论其政治动机究竟如何，张謇的确在促进南北停战和谈上费力不少。而在南北正式和谈开始后，张謇又在沪好友赵凤昌私宅惜阴堂进行诸多谋划，沟通南北，为促进南北统一、民国初建立下汗马功劳。

三、促清帝退位，拥袁统一南北

辛亥南北议和正式开始之后，南北问题的主要矛盾核心已不再是战与非战的问题，而是如何处置清室的问题，由谁接任南北政权问题。革命派早有共识，即只要袁世凯推翻清廷，就推举其为大总统。这样一来，南北问题的焦点就都集中到袁世凯一人身上。众所周知，处境两难的袁世凯最后积极寻求出路，顺应历史潮流，比较出色地完成了这一历史使命，亦顺理成章地成为民国大总统。② 但学界对张謇在其中发挥具体作用的探讨并不充分，且先前已有的研究成果多从张謇拥袁的动机立论和评述，带有很强的时代色彩。③ 实际上，张謇对辛壬鼎革之际政局影响主要体现在以下两个方面：

第一，助袁促清帝退位。

尽快促清帝退位，不仅是张謇个人的愿望，更是整个南方革命阵营一致的呼吁。实际上，南方的革命党人心里十分清楚，只有袁世凯才能肩此重任，所以，南北议和一方面是停战避免军事冲突，另一方面却是如何更迅速地令袁世凯促清帝退位。在此过程中，南北双方除了表面上（这部分信函内容几乎都在报纸上公

---

① 李明勋、尤世玮主编：《张謇全集》8，上海辞书出版社2012年版，第733页。

② 参见丁健、马丽《辛亥南北议和中袁世凯处境的两难》，《井冈山学院学报》2007年第4期；丁健《袁世凯获取临时大总统历史原因新论》，《武汉科技大学学报（社会科学版）》2010年第3期。

③ 参见罗华庆《张謇拥袁浅析》，《历史教学》1983年第12期；夏林根《武昌起义前后张袁关系论》，《学术月刊》1985年第10期等。

开发表）函电交驰外，暗中的博弈亦迅速展开。张謇此时的角色除与革命党人一起鼓噪清帝应如尧舜尽快退位外，就是或公开或私函或派人（如杨廷栋、王潜刚、刘厚生等）直接与袁面谈，助力袁世凯促清帝退位。概言之，张謇助力袁世凯促清帝退位的主要事功有如下几点：

首先，让袁世凯制造清廷逊位出京的声势及利用北洋军逼宫。早在1911年11月，其在致袁世凯电中就有如是表述：

窃谓：非宫廷逊位出居，无以一海内之视听，而绝旧人之希望；非有可使宫廷逊位出居之声势，无以为公之助，去公之障。在鄂及北方军队中，诚鲜通达世界大势之人，然如段芝泉辈，必皆受公指挥。设由前敌各军以同意电请政府，云军人虽无参预政权之例，而事关全国人民之前途，必不可南北相持自为水火。拟呈办法，请政府采纳执行；否则军人即不任战斗之事云云。如是，则宫廷必惊，必畀公与庆邸为留守，公即可担任保护，遣禁卫军护送出避热河，而大事可定矣。所拟办法如下，公如以为可行，须请密电段芝泉等。謇默观大势，失此时会，恐更一决裂，此后愈难收拾。幸公图之，亟盼电复。①

1912年1月22日，张謇在致袁世凯电中再次表明：通过与张绍曾反复商议——利用军队“可免很多为难”②。后来历史证明，袁世凯亦是如此践行的，正是在段祺瑞等一批前线将领几次致电内阁要求立定共和政体后，③ 清廷隆裕太后才迅速召集御前会议，开始认真商议退位问题。这也即是被后来公私记述中称为的北洋军“逼宫”。

其次，稳袁并解释南京临时政府成立缘由。

南北和谈过程中，本来双方私下早已商定推举袁世凯为民国大总统，但是随着孙中山的归国，南京临时政府的成立，却使这一协定横生很多波折。为此，袁世凯先是撤销唐绍仪代表的职务，以示不满，再就是质疑南方革命党人的诚意，结果导致了南北双方再战的危险与紧张状态。在此期间，为了稳住袁世凯，保住南北和谈成果，张謇接连两电袁世凯，一方面稳住袁世凯之情绪，另一方解释南

① 李明勋、尤世玮主编：《张謇全集》2，上海辞书出版社2012年版，第289页。

② 李明勋、尤世玮主编：《张謇全集》2，上海辞书出版社2012年版，第308页。

③ 中国第一历史档案馆编：《宣统三年清皇室退位档案》，《历史档案》2011年第3期。

京临时政府的成立的苦衷。其一为："南省先后独立，事权不统一，秩序不安宁，暂设临时政府，专为对待独立各省，揆势度情，良非得已。孙中山亦已宣言：大局一定即当退位。北方军队因此怀疑，实未深悉苦衷。若不推诚布公，急求融洽之方，恐南北相持，将兆分裂，大非汉族之福，心窃痛之。"① 其二为："甲日满退，乙日拥公；东南诸方，一切通过。昨由中山、少川先后电达。兹距停战期，止十余小时矣。南勋北怀，未可得志；俄蒙、英藏，图我日彰；即公所处，亦日加危。久延不断，殊与公平昔不类，窃所不解。愿公奋其英略，旦夕之间，戡定大局。为人民无疆之休，亦即为公身名俱泰无穷之利。"② 其实，南京临时政府建立后，袁世凯不无醋意。尽管孙中山接连表白："暂时承乏""虚位以待"，③"推功让能，自是公论"④，袁世凯可能不明底里，以为是掩饰之词，但张謇的来电安慰及派人解释，袁世凯显然释怀不少。

复次，为了助袁世凯尽快推翻清廷，张謇还与汤寿潜一起秘密致电北方将士："统一待持，尚望作华盛顿之助。"⑤ 这显然是希望北方军人支持和赞助袁世凯尽快完成使清帝退位的历史使命。此外，张謇还多次致电内阁，直接催促尽快颁布退位诏书。就在清帝退位的前一天，他还致电汪荣宝、陆宗舆："二君明于时势，务望力助项城，必践廿四发表之约，万勿迁延两误。"⑥ 关于此事，时在内阁当班的许宝蘅亦有记述："七时一刻到公署，唐绍仪、张謇来电，促于今日宣布逊位诏书，总理入对，因优待条款仍有争议，故未发表。"⑦

最后，草拟退位诏书，帮助袁世凯解决了清室退位的体面问题，尽管张氏草拟的文本不是最后定稿，除了袁世凯自以为是的几处改动，但主体内容显然几乎

① 李明勋、尤世玮主编：《张謇全集》2，上海辞书出版社2012年版，第308页。

② 李明勋、尤世玮主编：《张謇全集》2，上海辞书出版社2012年版，第309—310页。

③ 中国社科院近代史所等编：《孙中山全集》（第一卷），中华书局2011年版，第576页。

④ 中国社科院近代史所等编：《孙中山全集》（第二卷），中华书局2011年版，第5页。

⑤ 李明勋、尤世玮主编：《张謇全集》2，上海辞书出版社2012年版，第309页。

⑥ 李明勋、尤世玮主编：《张謇全集》2，上海辞书出版社2012年版，第302页。

⑦ 许恪儒整理：《许宝蘅日记》第一册，中华书局2010年版，第394页。

都被采纳了。[1] 这亦再次证明了张謇在促清帝退位一事上的功勋。

第二，拥袁统一南北。

有关张謇拥袁统一南北的原因，学界已有诸多讨论，在此不做过多述评。抛开张謇阶级属性的分析，张謇之所以拥袁是大势所趋，潮流所致。这体现在：一是革命阵营中的主要领袖孙中山、黎元洪、黄兴都曾公开表明希望袁成为华盛顿第二，只要袁推翻清廷，就选举其为民国大总统，逆之不易。二是社会上已经形成“非袁莫属”“非袁不能”的历史环境。三是清末以来袁世凯就以开明务实著称，而且拥有北洋军，是一个强权人物，革命后亦恰巧需要一个政治强人收拾政局。四是袁张交谊，特别是辛亥前的会晤以及心理上达成互相赏识的默契，使张謇自然而然地支持袁世凯。五是张謇对革命派缺乏足够的政治认同。这在其日记中可知大略，十月二十日有记：“至沪。知党人意见之复杂。破坏易，建设难，谁知之者。”同月二十七、八日又记：革军军纪堪忧，“程去沪，闻程悲愤之言。马相伯、徐固卿亦述种种危象”[2]。而最耐人寻味的是十一月十五日的“与孙中山谈政策，未知涯畔”[3]，直接表明了张謇与孙中山之间难以形成共鸣。

张謇拥袁统一南北的过程，正如其日记中所写的那样：“见逊位诏，此一节大局定矣，来日正难。”[4] 的确如此，清帝退位之后，革命告一段落，虽然南北之间直接剑拔弩张的局势平和下来，但双方对新政府的成立地点、人员构成、军队处置等一系列问题却仍在博弈。[5] 在此期间，张謇与袁世凯函电交驰，为袁出谋划策，并提出诸多可供采纳的建议，袁世凯几乎一一听从。这主要有：

首先，提醒袁世凯要对政局冷思考，“荣誉虚而艰巨实”。

袁世凯当选民国大总统，自然是袁世凯一生中最为辉煌的时刻，但同时也是他责任最重，各种事务缠身的时期。张謇对袁世凯当选总统，一方面真心祝贺，

---

① 参见骆宝善、刘路生主编《袁世凯全集》第十九卷，河南大学出版社 2012 年版，第 544—546 页。

② 李明勋、尤世玮主编：《张謇全集》8，上海辞书出版社 2012 年版，第 731 页。

③ 李明勋、尤世玮主编：《张謇全集》8，上海辞书出版社 2012 年版，第 732 页。

④ 李明勋、尤世玮主编：《张謇全集》8，上海辞书出版社 2012 年版，第 734 页。

⑤ 参见丁健《民初北京政府设立过程中之权力纠葛》，《武汉科技大学学报（社会科学版）》2016 年第 4 期。

另一方面主动提醒袁世凯，不能被荣誉冲昏头脑。“顾昔以民牧责君，今以民役责总统。荣誉虚而艰巨实，况改革未终，建设未始，国利民福，经纬万端。苟非其人，苟谋不臧，恐利未见而害先，福虽至而祸伏。其如国何？其如民何？天下事未易言，昔华盛顿之难，十倍今日”①。进而又指出：“然政体甫定，仅得半耳。乱机潜伏，触处皆见。极简言之，则生计问题；稍复言之，则权利思想。苟世之外尚有世也，孰不愿逃而避焉？既无可逃，乃不得不为佛入地狱救度众生之事，公宁不如此？”② 身处民初乱局的袁世凯确实没有被胜利冲昏头脑，在老友张謇的帮助和提醒下，步步为营，站稳脚跟，为民国赢得了一个相对良好的开端。

其次，为袁世凯提供诸多可资参考的具体建议。

一是用人问题。其实早在清帝退位大局已定之前，张謇就曾为袁建议未来新政府人选：“一陆军宜段正而黄副；一财政必熊，熊有远略，有成绩；一实业周缉之亦可；一保皇党人若梁启超亦可择用，南方现已疏通。”③ 但后来又指出：“梁虽疏通，下尚未静，可听其到京备顾问，勿遽任事。”④ 清帝退位之后，张謇再次在用人问题上为袁谋划，他主张：“凡公旧日信用之人，除军队外，愿公勿尽置左右，而拟以可遥为声援之地，亦即此意。且愿公合诸界一炉而冶，以示廓然之公；而又展转斡旋，消释最与同盟相嫌之人，赞助近与同盟切磋之会，以为公前驱。”对革命元勋章太炎，张謇认为：“太炎识正而量不宏，宜优处于学问言论之地，如史馆、法制院等，而不甚宜于政治。”⑤ 以此证之于历史，不难发现张氏之建议，袁世凯一一照办。

二是关于是否南下就职问题。张謇对之十分在意和关心，因深悉南方形势，亦为避免袁世凯南下身陷囹圄，各项措施无法施展，所以尽其所能地阻止袁世凯赴南京就职。为此他几次致电袁世凯：“目前第一难题，即要公南来。解此题者只有二法：一从在京外交团著手；一从北数省人民著手。飞钳捭阖，在少川心知

① 李明勋、尤世玮主编：《张謇全集》2，上海辞书出版社2012年版，第319页。
② 李明勋、尤世玮主编：《张謇全集》2，上海辞书出版社2012年版，第320页。
③ 李明勋、尤世玮主编：《张謇全集》2，上海辞书出版社2012年版，第309页。
④ 李明勋、尤世玮主编：《张謇全集》2，上海辞书出版社2012年版，第323页。
⑤ 李明勋、尤世玮主编：《张謇全集》2，上海辞书出版社2012年版，第332页。

其意而妙用之。若不著一毫痕迹，使不欲南之意不出于公，当可有效。”① “若南，必须师从。”② 后又通过唐绍仪再次表达此意：“不能听项城南下，致生变故。”③ 其实，张謇此时的考虑很显然与袁世凯的期望不谋而合。终于，在时势的助推下，袁世凯以北方秩序未稳以及南使北来恰好发生的兵变为借口，终于说服南方不再赴宁，而是在北京组织政府。

三是宗社党问题。尽管清帝退位已成事实，但留存的清室中志在复兴清朝大业以及预备勤王的势力组成宗社党，他们与忠清士绅联合，暗中与日本勾结，破坏民国初建的社会秩序。因其已经形成一股不可轻视的政治势力，张謇对之不无担忧，因此，一方面致电袁世凯对其严惩：“京讧殆宗社党所为，视听所系，猜疑所生，宜严惩首祸。”④ 一方面向赵尔巽质问：“顷见报载，亲贵至奉，拟借外兵，与公欲谋独立等语，殊深骇异。……现在某国深恐南北统一，不利于彼，百方破坏。公亲奈何引狼入室？上使优待皇室复蹈于危险，下使领土致灭于异域，中外文册称为亡国罪魁，恐非公所出也。”⑤ 对此，赵尔巽及时回复：传闻所致，⑥ 张謇才得以释怀。

此外，张謇还良言劝告袁世凯“勿入一切政党，以免障碍”⑦。在民初政党鱼龙混杂，如过江之鲫，其他民国要人皆被拉会参会赶时髦的情况下，袁世凯必须保持身份之独立，否则，难免不生出种种窒碍。由此可见，张謇早已与袁世凯肝胆相照、荣辱与共，建言献策，积极地加入到建设民国的洪流中。

最后，关于其本人身份自处问题的商讨。

正是由于在南北议和与清帝退位问题上，袁世凯与张謇之合作亲密无间，所以，袁世凯当选民国临时大总统之后，立即就诚恳地想让张謇北上主持实业大

---

① 李明勋、尤世玮主编：《张謇全集》2，上海辞书出版社 2012 年版，第 320 页。
② 李明勋、尤世玮主编：《张謇全集》2，上海辞书出版社 2012 年版，第 321 页。
③ 李明勋、尤世玮主编：《张謇全集》2，上海辞书出版社 2012 年版，第 322 页。
④ 李明勋、尤世玮主编：《张謇全集》2，上海辞书出版社 2012 年版，第 322 页。
⑤ 李明勋、尤世玮主编：《张謇全集》2，上海辞书出版社 2012 年版，第 317—318 页。
⑥ 中国第一历史档案馆编：《清代档案史料丛编》第 8 辑，中华书局 1982 年版，第 193 页。
⑦ 李明勋、尤世玮主编：《张謇全集》2，上海辞书出版社 2012 年版，第 323 页。

计，以之促进民初经济的恢复与发展。但张謇并未及时应诺，而是从全局出发，向袁世凯得体地分析、陈述和解释利弊得失。对于为何不能赴北，其认为："今若忽焉而北，则浅见者必以为有轻重向背于其间，而无识者且可造为种种荒诞离奇之语。公方在千磨万折之中，岂宜以下走更为公累？累公即累大局，而下走四十年一意孤行、不乐荣进之本怀，亦受累矣。……以生平所知，拾遗补阙，自问尚有一日之长。若一处行政地位，侪于国务，则言论转难发挥，而与社会亦易隔阂，故窃以为不可，然公已一再见报，反之舍身为此之初心，亦岂能恝？"① 张謇大局意识由此可见一斑。因此，他反复向袁世凯申说："属以实业同尽义务，于公岂有所吝。惟审察时局，尚未至可以效力之期。自忖目前但可以一二事稍分公虑，幸勿处以国务地位，庶几彼此皆有余裕。"② 如实在不可，最后指出："公如必强下走者，请专任改革盐法、疏浚淮河、扩充棉产纺织业三事。此三事粗有心得，不至茫无所措，且足迹可不出千里之外，可以顾十余年自营成之绩，可以为范于他省。"③ 张謇之所以如此，一方面可以减轻袁世凯组织政府的压力，本来国务员位置南北争执已十分激烈，张謇不愿再以此拖累袁世凯；一方面也可以充分发挥其通政府与民众之邮的特长，更好地为民国服务。这亦恰恰反映了张謇毫无权利意识以及忧国忧民的高贵品质。

综上所述，张謇在辛壬鼎革之际的抉择，无论是维护南方政局稳定，还是转变政治立场，鼓噪共和；无论是调停南北停战议和，还是促使清帝退位，拥袁统一南北，都鲜明地反映出其修身、齐家、治国、平天下的儒家思想情怀，都反映了其勇于顺应时代潮流、与时俱进的精神品格。辛亥鼎革之际，张謇怀有强烈的历史使命感和责任感，这种使命感不是计较个人荣辱安危，不是仅仅维护南方一隅之治安，而是着眼整个南北对立的大局，去做时代的弄潮儿，力所能及地去影响政局变迁；这种责任感是面对南北对立的政治格局，运用超高的政治智慧调和二者之间的矛盾，实现南北统一。结果，张謇一一做到了，在大变局下，他以自己实际行动维护了国家统一，很好地诠释了个人、社会与国家之间的关系。值得

---

① 李明勋、尤世玮主编：《张謇全集》2，上海辞书出版社 2012 年版，第 320 页。
② 李明勋、尤世玮主编：《张謇全集》2，上海辞书出版社 2012 年版，第 322—323 页。
③ 李明勋、尤世玮主编：《张謇全集》2，上海辞书出版社 2012 年版，第 320 页。

一提的是，张謇从立宪救国转而共和救国的变化，是其一生坚持国家利益至上原则的突出表现，不能草率地冠以政治投机；辛亥革命期间张謇与袁世凯的合作及对袁的认识，总体上看也不存在任何问题，是形势逼人。如以后见之明认为这是张謇没能看清袁世凯帝制自为本来面目所致，是有点苛求古人了。

原载《中国国家博物馆馆刊》2020 年第 1 期

辛亥革命与个体记忆

XINHAI GEMING YU GETI JIYI

清亡之兆：辛亥革命前夕恽毓鼎对国内时局的观察

一百年来反思清朝灭亡原因的探讨一直持续不断，前贤们亦总结归纳出很多清亡的缘由，今天我们再来反思这一问题，似仍有很多值得深入研究的地方。清末新政以来，国内危机不断加深，清廷统治者无视社会淤积越来越多的各种矛盾，拿不出解决社会问题的正确办法，导致统治阶级内部矛盾重重，加速了原来挺清立宪派的社会离心倾向，促进了中央和地方关系日趋紧张，结果社会人心浇漓。早在辛亥革命前夕，时人就已经强烈地预感到清朝将亡了。遗憾的是，清政府没有一个很通畅的渠道，准确得知士民的心声，结果，丧失了亡羊补牢的最佳时机。为了探知当时在京忠清士绅对清朝一步一步走向灭亡的心路历程，理解清朝必然灭亡的内在趋势，本文拟以恽毓鼎记述的《澄斋日记》为考察中心，做一简要概述，以飨读者，不足之处，敬请指正。其实，正如恽氏所述，当时国内矛盾已相当激化，危机几乎伏于各个方面，时局已俨然成为一个火药桶，只待导火索点燃了。

一

对晚清政府来说，新政是必要的，决心贯彻新政也是无可厚非的，但是不分轻重缓急，不顾一切地一意孤行施行新政，完全无视国家和民众的承受能力，则只能适得其反，不断加剧社会矛盾。

第一，立宪亡国。

关于此，恽氏多有记述，“谈及外省财政，至宣统四年，将无一钱可措，而宪政经费之加增且数倍，即如审判厅成立，今年每省需银十七万，至四年份，须城乡普立，即需款七百万。金非天雨，不知何以应之。呜呼！立宪美名也，吾国乃援以为营私牟利之美事。立宪，立宪，将亡三百年之宗社矣。岂不痛哉！故老相传有来如箭、去如线之说，世人以电线当之。夫电线岂能亡国？线者，宪也，其在斯乎？”① 不仅如此，立宪还会产生连锁反应，必然加重本来脆弱的财政负担。“度支部预算宣统三年财用，出入相抵，亏三千馀万两，此后追加之数，尚不止此。不知九年筹备之案，将取资于何款？若再贪慕美名，厉行不已，恐功未见而国已亡矣。宜将新政浮费痛加裁汰，专注意于练兵、外交，为救危之策。”② 除此之外，立宪还导致了民权大张，这引起了守旧士绅如恽氏等的强烈不满：“近来资政院二三狂竖，创为邪说，众议员大半盲从，人心惶惑，大有乱象。鼎深以为忧。”③ 所以便有“资政院一般新议员，天所生以亡国也。”④

第二，集权亡国。

清政府新政的另一个目的就是加强中央集权。由于内忧外患的影响，清廷中央集权不断遭到削弱，外官特别是各省督抚权力逐渐坐大，“东南互保”，皇室立储等很多问题上，各地大员并非为清廷马首是瞻，事后，清廷并不能奈何这些势力，只是表面上“故作谦恭地倾听所谓人民代表的声音”⑤。为了改变这种外强内弱的现状，清政府却是在极力加强中央集权。这在其颁行的新官制中可见一斑：“上谕宣布新内阁官制，以庆亲王奕劻为总理大臣，那相、徐世昌为协理，改尚书为大臣，以梁敦彦（外）、公载泽（度）、荫昌（陆军）、贝勒载洵（海军）、贝子溥伦（农）、觉罗绍昌（法）、盛宣怀（邮）、唐景崇（学）、宗室寿耆（藩）、王善耆（民）。设弼德院，以陆润庠为正，荣庆副之。设军谘府，以贝勒载涛为正，贝勒毓朗副之。共计十七人，而满人居其十二。满人中，宗室居

① 史晓风整理：《恽毓鼎澄斋日记》（第二册），浙江古籍出版社2004年版，第50页。
② 史晓风整理：《恽毓鼎澄斋日记》（第二册），浙江古籍出版社2004年版，第504页。
③ 史晓风整理：《恽毓鼎澄斋日记》（第二册），浙江古籍出版社2004年版，第514页。
④ 史晓风整理：《恽毓鼎澄斋日记》（第二册），浙江古籍出版社2004年版，第513页。
⑤ 章开沅、罗福惠、严昌洪编：《辛亥革命史资料新编》（第八卷），湖北人民出版社2006年版，第10页。

其八，而亲贵竟居其七。”① 清末，在消除满汉畛域的过程中，又出此一幕，必然令人特别是汉人也包括有远见的满族贵族大为失望，也必然造成统治阶级上层之间的矛盾进一步加深。

其实，进一步加强中央集权的结果导致中央权威的削弱，恽氏之子恽宝惠就指出：此举“处群情离叛之秋，有举火积薪之势，而犹常以少数控制全局，天下乌有是理！其不亡何待?”② 的确，在民权大张的形势下，全国明眼人几乎都能看透的事情，清廷诸亲贵的弄权于事无补，接下来发生的四川保路运动就证明了这一点。关于川事，清廷的相关决策，恽氏有述：“朝廷措置川事颇张皇，已命端方，复起岑春煊；又寄渝滇督李经羲援川，李以不能离滇辞；旋又寄谕陕抚钱能训援川，钱以栈道不便行军辞；又渝粤督张鸣岐分兵援川，张以粤乱方棘辞。阁臣不明地势，不达军情，故疆臣多不受命。大局如此，深切杞忧。”③ 事实上，处于国势危机四伏之境，一味加强中央集权，不仅未能达到预期目的，反而适得其反，导致中央集权进一步削弱。

第三，“新政之失士心民心者，方兴未艾”。

恽毓鼎对新政出现的问题，多有抱怨。他曾记述：“与何颂圻静谈时局，相对流涕。危亡已在目前，而新政之失士心失民心者，方兴未艾。列祖列宗在天之灵，能无深恫乎？毓鼎即日挂冠，不能靦颜朝列矣。”恽氏之所以有如此抱怨，原因是“禁烟公所承监国旨，欲将京官侍郎、副都统以下至三四品京堂外官巡抚司道普行调验。筑一四面玻璃之浴堂，令各员裸而入浴，从窗处监视之，易公所所制之皮衣、棉衣裤，监视七日或十日”。因而恽氏对此极度不满：“自古以来，侮辱大臣，未有若斯之甚者也。稍有羞耻者，必不肯听其搜检披剥，尚有何面目以见僚属耶？余愤极，决意挂冠而去，不能受此奇辱，俯首求生活也。”④ 后来，恽氏为了表达自己的不满，还草拟奏折，并打算让时任直隶总督的陈夔龙上递，他在日记中写道：“衣冠谒陈筱石制军，将呈面交。筱帅力劝从缓。余谓读书三

① 史晓风整理：《恽毓鼎澄斋日记》（第二册），浙江古籍出版社 2004 年版，第 532 页。
② 史晓风整理：《恽毓鼎澄斋日记》（第二册），浙江古籍出版社 2004 年版，第 532 页。
③ 史晓风整理：《恽毓鼎澄斋日记》（第二册），浙江古籍出版社 2004 年版，第 548 页。
④ 史晓风整理：《恽毓鼎澄斋日记》（第二册），浙江古籍出版社 2004 年版，第 518 页。

十馀年，立朝二十年，稍存风骨。若砚颜俯首以受委员胥役之折辱囚禁，是为无耻，上无以见先帝，下无以见先人。裸体受检，倡优犹以为羞，乃施诸堂上官乎？筱帅叹息以为然，乃留呈而退。”① 陈夔龙作为晚清重臣，为顾全所谓大局，只得忍气吞声。

当然，这仅是清廷无视官僚的感受的冰山一角。实际上，清廷几乎为所欲为，怎能不伤士绅的心，无奈，一般官僚士绅只得曲意违心奉迎，但这无形中就促使他们开始有背离清廷的意愿，于是清廷统治的阶级基础就不断地缩小，所以武昌起义后，各地官员大都不是为清廷卖命镇压革命，而是或逃或躲，其快速而亡，便不足为怪了。

二

清末新政，应该说是十分必要的，清政府追求经济社会进步的打算，也是应该肯定的，但是改革时机正确并非意味着就一定能达到预期的效果，这不仅要看新政实施的进程、力度和效果，还要看民众的接受程度以及社会反响。如果在改革危机重重之下，不思补救之法或一味追求进度，只能使社会经济朝着坏的方向发展。晚清政府就遭遇了这样的历史，其在新政实施过程中，就出现了诸多社会经济问题。关于此，恽氏都有所记述：

（一）经济凋敝

清末新政的初衷，无疑是想强国，但由于几乎是整体铺开，本来脆弱的财政，雪上加霜，各省应解中央各款不是拖而不交，就是上交实款额度不够。② 清廷不得已就把经济负担转嫁到民众身上，导致民不聊生，怨声载道。恽氏根据自己亲身经历，有如下记述：“近来境况益难，盛氏表姑母至隆冬不能备棉衣，闻之怆然。”③ 长沙抢米风潮刚刚平息，各地发生抢米情事此起彼伏。由于“江南北缺米特甚，斗米千一百余文，海州宿迁已有抢米面等事，新谷尚远，饥民无以

① 史晓风整理：《恽毓鼎澄斋日记》（第二册），浙江古籍出版社2004年版，第531页。
② 参见《宣统政纪》，《清实录》，中华书局1987年版，第791页。
③ 史晓风整理：《恽毓鼎澄斋日记》（第二册），浙江古籍出版社2004年版，第512页。

为生，可忧实甚”①。

其次，一些较有规模的企业纷纷倒闭，进一步导致经济境况的恶化。南方一些有名气商号由于不堪重负，开始倒闭。“闻南号源丰润、裕源等处倒闭，急检藏钞赴恒裕掉换。市面颇现恐慌。今年南方大商号屡见亏闭，富者骤贫、贫者益困，中国财计危险若此，岂能终日安乎？忧郁不怡者竟日。”② 南方如此，北方的企业也不景气，倒闭的也不在少数：“京师市面扰乱，钱店一日关闭十八家，小民持纸币不能得一钱，生计大困。”③ 企业的纷纷倒闭，加重了社会的萧条，增加了社会隐患，统治危机伏于目前。

（二）社会问题突出

经济残破本来已经使普通民众的生计困难，可是屋漏偏逢连夜雨，1910 年、1911 年全国较大面积出现灾情，其表现是东三省、长江流域洪灾肆虐。恽氏对此多有担忧，并积极组织施救。“武阳水患甚巨，饥民数千”④。“固安被水甚惨，同人议放急赈。有李君香辅自固安来，因招之，详询灾状，大约饥民不下七万人，非宽筹赈款，不足拯救也”⑤。洪灾的出现，直接导致了物价上涨，民众暴动不断。“江南水灾之后，米价每石至洋十一元，三百年所未有。常、昭两县民因而暴动，心甚忧之”⑥。

外部灾难，民众流离。事实上，京城的境况也不容乐观，北京物价亦是不断上涨，普通京官亦为生计犯愁，“入冬滕六已四税驾矣，来岁丰年可望，而百物腾踊，生计愈困，无论官商士庶，相对辄戚戚寡欢。人心皇皇，如不终日。……大难将发于眉睫问矣！”⑦

恽氏认为这些都源于清廷新政，巧立名目，并且“搜括及于毫末，挥霍等于泥沙。名目日增，民生益困。祸在眉睫，尽人皆知。若犹贪袭美名，厉行不已，

① 史晓风整理：《恽毓鼎澄斋日记》（第二册），浙江古籍出版社 2004 年版，第 482 页。
② 史晓风整理：《恽毓鼎澄斋日记》（第二册），浙江古籍出版社 2004 年版，第 504 页。
③ 史晓风整理：《恽毓鼎澄斋日记》（第二册），浙江古籍出版社 2004 年版，第 512 页。
④ 史晓风整理：《恽毓鼎澄斋日记》（第二册），浙江古籍出版社 2004 年版，第 546 页。
⑤ 史晓风整理：《恽毓鼎澄斋日记》（第二册），浙江古籍出版社 2004 年版，第 549 页。
⑥ 史晓风整理：《恽毓鼎澄斋日记》（第二册），浙江古籍出版社 2004 年版，第 546 页。
⑦ 史晓风整理：《恽毓鼎澄斋日记》（第二册），浙江古籍出版社 2004 年版，第 519 页。

恐功未见而国已亡矣。”① 如恽氏一般士绅尚且早已料到这一点，可当权诸亲贵是没有意识到问题的严重性，还是无视问题的存在，抑或二者兼而有之？我想答案是肯定的。

天灾人祸本就已经加速了清灭亡的进程，可一些地方发生新军变乱，更是使本来不稳的局势火上浇油。清廷已经难以从容应对了，不得不下诏严明军事纪律：“人心浮动，党会繁多，混入军营，勾引煽惑，命军谘府、陆军部、南北洋大臣新旧诸军严密稽查，军人尤重服从长官命令，如有聚众开会演说，并严查禁。”② 但为时已晚，距此不久，黄花岗起义就发生了。历史的诡异在于：清政府费财费力为维持统治编练的新军，却成了其掘墓人，恐怕这是清廷统治者无论如何难以预料的。

三

清末新政的最后几年，也是各种思想极其活跃的时期，它强烈冲击传统的正统观念，而这些多种价值观相互冲突碰撞，进一步促使人们思想解放。所以，在保守者而言，社会将会大乱。为了维护统治，清廷进一步加强了意识形态的控制。一方面，对学生灌输皇权至上思想，关于此，恽氏曾记述：“学部传知各学堂：自酉初刻至戌正，学生人持一红纸灯笼，张旗鸣鼓，排队至大清门外，向北（有结彩牌坊）三呼万岁（大清帝国万岁，宣统皇帝万岁，大清国会万岁）。”③ 一方面，令各省督抚严禁学生干预国政，否则，为地方官是问。④

实际上，这种控制的效果并不是很好，当时学界表现较为突出的却是“运动”，且这种运动多以抵抗政府为主。恽毓鼎作为这些守旧者的典型代表，在他看来新政的最大问题就是科举后遗症难除，导致了士心涣散，最令其不能容忍就是学生的“跋扈”。它不无感叹学生的过激行为：“呜呼！中国贫弱不足患，而

① 史晓风整理：《恽毓鼎澄斋日记》（第二册），浙江古籍出版社2004年版，第504页。
② 赵尔巽等撰：《清史稿》（卷二十五），中华书局1977年版，第980页。
③ 史晓风整理：《恽毓鼎澄斋日记》（第二册），浙江古籍出版社2004年版，第508页。
④ 《廷寄又禁学生干预国政》，《申报》1911年1月12日，第一张第三版。

世道人心澌灭溃决殆尽，乃大足患也。饭后至长椿寺行吊。天津士民聚众求速开国会，陈督代奏，奉严谕，学生大愤，有割臂肉、写血书以激众者。学生相率罢课，且遍发传单，致旅京各学堂约停课反抗，不认政府，欲将各学堂付之一炬。其语狂悖，直叛徒矣。余察顺直学堂学生，依然上课，未为所动，因嘱诸管理员以安静处之，勿张皇抑制以启乱。二张、袁、端诸臣废科举而立学堂。其效如此！”① 不久，恽氏又记：“接医学堂甲班学生匿名书，以奖励之不可必得也，丑诋余，其词鄙俚，为儒者所羞言。余不怒而伤之。三年辛苦，筹款讲书，所得如此。今世学生志趣之卑污，道德之堕落，可以想见。悲哉，悲哉！废科举，立学堂，不能不叹息痛恨于南皮、长沙二张矣。”② 这其中固然有恽氏本人的感情用事，但多少也反映了当时的实情。

由于科举之路被堵死，一般毕生从事科举功名的士子，开始搅乱官场。他们一面用金钱搅浑官场，一面用三寸不烂之舌说服居京要员，谋个一官半职。当时就有很多恽氏故乡之读书人来京靠恽毓鼎谋差事，结果流落街头，他们大都“贫困类丐”。恽氏有感而发：“江南读书寒士，动辄来京谋事，往往流落不得归。由于科举罢而书院塾师均废，故其现象如此。”③ 再加之官场原有之弊端：“凡为外官者，必谋要津大老书函致其上司，名为‘运动’。且视京官无不嗜财，但挟重金，即以为无投不利。此虽贵人有以致之，然亦可以觇风气、测人心矣，可叹可叹！”④ 这就进一步导致官常秩序不断紊乱。

清廷取消科举制之后，为了吸纳人才，不得不改变选仕方式，但并没有一个明确的标准，又为了照顾各方的利益，所以新旧办法兼而用之。结果，清廷选才取士，已经到了十分泛滥的地步，官常不复存在。恽氏有载：“今年自正月以来，考举贡，考拔贡，考优贡，考法官，考大学毕业生、游学外国毕业生以及录事、供事之类，几于无月不考，除官至五千人。名器泛滥，至斯已极！”⑤ 官僚队伍

① 史晓风整理：《恽毓鼎澄斋日记》（第二册），浙江古籍出版社2004年版，第515页。
② 史晓风整理：《恽毓鼎澄斋日记》（第二册），浙江古籍出版社2004年版，第541页。
③ 史晓风整理：《恽毓鼎澄斋日记》（第二册），浙江古籍出版社2004年版，第538页。
④ 史晓风整理：《恽毓鼎澄斋日记》（第二册），浙江古籍出版社2004年版，第516页。
⑤ 史晓风整理：《恽毓鼎澄斋日记》（第二册），浙江古籍出版社2004年版，第511页。

的庞大而无效率，只能进一步败坏政府形象，缺乏公信力，其结果必然导致统治基础不断动摇。

此外，导致社会乱象的另一表现形式即是日益发达的舆论，舆论的监督和造势直接令清廷头疼，他们不知道如何运用舆论，更不知道如何引导舆论。恽氏曾言："若京沪所出日报，大半造言生事，弋财营私，直不足污吾眼光也。"① 为此，御史胡思敬还曾上奏清廷："报馆藐视王章，请旨拏办。"② 恽氏、胡氏之所以如此痛恨京沪舆论，显然，京沪舆论并非与统治阶级的主流意识形态一致。

四

清末最后几年，外患不断，可谓"列强各胁迫中国"③。外交环境不容乐观，但这却并未引起清廷的重视和注意。

特别是日本崛起之后，不断地对中国渗透，妄图把中国变为其殖民地。恽氏对此保持着清醒的头脑，并把这种亡国之兆的忧患意识写在自己的日记中："日韩两国于昨日定约，联邦合并，归日本管理。东方古国从此亡矣（韩皇岁给俸一百五十万元）。麦秀黍离之感，长蛇封豕之忧，不禁交集于心，为高丽痛，为吾国危，与锡三相向叹息，几至泪下。"④ 正因如此，清廷上下应该始终对日本警惕，但是，当时清廷"朝政之为日本所用者，方冥行盲舞，力求危亡而践之。外侮环乘，进行甚迫。大难将发于眉睫间矣！"因而，恽毓鼎认为"此种大非好气象"，⑤ 进而他指出"窃维日韩合并以来，日本奸谋，终必进窥东省。此时就地布置，已觉无可设防。东方若危，京师岂能安枕？臣愚以为，此正我君臣上下卧

---

① 史晓风整理：《恽毓鼎澄斋日记》（第二册），浙江古籍出版社2004年版，第536—537页。

② 参见沈云龙主编《近代中国史料丛刊三编第十八辑》，文海出版社1986年版，第771页。

③ 劳祖德整理：《郑孝胥日记》（第三册），中华书局1993年版，第1279页。

④ 史晓风整理：《恽毓鼎澄斋日记》（第二册），浙江古籍出版社2004年版，第497页。

⑤ 史晓风整理：《恽毓鼎澄斋日记》（第二册），浙江古籍出版社2004年版，第519页。

薪尝胆、亟图保邦之时，而非创制显庸、文饰承平之时也。”① 实际上，清廷一再粉饰太平，视外患不见。

当时的主流媒介也对此多有警戒：一方面，日本政府不断对中国进行渗透。“日人对清贸易，几如水银泻地，无孔不入”②。一方面，日本民众不满意政府的扩张进度：“日人近来对于南满一切事宜，无不倾其全副精神以经营之，而与移民企业两种事业进步尤速，即便如此，日本普通民众亦嫌日政府因循守旧。”③

不仅如此，清政府对西方亦步亦趋，几乎完全没有独立自主。为了适应外国要求和标准，还把大量的精力投放到禁烟上，为了预防东北疫病，屈服日本压力，又让日本牵着鼻子走。结果是“禁烟，上英国当（去声），害人命无数，上下亏损二万万两以上。防疫，上日本当，害人命无数，上下亏损数百万两以上。朝廷甘受其愚，始终不知觉悟，岂非气数使然。哀哉！”④ 被清廷一向看好的中德美结盟，结果是“美国和德国不会为中国的利益而火中取栗”⑤。此外，最让恽毓鼎不能接受的是，国内还刮起崇洋媚外之风，“吾国人之醉欧慕倭，具特别性质，令人痛心！”⑥ 关于清末最后两年的外交险境，尽管恽氏所述略显简单，可能尚未抓住中外交往的核心。仅从其描述来看，就已经可以说明问题了。

由上观之，辛亥革命之前，危机几乎伏于各个方面，可惜的是清廷并不自知，正如恽氏所述：“三年新政，举中国二千年之旧制，列圣二百年之成法，痛与划除，无事不纷更，无人不徇私，国脉不顾也，民力不恤也。其为害，智者知之，愚者知之，即当权之大老亦未尝不知之。所不知者，我监国及四亲贵耳（洵、涛、泽、朗）。大老知而不言，廷臣言而不听。日朘月削，日异月新，酿成土崩瓦解、众叛亲离之大局”。⑦ 令其更不能接受的是：“天时如此，人事如此，

---

① 史晓风整理：《恽毓鼎澄斋日记》（第二册），浙江古籍出版社2004年版，第504页。
② 《东京通信》，《申报》，1910年11月29日，第一张后幅第二版。
③ 《东三省通信》，《申报》，1911年1月12日，第一张后幅第二版。
④ 史晓风整理：《恽毓鼎澄斋日记》（第二册），浙江古籍出版社2004年版，第526页。
⑤ 章开沅、罗福惠、严昌洪编：《辛亥革命史资料新编》（第八卷），湖北人民出版社2006年版，第14页。
⑥ 史晓风整理：《恽毓鼎澄斋日记》（第二册），浙江古籍出版社2004年版，第539页。
⑦ 史晓风整理：《恽毓鼎澄斋日记》（第二册），浙江古籍出版社2004年版，第555页。

犹复侈谈立宪，举内外政而纷更之。我瞻中原，蹙蹙靡所骋矣。中夜悲愤。不禁泪下。新学小生，以此愚监国而骗功名；监国阁臣，以此自愚而忘宗社。人心尽去，宪将谁立耶?”① 于是，革命的呼声和实践逐渐兴盛，清朝灭亡的方向若明若暗，正是在这样严峻的时局里，恽毓鼎真实记录了自己对时局的担忧，不时发出“国将亡矣”的哀叹，并尽力做出姿态挽回局面，希望清统治诸亲贵认清形势，克服困难，可结果，清廷仍旧“唯贸贸然督秕政之进行”，最终导致“财日竭，气日嚣，兆庶离心，百官解体”。② 快速覆亡。尽管恽氏视野多有束缚，也很难照顾到当时国内发生的每一个重要问题所在，但就仅其所记，比对清末社会发展的实情，或许就可以说明问题了。恽氏有关清亡的隐忧，相信也是大部分官绅的共同想法。当人人心地如明镜似的洞晓不祥之兆，而清廷统治者似乎并未太计较时局动荡的严重性，正如郑孝胥指出的那样：“国民已怨朝廷之无能，朝廷犹以国民为无知。”③ 这不能不令人深思，其实，这亦为后来历史发展的内在理路做了很好的注脚。所以，武昌起义一发而不可收拾，清廷迅速而亡。

原载《武汉科技大学学报（社会科学版）》2013 年第 5 期

---

① 史晓风整理：《恽毓鼎澄斋日记》（第二册），浙江古籍出版社 2004 年版，第 546 页。
② 史晓风整理：《恽毓鼎澄斋日记》（第二册），浙江古籍出版社 2004 年版，第 526 页。
③ 劳祖德整理：《郑孝胥日记》（第三册），中华书局 1993 年版，第 1297 页。

清亡忧思：辛亥革命期间恽毓鼎对时局的观察与体悟

辛亥革命时期，是近代中国社会剧烈变动的重要时代，对社会与人生都产生了极其深远的影响。处此境遇之下，在京忠清士绅更是如热锅上之蚂蚁，无所适从，不知所以。恽毓鼎这个前清官僚不仅目睹了社会急遽变动，而且把其所见所闻，所行所思一一记述在日记里。通过细致梳理恽毓鼎在辛亥革命期间的记述，从中不难看出在京士绅对辛亥革命的抵制以及对清政府决策的强烈不满，或可为清朝灭亡做了重要的注脚；其对主要政治人物之评述更是入木三分，由此可以看出恽毓鼎的政治倾向；他对人与事的体悟都相当深刻，并得出如此之结论：晚清政府种瓜得瓜，种豆得豆，亡国之种早已播下，安得不收亡国之果。其实，这何尝不是一般在京忠清士绅的共同感受。为了探讨辛亥革命期间在京士绅对时局的观察与体悟，本文主要以恽毓鼎对时局相关人物的评述作为出发点，来检视在京士绅对辛亥革命的心态反应，通过深入考察辛亥革命期间在京士绅的心态与反应，从更微观的角度来审视这一激烈变动社会秩序，或可更真切体会辛亥革命发生发展的历程，并可补宏观叙事之不足。

一、瑞澂：谬种流传

瑞澂（1864—1912），字莘儒，号心如。满洲正黄旗人，琦善之孙。其作为湖广总督，显然对武昌起义的发生负有不可推卸的责任，此表现在：他在任湖广总督之后，湖北省曾多次传出革命党活动的消息，作为守土一方的军政要员，麻痹大意，失职渎职，不仅未能肃清革命活动，反而导致革命活动愈发不可收拾。

尤其不能原谅的是先前他竟对革命党在新军中的活动一无所知，即便在获知革命党革命信息之后，未思亡羊补牢之策，分化革命，却是一味高压，最终使革命党与新军集结成统一战线，导致清末以来湖北编练的新军不仅未能达到其应有之预期目的，反而走向了清政府的对立面响应革命，并最终助力武昌起义成功。由此不难看出，其对湖北新军毫无控驭之力，可军权的垮塌，最终导致了瑞澂面对武昌起义一筹莫展，不得不弃城逃遁。

恽毓鼎对瑞澂在武昌起义中毫无作为，并仓皇逃离武昌省城的做法十分愤恨和不满，说其："三百年来弃城逃走之速，瑞澂首屈一指矣。"不仅如此，针对瑞澂愿意出洋十二万元，求各国领事保护，德英两领事均鄙贱其人不屑保一事，恽氏更是挖出瑞澂丧权辱国的家底，"瑞（澂）为宣宗朝已故两广总督大学士琦善之孙，英吉利之陷广州，琦善实启之，固失地辱国之世家也。真所谓谬种流传矣"[①]。其实，武昌起义后，鉴于湖北省城的陷落，言官相继罗列瑞澂罪状，请朝廷诛杀之，以申国纪，但由于"瑞澂为泽公姊夫，袒甚力"，恽毓鼎深感"恐国法不能及也"，可对朝廷悉置不问的事实，恽氏的确难以容忍，"既无法纪，何以立国？悲愤填膺，手足俱冷。"[②] 更令恽毓鼎感到不可思议的是，监国载沣亦偏袒瑞澂，"金台联衔上疏请斩瑞澂，监国特召见三台长和解之。台臣之欲杀瑞澂，为国家宗社计也。监国之视宗社，当重且切于诸臣，乃力袒瑞澂，一若台臣之与瑞澂有私仇者，岂不异哉！"[③] 面对此景，恽氏倍感无奈，只得转移心中悲愤，借读书以忘忧。

瑞澂的出逃，引起连锁反应，可是"朝廷犹爱之而不忍加诛，奇极！行见逃官之接踵也"。朝廷处置瑞澂不当，的确加重了各地守土官弁弃署逃跑的现象，武昌起义后，一连数省的相应起义就是明证。瑞澂未能坚守阵地，并私自逃到九江、上海，但终因社会压力太大，朝廷不得不对瑞澂进行一定的惩治，"奉旨交张人骏拿解进京，交法部严讯治罪"。此时，恽毓鼎才感觉"人心稍快"。[④]

① 史晓风整理：《恽毓鼎澄斋日记》（第二册），浙江古籍出版社2004年版，第552页。
② 史晓风整理：《恽毓鼎澄斋日记》（第二册），浙江古籍出版社2004年版，第553页。
③ 史晓风整理：《恽毓鼎澄斋日记》（第二册），浙江古籍出版社2004年版，第554页。
④ 史晓风整理：《恽毓鼎澄斋日记》（第二册），浙江古籍出版社2004年版，第555页。

其实，处于群情激愤之时，针对地方大员的失职渎职，不是认真对待，严厉惩戒以儆效尤，反而包庇，恽毓鼎感到尤其不能容忍，泱泱大国，当权者载沣、载泽等因瑞澂与其有这样那样的亲属关系，而对之玩忽职守，弃署逃跑一事，不加重惩，这对处于危急之际的清廷形象，大有损害。恽氏将之上升到法纪荡然并不为过。与此形成鲜明对照的是，恽毓鼎却对在辛亥革命期间忠于职守的山西巡抚陆钟琦、李盛铎等大加褒扬，认为相对或逃或匿的其他疆臣，"幸有二公，足以增光战史矣"。

二、唐绍仪：通匪卖国

武昌起义后，特别是汉阳汉口战役结束后，人们渴望和平的呼声渐高，袁世凯主动示和黎元洪，革命阵营内部尽管出现了战和不定的两派意见，但很快在英国的撮合下，南北双方进行多次秘密联系，决定举行南北和谈。应该说，南北和谈顺应了历史潮流，也体现了中国政治家的智慧。但终究因政体选择问题双方分歧很大，袁世凯主张君主立宪，革命党主张民主共和，而且互不相让，导致和议并未能立即达成一致意见。这样一来，原先那些希望通过和谈迅速解决革命的北方士绅如恽毓鼎者，开始感到通过和谈的方式并不能解决问题。

于是，恽毓鼎觉得必须与革命党进行彻底决战，才能敉平全国变乱，维护朝廷的尊严和体面。由此，他认为"诸亲贵若能毁家纾难，不下二千万两，然后责成总理主战，明谕将士，将士必奋"。对于和谈，他不仅不抱任何希望，反而觉得这是扰乱阵线的根源，而针对前方议和的唐绍仪，他主张"召回议和唐、杨二全权，坐以通匪卖国罪，立斩西市"。以定人心，认为"如此而士心不感，乱党不平，吾不信也"。在其看来，"绍怡本非善类，平日所行，直同禽兽，岂望其忠爱朝廷乎？项城用之，误矣"①。恽毓鼎之所以如此痛恨唐绍仪，一方面是因其主张君主立宪，而唐绍仪在南方谈判时却表现出同情共和的倾向，另一方面是唐绍仪不仅同情革命党，反而来电要求清廷同意革命党的民主诉求。恽氏认为唐绍

① 史晓风整理：《恽毓鼎澄斋日记》（第二册），浙江古籍出版社2004年版，第567页。

仪此举“逼迫不留余地，志在灭清”。再说，恽毓鼎一开始就不主张与革命党通和，在他看来，“革命党名为共和，而酷暴箝制，过于专制十倍”①。在这种认知的前提下，无疑就十分痛恨唐绍仪附和共和的举动，他认为清廷的威严与体面，就是因为唐绍仪这种人而丧失殆尽。

恽毓鼎主张惩罚唐绍仪不仅仅是气愤时的一种排遣，而且将之作为维护清朝统治的使命来看待，并积极做出应对之策。首先，恽毓鼎利用其身份以京师商界的名义，拟定电稿一份，“致唐伍二贼，不认上海和议”；其次，利用同志联合会（京师组成的主要是各省志存皇室者），声讨唐绍仪之“通匪卖国”行为。复次，恽毓鼎还直接上书袁世凯，“请力主战局”，指出，“和议万不可恃，宜急筹战备”。② 再次，运动亲贵，捐资助饷。但是，无论恽毓鼎如何挽回局势，做如何努力，浩浩荡荡的历史潮流根本难以抗拒，最后，恽氏最不愿意看到的一幕还是出现了：袁世凯继续与南方议和，皇室终主张退位，统治中国长达二百六十多年的清朝寿终正寝，并正式昭告天下，中华民国取而代之。

无疑，恽毓鼎之所以主张以通匪卖国罪惩处唐绍仪，是因为在其心目中仍抱有消灭革命之希望，仍抱有不能屈尊与革命党谈和的固执己见，这种极其保守的思想，也是导致清末以来清政府逐渐丧失民心的根源，政府为什么不能与革命势力调和呢？如果清政府放下成见，剔除秕政，自觉转变观念，保证官民上下通气，改变高高在上，凌驾于民上之作风，或许不会有真的革命了。正所谓当局者迷，也许就是这个道理，包括恽毓鼎在内的一般士绅难以突破清政府一贯成见，认识不清官逼民反的常理，只知采取高压态势一味镇压，但清末的政治生态与环境，已经证明这种方式只能适得其反，武昌一隅的革命，很快形成了全国燎原之势即是明证。

三、袁世凯：权术过人，言不由衷

辛亥革命期间，恽毓鼎最琢磨不透就是袁世凯。

---

① 史晓风整理：《恽毓鼎澄斋日记》（第二册），浙江古籍出版社 2004 年版，第 569 页。

② 史晓风整理：《恽毓鼎澄斋日记》（第二册），浙江古籍出版社 2004 年版，第 570 页。

武昌起义之初，由于时局为乱，清政府手忙脚乱，不得不重新起用袁世凯，袁世凯亦信誓旦旦保证“制胜不敢诩操胜券，但有报国一日，断不至有北犯之虑”①。应该说，恽毓鼎对袁世凯的再起是抱有很大的期望，尽管在清廷起用袁世凯之时并未有过多的评论，但对袁世凯出山后的表现却是大加褒扬。

第一，对于袁世凯组阁十分赞赏。其实，宣统继位以来，恽毓鼎曾多次在其日记里表示对年轻亲贵弄权表示不满，但终因人言微轻，难以对抗强权愤而辞缺，过平常人的日子。武昌起义后，袁世凯重新组阁，改变了清末以来亲贵专擅的局面。罢黜了内阁总理大臣奕劻职，以袁世凯为内阁总理，国务大臣载泽、载洵、载涛、溥伦等均去其位。对于这样焕然一新的格局，恽毓鼎喜不自禁：“朝局大变，果能举从前老朽庸劣腐败之人物习气，一扫而空，上下一心，力图整顿，巩皇基而安区寓，大有可望矣。”② 并对袁世凯的组阁理念即责任内阁十分认同，国务正副大臣是由袁世凯简任，且部臣随其而去留，这在中国政治史上是一个创举。不仅如此，袁世凯还积极笼络社会名流，对梁启超的起用就是鲜明的例子，当时梁是已革举人六品顶戴，“一跃而至亚卿，中国从来未有之破格也”③。对于袁世凯出山后的政治之举，恽毓鼎自然十分乐观，以为可洗涮以往政治颓废之气，重振朝纲。

第二，对于袁世凯军事谋略十分赞同。

袁世凯出山后，其首先面临的就是如何对付武昌起义以来的国内局势，这也是他取信于清廷与官众的重要条件。尽管袁世凯未有立即赶赴武昌前线，但是也并非如坊间所传的那样与清廷讨价还价，不肯出山，相反却是做出积极谋划。④针对南方革命形势的迅猛发展，为防止南北革命形势连成一片，袁世凯就把工作的重心放在北方，只有先巩固北方，建立坚固的北方联盟，才有抵御革命的希望。恽毓鼎曾对袁氏此举有过精当的评论：“项城以上游未易骤平，建议先固秦、

① 骆宝善：《骆宝善评点袁世凯函牍》，岳麓书社2005年版，第324—325页。

② 史晓风整理：《恽毓鼎澄斋日记》（第二册），浙江古籍出版社2004年版，第556页。

③ 史晓风整理：《恽毓鼎澄斋日记》（第二册），浙江古籍出版社2004年版，第560页。

④ 参见丁健《辛亥年袁世凯出山史实考述》，《河南科技大学（社会科学版）》2011年第5期。

晋、齐、豫之防，以安京师根本之地，然后依次戡定南方。”① 其实，袁世凯的谋略又岂止这些。但是，随着南北和谈的深入，袁世凯镇压革命的态度逐渐模糊，甚至，南北合谋一致逼迫清帝退位，这却是恽毓鼎始料未及的事情。

第三，对袁世凯的谋略虽然赞同，但是对其观望不前的态度，又未免有些惆怅。在非袁不可的政治生态下，全国民众皆瞩目于袁世凯，恽毓鼎亦将袁世凯比作郭子仪、李光弼，可是，袁世凯在南北和谈的大背景下，多少显得踌躇不前，正如恽氏所谓：“朝廷举国以待项城，而项城观望不前。”② 对于恽毓鼎所领导的君主立宪同志会所表示的“力陈和议万不可恃，宜急筹战备”，袁世凯的表现是“语气颇不振”，导致恽氏对袁氏之举多少有些失望，但是又能如何呢？只是在日记中写道：“有人谓此公权术过人，所言不尽由衷也。”③ 更令其意想不到是袁世凯最后却取清而代之，导致其“悲愤交迫，几不聊生”④。

其实，在玩弄权势上，恽毓鼎何尝是袁世凯的对手，其又何能从扑朔迷离的政治形势中解脱出来，仔细观察变动的政治生态。事实上，袁世凯不仅迷惑了革命党，迷惑了清廷，更是迷惑了在京渴望袁世凯收拾局势的一般士绅。难怪恽氏半信半疑地记述袁世凯所言不尽由衷。

四、诸亲贵：哀其不幸怒其不争

清末新政以来，恽毓鼎看到的不是社会井井有条的治理，政治进行清明的改革，反是乱糟糟一团，隐伏着巨大的社会危机。当朝亲贵不是过多关注于这些潜在的危机，而是把精力主要用在弄权上，时常为争夺权势产生各自朋党之势；面对国家大难不是休戚与共，而是意气用事，一比高下。恽毓鼎对这种不良政治进

① 史晓风整理：《恽毓鼎澄斋日记》（第二册），浙江古籍出版社2004年版，第556页。
② 史晓风整理：《恽毓鼎澄斋日记》（第二册），浙江古籍出版社2004年版，第557页。
③ 史晓风整理：《恽毓鼎澄斋日记》（第二册），浙江古籍出版社2004年版，第570页。
④ 史晓风整理：《恽毓鼎澄斋日记》（第二册），浙江古籍出版社2004年版，第573页。

行了深刻的揭露和批判，可是当朝权贵却将之视而不见。[①] 辛亥革命后，这些亲贵的表现更是令恽毓鼎感到齿冷，大有哀其不幸怒其不争之慨。

恽毓鼎是一个守旧的在京士绅，其安身立命就是要保存大清朝的存在，所以当武昌起义爆发后，其就一直积极主张武力镇压南方的革命势力，可他的这种积极心态，与诸亲贵的退缩不前，最后自动让“国”形成鲜明地对照。因此，其在日记中深刻地表述了对诸亲贵的极端不满。

其一，置国难于不顾，转移财产。武昌起义后，北京城笼罩在不祥的恐慌之中，面对生死未卜的前景，诸亲贵更是火上浇油，争先恐后转移财产或提取现银，直接导致京城大清银行系统瘫痪。恽毓鼎对诸亲贵此举是十分气愤，他写道：“乱事初起，众亲贵竞向银行票号提取现银，辇存国外银行，且有倒贴子金以求其收纳者。庆王最多，240 万。世中堂累代储积，有 200 万，那中堂亦有此数。洵涛两贝勒则仅百万。此外，极少皆数十万。观此而近十年之朝政可知，不酿成亡国之祸不止也。”[②] 不仅如此，亲贵们还迁避眷口，加重京城恐慌情绪。因此，恽毓鼎发出慨叹：“以大势观之，满洲亡矣。……继思数年中亲贵乱国，论天道，论人心，均应遭此祸。”[③]

其二，甘心让位，求保余生。在恽毓鼎看来，大清朝主要应该是当权亲贵的，自然诸亲贵就有守护大清朝的责任，可事实却不是这样，其在辛亥革命中的表现，实在令恽氏难以接受。比如，“度支大臣载泽谢事后，在邸内设球房，终日与妻妾打球消遣。”[④] 面对和议无成的局面，不是毁家纾难，反是选择纷纷躲避，可谓“毫无心肝”[⑤]，在决和战的御前会议上，诸亲贵皆愿退让的表现更是令人丧气。所以，恽氏慨言道：“大清皇族既甘心禅让，求保余生，则诸臣虽忠勇奋发，果为谁出力乎？皇家自愿亡国，真中国三千年历史未有之奇。列祖列宗

---

① 参见丁健《清亡之兆：辛亥革命前恽毓鼎对国内时局的观察》，《武汉科技大学学报（社会科学版）》2013 年第 5 期。

② 史晓风整理：《恽毓鼎澄斋日记》（第二册），浙江古籍出版社 2004 年版，第 558 页。

③ 史晓风整理：《恽毓鼎澄斋日记》（第二册），浙江古籍出版社 2004 年版，第 566 页。

④ 史晓风整理：《恽毓鼎澄斋日记》（第二册），浙江古籍出版社 2004 年版，第 566 页。

⑤ 史晓风整理：《恽毓鼎澄斋日记》（第二册），浙江古籍出版社 2004 年版，第 567 页。

乃生此等子孙，岂非气数!”① 对诸亲贵网利营私之计，纪纲昏浊，贿赂公行，清代以来，二百余年培之而不足，三年余覆之而有余之事实，更是悲愤交并。

显然，辛亥革命中恽毓鼎等一大批忠清的士绅尽管使出浑身解数挽救清王朝，但终因抵挡不住历史滚滚的车轮。因不堪回首的这段往事，就形成了对清朝留恋与怀念的因子。恽毓鼎对辛亥时局的观察与体悟，是其在社会变革时期沉静深入思考的结果，展现了清末知识分子简单的朴素的“国家观念”。尽管不免带有强烈的个人主观色调，却真实反映了那个时代个人安身立命与国家前途命运的关联，这些看似远去的历史，似乎也能在现实社会中找到它的影子。总之，辛亥革命时期有关个人或群体思想的变动，仍是值得我们深入探讨的领域。

原载《中国石油大学学报（社会科学版)》2014 年第 4 期

---

① 史晓风整理：《恽毓鼎澄斋日记》（第二册），浙江古籍出版社 2004 年版，第 570 页。

辛亥革命后中国的内忧外患与民众舆论诉求

辛亥革命后，北京共和政府成立，这是中国历史上具有里程碑式意义的事情，但历史的走向却是时人始料未及的，很快由民国初建的勃勃生机逐渐转至袁世凯专擅、帝制自为，再至军阀割据混战。习惯上，我们常把1912年至1928年称为北洋军阀统治时期，且对这一时期历史的基本认知是中国近代史上最黑暗的、最反动的时期，所以对之研究常常停留在简单的批判上，有些把复杂问题简单化的倾向，这在一定程度上限制和束缚了研究视野。其实，从价值中立的角度看，为了还原历史的真相，我们似需要多角度地重新审视这段历史，来展现历史的鲜活性。有鉴于此，本文想就北京政府成立前后的内忧外患、政局走向及其与民众舆论的互动关系做一粗浅探讨，以补既往研究之不足。由于才疏学浅，不足之处在所难免，敬请方家批评指正。

一、财政困难

民国初年，高劳曾在《东方杂志》上撰文说：中国向来财政上大弊有三：一、以某项之收入抵某项之支出，各抵各款，破碎支离，无通盘之筹划；二、行政机关，各筹各款，收入支出，各自直接，无提纲挈领之机关；三、中央财政与地方财政划界不明，隔阂殊甚。太平天国运动之后，已紊如乱丝，经过甲午庚子之大役，赔款浩大，国用殷繁。辛壬癸甲间，益紊乱不可究诘。“凡遇筹款要政，大都指令各省摊派”[1]，并增加各种苛捐杂税。新政后，改户部为度支部，以财政处并入，由于用款激增，清政府不仅加强了监督各省财政编制全国预算的集权措施，而且积极地对财政进行清理。[2] 通过对财政的整理，使清政府更有效地控制了全国财政，有人说这“第一次相对查清了自咸丰军兴以来王朝财政真实的‘家底’”[3]。但是，这并不能改变清末财政危机的困境。

武昌起义前，除了赔款外，清政府已经借了许多外债，这包括甲午之役的战费借款，各省滥借的外债，路政借款等。[4] 而这些外债仅以关税为担保，至武昌起义尚未付清的款项就有八项，这八项款项合计起来，并非一个小数目。[5] 武昌起义后，清政府的财政问题则更加突出，军费日增，财政库空如洗。不仅如此，由于对清廷的不信任，人们争相取款，导致银行瘫痪。加之清政府收入的主要来源田赋、盐课、厘金等，由于时局动荡，各省也拒不将这些收入解交中央。海关又被外国公使团把持，声称：“把全部海关岁入置于总税务司的控制之下，那些岁入不仅包括清政府已失各口岸的岁入而且包括清政府仍然控制的各口岸岁入在内。”[6] 不仅如此，还大言不惭地说：“采取某种方针确保关税不致为革命党作军费。”[7] 在收入断绝的情况下，清廷自感度日如年，不得不发行爱国公债，可应者寥寥。为了维持局面，袁世凯多次秘密商议大借外债，但西方列强以“坚决拒绝向为争夺中国最高统治权而斗争的任何一方贷款，除非证实其中一方已建立了

---

① 高劳：《十年以来中国政治通览财政篇》，《东方杂志》1913 年第 7 号。

② 高劳：《十年以来中国政治通览财政篇》，《东方杂志》1913 年第 7 号。

③ 史志宏、徐毅：《晚清财政：1851—1894》，上海财经大学出版社 2008 年版，第 290 页。

④ 刘秉麟：《近代中国外债史稿》，武汉大学出版社 2007 年版，第 11—71 页。

⑤ ［英］魏尔特著，郭木校阅：《自民国元年起至二十三年止关税纪实》，总税务司署统计科印行，1936 年 8 月版，第 207—230 页。

⑥ 海关总署编译委员会编：《旧中国海关总税务司署通令选编（1911—1931）》第二卷，中国海关出版社 2003 年版，第 18 页。

⑦ 中国近代经济史资料丛刊编辑委员会编：《中国海关与辛亥革命》，中华书局 1964 年版，第 330 页。

稳定政府”① 为借口，不愿意为袁世凯提供财政支持。

南方的革命阵营也同样面临财政压力。南京政府成立后，军队麕集，需款尤繁。临时政府成立后，在财政上困难很大，不得不向外国借债；由于英、法、德、美财团拒绝给予贷款，它只得去找日、俄，而这两国为了与四国银行进行竞争，特别是日本为了乘机在长江流域发展势力，也对贷款抱积极态度。② 其实，日本为扩充在华的利益对南北双方均进行小额借款交涉，而目的主要则在售卖军火。③ 其当时对南京临时政府的借款共计四项：（一）沪军都督陈其美联络日本之大仓，借款数额日金三百万两；（二）南京政府军需借款总额日金二百五十万元，年息七厘；（三）陆军部军装借款总额日金二百万元，年息八厘；（四）以汉冶萍公司名义借日款二百万元，年息八厘。④ 此外，南京临时政府还曾向其他外国银行借款。见下表：⑤

行名	金额	期限	利率	偿还来源	用途	资料来源
华俄道胜银行	150 万金磅	一年	五厘	由大宗外国借款内扣还	军需	《南京临时政府公报》第 26 号，咨，1912 年 3 月 1 日
四国银行	200 万两银	未定	五厘	同上	南方军需	《南京临时政府公报》第 34 号，咨，1912 年 3 月 7 日
四国银行	160 万两银	未定	五厘	同上	救皖灾	《中华民国史料》第 51—52 页，1912 年 3 月 7 日
华比银行	100 万金磅	未定	五厘	同上	救皖灾	《中华民国史料》第 51—52 页，1912 年 3 月 19 日

有论者指出：“武汉起义，各省响应，於是北京与外省之财政关系，彼此断绝，当是时也，各省入款，凡地丁正税，厘课杂捐，或因革命而蠲除，或因战争

① 《阿迪斯致乌毕希函》，章开沅、罗福惠、严昌洪编：《辛亥革命史资料新编》（第八卷），湖北人民出版社 2006 年版，第 126 页。

② 丁名楠等：《帝国主义侵华史》（第二卷），人民出版社 1986 年，第 353 页。

③ 张忠绂：《中华民国外交史》卷上，第 63 页，引见“Foreign Relations”，1912，pp67—68。

④ 刘秉麟：《近代中国外债史稿》，生活·读书·新知三联书店 1962 年版，第 88 页。

⑤ 中国人民银行总行参事室：《中华民国货币史料》，上海人民出版社 1986 年版，第 49 页。高劳：《临时政府借债记》，《东方杂志》第八卷第十一号。

而短绌，而出款则以征兵筹饷之故，其数陡增，罗掘弥缝，备极困难，其赖以支持危局者，大抵以劝捐及发行军用纸币暨公债票，为挹注补苴之策。”① 说的都是实情，也有人说“民国初建，各省独立，中央收入几等于零”②。

总之，民初北京政府面临前所未有的财政困难，因为他不得不接收晚清政府与南京临时政府遗留下来的一切债务。尽管当时国民捐的呼声铺天盖地，且也越来越引起民众的注意，民众也大都慷慨解囊，但三元五元的国民捐只能透视出民众参与民初国家建设的热忱，而对民初社会建设和经济发展上的财政困难并不能有根本性的改观。其实，民初政府相当长一段时间内都没有摆脱财政困境。

二、兵变

武昌起义后，由于南北双方举行和谈，军事冲突发生较少，但是前期各方都招募了大量的军队，军费开支极大。南方黄兴为筹措军费，“以空拳支拄多军之饷食，……寝食俱废，至於吐血”③。北方为筹集军费，也是绞尽脑汁，发行爱国公债，利用内帑，甚至变卖珍藏等等④。也正是双方都陷入了严重的财政危机之中，才促使和谈成功。⑤ 革命结束后，如何安置这些军队就成了一大棘手问题，当时南北双方的主流意见是遣散军队，可是，完备政策尚未制定，此消息就流布至社会，且在南北双方的军队中都引起相当强烈的反响，结果，军队秩序越来越糟糕，北方就发生了兵变。

时人恽毓鼎在北京亲历了北京兵变，他在日记里详细地记述兵变发生的原因和经过：“甫抵家，即闻东城枪声震地，遥望火光烛天，有第三镇兵变之事。……遂肆焚掠，北至北新桥，南至使馆界，东抵城墙，西抵皇城，其中灯市口、

---

① 高劳：《十年以来中国政治通览财政篇》，《东方杂志》1913 年第 9 卷第 7 号。

② 杨荫薄：《民国财政史》，中国财政经济出版社 1985 年版，第 2 页。

③ 张孝若：《南通张季直先生传记》，中华书局 1930 年版，第 176 页。

④ 《袁世凯等奏为变卖盛京大内等处库存瓷器的济军饷折》，中国第一历史档案馆藏：军机处上谕档，宣统三年十一月十一日。

⑤ 参见丁健、李金全《武昌起义后清、袁、孙妥协原因述论》，《北京理工大学学报（社会科学版）》2010 年第 1 期。

丁字街，皆罹其祸。到处纵火，逢门劫掠。……排队鸣枪，出正阳门，掠西河沿、大栅栏、打磨厂、前门大街一带。至东车站，登火车，威逼司机人放汽开车，从容遁去。时天已大亮，火犹不息。土匪掠其余。"① 时人梁济亦有记述："正月十一日，北京兵变，焚东安门，大掠于市。"② 但事情尚不至此止，当翌日袁世凯让毅军（姜桂题统）守西南城时，军士却扬言"第三镇兵均发财以去，吾辈独在此苦守，岂非痴人！外间又谣传总统放抢三天，西城商民即知大祸在眉睫矣。甫灯上，即闻枪声自南而北，火光时时出现。余知毅军亦肆掠矣，犹冀姜桂题出而靖乱。乃彻夜纵劫，并无一人弹压，巡警和之，地痞附之"③。后来这批乱兵又窜至天津，又"煽动天津陆军，四出焚掠，军民商店，多被焚毁"④。"保定亦被抢，不论贫富，均存四壁而已"⑤。结果，北京是"繁华锦绣场，一夜间变为焦土"⑥。天津是"近数年，天津繁华过于上海，今乃付之一炬"。所以恽毓鼎对之十分感慨，"北方元气，十年不能复矣。""豢兵之害如是！五代骄兵之祸，将见于共和世界矣"⑦。

当然，这只是看得见的损失，而人们心理上的压力和精神上的压抑则是更加严重，本来，进入民国后，民众迫切希望有个好的开始，不料想社会还是如此动荡不安，让人提心吊胆。有时甚至是自然界的大风，都能让人破胆，以为是什么不祥之兆。兵变后几日，恽毓鼎日记中就有这样的记载："夜，风尤狂，合家破胆之余，惴惴不敢安寝。""余亦尝谓以岁入十万与岁入一万者，厚薄固悬殊矣，然因入款多或存息，或牟利，筹画忧虑，反为身心之累。入一万者，不敢过侈，量所入而节省用之，有时亦能有余，而享受同适，身心泰然。此在乱世为尤甚。

---

① 恽毓鼎著，史晓风整理：《恽毓鼎澄斋日记》，浙江古籍出版社 2004 年版，第 578—579 页。

② 梁济著，黄曙辉编校：《梁巨川遗书》，华东师范大学出版社 2008 年版，第 36 页。

③ 恽毓鼎著，史晓风整理：《恽毓鼎澄斋日记》，浙江古籍出版社 2004 年版，第 579 页。

④ 《中国大事记》，《东方杂志》1912 年第 8 卷第十号，第 16 页。

⑤ 恽毓鼎著，史晓风整理：《恽毓鼎澄斋日记》，浙江古籍出版社 2004 年版，第 580 页。

⑥ 恽毓鼎著，史晓风整理：《恽毓鼎澄斋日记》，浙江古籍出版社 2004 年版，第 579 页。

⑦ 恽毓鼎著，史晓风整理：《恽毓鼎澄斋日记》，浙江古籍出版社 2004 年版，第 580 页。

凡人衣食足用，便是富翁，而子弟不至淫侈，盗贼不甚觊觎，其所得反过于富翁者”①。其实，这不仅仅是恽毓鼎一人的感受，它在当时恐怕是相当一部分人心态的真实写照。民初初建，需要的是有魄力的干劲，需要的是大胆的尝试，在商业发展上尤是如此，可时局的动荡，难免为民初农工商业的发展带来不良影响。

兵变的发生，不仅普通民众反感，也引起了西方列强特别是在华外交团的强烈不满，外交团决议，先由天津调兵一千人入京驻扎使馆界内，以资保护；②后各领事又电请本国政府派兵至天津。③具体情形是，英、法、日、美各调200名，德、俄各调100名，以加强北京使馆区护卫；各国军队在京大街进行武装巡逻，间有马队驻扎城内，④英、俄、德、法、美五国，合兵游街，以耀军威而镇人心。⑤还增调军舰到大沽，以维持大沽的无线电联系。几天以后，列强军队陆续抵京。其中俄国由哈尔滨调兵3个连，进据京津；日本则由旅顺向天津增兵1200名，使其在华北驻军总数达2400余名。⑥并扬言“民国已无自治之能力，将以兵力实行干涉，化界防守，如庚子故事”⑦。这样一来，外国干涉的危险再至。

在内外的压力下，袁世凯不得不严肃军纪，接连发布布告、命令，以稳定秩序，用恽毓鼎的话说是“项城惭且愤，力以能保卫自任。乃发命令军法从事。责成民政部、步军统领、游击队加意防范”⑧。要求：“一、除巡警照常站岗，消防队更须准备一切，全城梭巡、防范盗贼等事，统责成毅军办理。二、警告三镇及洪营，听候命令遵行，不得擅自出入。三、如有不法匪徒夤夜扰乱治安，即行格杀。”⑨后又布告各军队，要求严守纪律，服从命令。“此后如再敢滋生事端，扰害商民，除重惩该犯外并将该管长官一并惩处，决不姑容”⑩。在强大的威压下，

① 恽毓鼎著，史晓风整理：《恽毓鼎澄斋日记》，浙江古籍出版社2004年版，第581页。
② 《专电》，《申报》1912年3月4日，第一版。
③ 《专电》，《申报》1912年3月5日，第一版。
④ 《再记北京兵变情形》，《申报》1912年3月5日，第二版。
⑤ 恽毓鼎著，史晓风整理：《恽毓鼎澄斋日记》，浙江古籍出版社2004年版，第580页。
⑥ 《记北京兵变后情形》《纪天津兵变后情形》，《申报》1912年3月7日，第二版。
⑦ 恽毓鼎著，史晓风整理：《恽毓鼎澄斋日记》，浙江古籍出版社2004年版，第580页。
⑧ 恽毓鼎著，史晓风整理：《恽毓鼎澄斋日记》，浙江古籍出版社2004年版，第580页。
⑨ 《临时大总统令》，《临时公报》，1912年3月2日。
⑩ 《临时大总统令》，《临时公报》，1912年3月3日。

北方秩序逐渐稳定。为了安抚民心，并对外交团有所交代，袁世凯只得承诺对中外商民进行赔偿。

三、外交难题

清帝退位后，南北统一实现。但是，新政府重建所面临的国际形势是十分令人堪忧的。这表现在：

首先，袁世凯北京政府必须面对的是西方列强对民国的态度，这是一个很重要的问题。尽管袁世凯主动通电各国："所有满清前与各国缔结各项国际条约，均由中华民国政府担任实行上之效力，凡已结未结及将来开议各项交涉案件，均即由驻在国之临时外交代表继续接办。"① 以之进行讨好，以后又一再努力争取西方诸国的承认，可各国反应冷淡，并不给予相当之同情。由于"未得各国之承认，致国际交涉每遇困难"②。这让袁世凯政府不能不暗中叫苦，也是其后来不得不加强中央集权的缘由之一。

其次，外蒙古、西藏，西南边境险象重重。

有人言：民国成立以来，边疆所发生重要之事件，即为外蒙及西藏两问题。③ 其实，早在辛亥革命期间，外蒙古活佛宣布独立时，俄国就趁机干预。《东方杂志》有载："蒙古库伦活佛者，蒙人所奉之教主也，与清库伦办事大臣三多，夙多恶感。闻武昌事起，蒙人遂勃勃欲动。（1911 年）10 月 11 日，活佛率蒙兵，至办事大臣衙门，要求兵饷，三多未允，活佛遂宣言如无兵饷，应即出境，蒙人愈聚愈众，声势汹汹，三多乃仓皇出奔。避匿俄领事署，而活佛遂即宣

---

① 《中国大事记》，《东方杂志》1912 年第八卷第十一号。第 1—2 页。

② 中国第二历史档案馆编：《中华民国史档案资料汇编》（第 3 辑），江苏人民出版社 1991 年版，第 26 页。

③ 季啸风、沈友益主编：《中华民国史史料外编》第二册，广西师范大学出版社 1996 年版，第 659 页。

告独立。”[1] 后活佛甚至赞同俄人在库伦设立警察队，并训库民警务。[2] 袁世凯面对此情，固然想法从速收复，事实上只得“惟仍拟首以和平手段从事，先行派员劝导，倘执迷不悟，再行另订对待办法”[3]。但是由于外蒙古内部关系复杂，所牵涉的问题方方面面，而统一政府尚未建立，因而外蒙古问题一拖再拖。后来，黑龙江蒙人在呼伦贝尔宣布独立，且复暗引俄兵，结果，俄兵攻据胪滨府。[4]

在西藏，由于“清廷派驻西藏之军队，因川路事起，协饷无着。9 月 23 日，驻扎拉萨之兵，首先变乱，涌至兵备处抢劫军火。……英国将派兵平乱，始陆续溃散，而波蜜、江孜等处，亦相继骚动”。正是因为英国在西藏问题上一贯作梗，整个民国时期，政府为此交涉不断。在西南边境，“腾越厅干崖土司刁安仁，乘滇省响应革军之际，率土勇数千人，取道永昌府黄达铺，进攻大理府，而西南蒙人，亦驱逐清廷将军参赞，拟在乌里雅苏台建国”[5] 真是“以蒙藏之噩耗方来，滇辽之警电踵至；而日皇对于议院之愤言，其心尤为叵测，瓜分之祸，逞于目前”[6]。边境危机已经让袁世凯忙不过来，随后又发生一系列棘手的外交事件。

1912 年 2 月 19 日，发生了泗水华侨被虐事件，关于缘由及经过，王宠惠电告袁世凯说：“旧历元月二日因升旗燃炮事，与荷警察争执，闹起风潮，当场被搥毙三命，理伤十余人，掳禁百余人，书报社被封，外埠来电被截，荷兵日日乱掳，全体罢市抵制，复以兵力嗾吓开店，事在危急，乞速解决对付，否则民不聊生。”[7] 这样，情况就已经很严重了，可是荷方在法律上的无理规定，更是令人不能容忍。他们规定：“凡华人因事被逮，不准向寻常裁判所起诉，必先监禁七日，然后提交甲必丹，任意定罪，不准本人或雇律师辩护。定罪后，即为终审，

① 《外蒙古独立始末纪》，《申报》1912 年 3 月 3、6、9 日，第六版。

② 季啸风、沈友益主编：《中华民国史史料外编》第二册，广西师范大学出版社 1996 年版，第 507 页。

③ 《将派蒙古宣慰使》，《申报》1912 年 3 月 1 日，第二页。

④ 《中国大事记》，《东方杂志》第八卷第十号。

⑤ 高劳：《革命成功记》，《东方杂志》1912 年第八卷第十号。

⑥ 廖少游：《新中国武装解决和平记》，《辛亥革命资料类编》，中国社会科学出版社 1981 年版，第 353—354 页。

⑦ 王宠惠：《王宠惠法学文集》，法律出版社 2008 年版，第 321 页。

不能上控。此等苛律，只施之于中国人。”① 关于此，王宠惠又电袁世凯：“现在海内外函电纷驰，人心激昂，已臻极点，若无满意之交涉，恐激成他变，更难收拾。乞据此严诘。”② 袁世凯尽管答应积极处理，但言语里却透出些许无奈，这在其回复王宠惠、华侨联合会、国民公会信中可见一斑：“念三日即由外部电知驻荷刘使向荷政府交涉，并派员往诘驻京荷使，据云荷官未接荷兰政府承认公文，是以阻拦挂旗或当时彼此小有冲突，亦未可知，并非反对意思，其详情当即电询等语。廿四日迭接各电，当再派员往诘，荷使伊援前未承认葡萄牙之时，葡船挂旗亦不准进口，衹允电荷询问，总之，华侨遭厄，自必竭力援拯，惟现在政府尚缺统一交涉各事，每令人轻视，棘手极多，俟覆电后当再设法。”③ 泗水华侨被虐事件当时在国内掀起一阵风潮，各大报纸都连篇累牍地报道，主张维护民族权益而伸国权，不仅给政府施压，也促使荷方态度软化并尽快放人。这表明了中国人民参与外交的意识有了很大程度的提高。

在日本，也发生了干涉华商庆祝共和的事件，“神户华商因庆祝中华民国之成立，举行提灯会……日本警察忽然出街阻止，彼此互有争执”④。法国报纸则又提“黄祸”之说，《申报》载“近日，天津法报以中国革命成功曾载长论一篇，略云：中国素称睡狮，今一跃而驱去数千年之专制，此吾人所梦想不到也，故吾辈须知将来为我白种人之劲敌者，终必为黄种之支那人……是故我人对於中国此次之大改革，不可等闲视之，即谓之黄祸一说自今日始可也”⑤。总之，民初的外交环境极其险恶。

四、民众舆论诉求

以上可见，民初内忧外患显而易见，但民主共和的思想却逐渐在人们心中扎

① 《再纪荷人虐待华侨之交涉》，《申报》1912 年 2 月 28 日，第二版。

② 罗家伦主编：《国父当选临时大总统实录》上册，国事丛编社 1967 年版，第 488 页。

③ 《北京袁总统电》，《申报》1912 年 2 月 27 日，第二版。

④ 《日警察亦干涉庆祝共和矣》，《申报》1912 年 2 月 27 日；《纪神户华侨提灯会与日警龃龉事》，《申报》1912 年 3 月 3 日，第二版。

⑤ 《法报又提黄祸之说》，《申报》1912 年 3 月 2 日，第二版。

根，“共和”一词也日益成为人们频频使用的热门话语。旧秩序被打破了，随之而来的新秩序尚未能一时建立起来，在这新旧交替的过渡时期，社会秩序略显紊乱，思想纷歧，民众舆论很杂，意见很难统一，但思想却很自由活跃，人们争相表达一己之见。通过梳理，他们大致可分为忧时派，乐观派，折衷派，悲观派。

忧时派则对政府提出很多有益的建议，比如希望新政府崇俭，指出“万恶之原起于不节俭”；[①] 希望政府破除专制余孽，就要“破除专制道德之习惯而为共同道德之基础”[②]。并对时局提出诸多希望，对政界的希望中指出：“满清之季，政以贿成，乳臭亲贵布满朝列上下，征利罔恤民生，因此结果遂酿革命。今者民国新造，当轴诸公均一时物望所归，知必有宏猷硕划，为我国利民福者，旧清污点且将一扫而空，本无待鳃鳃过虑，惟愿勿生意见，勿存党派，对外则巩固国权，对内则尊重舆论。”[③] 对工商界的希望中指出：“二十世纪为经济竞争之世，亦为工商竞争之世。吾国物产饶富，於商业上，工业上均占天然之优胜，徒以满清时代，政府之敲剥捐税之重困，以致著著失败，转为各国之外府。数十年来，金钱外溢，何可胜数，加以军兴半载，商辍于途，工叹于肆，百业凋疲，尤从来所未有。今幸大局安定，政尚共和，而我新政府实业总长，又为全国泰斗，其所设施当有以昭苏积困，扶持各业之发达者，惟愿我资本家、制造家及时奋发，各出其心思、财力，专精于实业之一途，改良土产，以发展销路，仿造洋货，以挽回利权，工任其制作，商任其运输，互相维持，即互图进步，无以同业而倾轧，毋贪小利而忘大局。”[④] 对政党也提出希望：“处今日之时局，乘革新之昌运，宜执行何种政策，始厝国家於不倾之地。举国中彷徨相视，新旧杂糅，主奴出入，初无一定之方策。于斯时也，非得有力之政治团体，以言论事实从各方面为之向导奖进。……政党者，当国民思想浑沌之时，而与之以明灯，以烛幽昏之玄夜，使人心知所趋，而共同以致力于国家者也。”[⑤] 对国民也提出了相当之期望，如

---

① 《崇俭》，《盛京时报》1912 年 2 月 1 日，(一)。
② 《道德之改革》，《民立报》1912 年 3 月 3 日，第二页。
③ 《对于各界之新希望》，《申报》1912 年 2 月 23 日，第一版。
④ 《对于各界之新希望》，《申报》1912 年 2 月 23 日，第一版。
⑤ 吴虞：《吴虞日记》，四川人民出版社 1984 年版，第 20—21 页。

要“祛虚骄之见”，敦“撙节之风”，宜“联络南北之情愫”，须“预筹南北统一之手续”。[1] 由此看来忧时派不是仅仅忧时，更是希望国家步入正轨。

乐观派则认为，民国成立开辟中国历史的新纪元，必然会带来社会的进步。清帝退位后，他们立即就提出告别旧时代，跨入新时代。因而不由自主地喊出：“数千年神圣之君权，至此而为一挫，数千年遏抑之民气，至此而为大伸；由专制之国一跃而为共和之国，不谓今年一年中缔造此震古铄今之伟业，获睹此空前绝后之奇观，则今年之岁月有尽期，而今年之留为国民纪念者，将永无尽期也。”[2] 有的则认为“向例阴历年终必将国内大事撮叙要略，列表而系以论，盖所以资结束也。今者义旗一举，全局翻新，共和事业方在进行，则以前种种应以八月十九日之前为一大结束，而以后种种正如春草方生，有一日千里之势”[3]。“我全国人民务勉为共和国人民，而注意于共和精神之所在，组织健全优美之立法机关，建设健全优美之共和政府”[4]。“凌驾各强国，夫复何难”[5]。相较而言，乐观派的主张在民初复杂的格局里，无疑就是一道亮光，冲刺黑暗。

折衷派认为民初社会是一个半新半旧的社会，当时就有人说：“或问今日之风景如何，余曰：半新半旧之新年；或问今日之人民如何，余曰：半新半旧之新国民；或问今日之学说如何，余曰：半新半旧之新学说；或问今日之服装如何，余曰：半新半旧之新服装；或问今日之国家如何，余曰：半新半旧之新共和国；或问今日之政府如何，余曰：半新半旧之新共和政府。”[6] 就是基于这样的认识，所以在用人方面主张“宜新旧兼收也”，“宜南北并用”，进而指出“统一国家既立，本无南北可言，凡在一国之中，俱得参与国政”[7]。应该说折衷派的这种主张也正适合民初政局，有利于保持社会稳定。但在新旧矛盾之下，这种想法很难实现。

---

① 《勗哉新共和之国民》，《申报》1912 年 2 月 21、22 日，第一版。
② 《辛亥年回顾录》，《大公报》（天津版）1912 年 2 月 13 日。
③ 东吴：《清谈》，《申报》1912 年 2 月 13 日，第三版。
④ 《国体之解决》，《民立报》1912 年 2 月 14 日，第一页。
⑤ 《辛亥年之回忆》，《盛京时报》1912 年 2 月 15 日，(一)。
⑥ 钝根：《半新半旧》，《申报》1912 年 2 月 21 日，第九版。
⑦ 《临时统一政府之人物》，《民立报》1912 年 3 月 17 日，第二页。

悲观派，则主要是一些忠清的官僚，如梁鼎棻、梁济等，当时梁济就“慨然叹开创之初，淬砺不闻，暮气已见。以民国为号，而民困欲殆，顾不之恤，则革命云云徒为大盗窃国之资，辜负先朝禅让之盛美”①。他们有些人后来郁郁寡欢，总认为民国不比大清，消极遁世，甚至殉清而死。

总之，尽管人们的思想有诸多差异，但他们都希望看到一个强大民主的中国出现，都希望一个高效廉洁政府的组成，尽快开展社会的各项工作，以巩固东亚民国之丕基。② 袁世凯北京政府起初也是顺应历史潮流，各项事业渐次展开，财政逐渐有所好转，由借贷度日，到国库渐有盈余，外交危机也得到一定程度的缓和。但遗憾的是，民主共和制度并未有效地贯彻下去，结果称帝、复辟、军阀割据接踵而至，资产阶级民主共和的道路逐渐日暮穷途。

原载《河南科技大学学报（社会科学版）》2013 年第 6 期

① 梁济著，黄曙辉编校：《梁巨川遗书》，华东师范大学出版社 2008 年版，第 37 页。
② 《论今日亟宜建设临时统一政府》，《申报》1912 年 3 月 1 日，第一版。

辛亥革命再探讨

XINHAI GEMING ZAI TANTAO

辛亥革命前夕湖北新军异化原因述论

湖北新军内部的异动，是导致武昌起义爆发的重要缘由；湖北新军的响应和倒戈，是武昌起义成功的重要因素。武昌起义前夕，湖北新军为什么会出现异动趋向，终于酿成革命。以往我们在这一问题的探讨上，主要从宏观上着眼湖北新军异化的原因，大多强调革命党人宣传和领导的作用，往往认为湖北新军倒向革命是历史的必然性结果。[①] 而从微观领域探讨这一问题，即针对其自身异化内部原因的探求，不是语焉不详，就是一笔带过。今天看来，认真深入研究这一问题，仍然具有十分重要的价值和借鉴意义。其实，湖北新军异化是有深层次原因的，既有新军统率内部矛盾的恶劣影响，又有新军官长忽视下层兵弁的作用，再加之社会经济困境，饷额不足，还有革命党人不失时机地渗透，终于导致新军倾向革命，并率先响应革命，制造了具有划时代意义的辛亥革命。当然，本文仅仅是在前人研究的基础上，对湖北新军异化原因做进一步粗浅探讨，尚不十分深入，其更深层次的原因仍需要进一步挖掘。在此权作抛砖引玉，希望人们更多关注这一问题，使之研究能够有所突破和跨越。

---

① 比较具代表性的主要有：李天松：《辛亥革命时期湖北新军转向革命的内部条件》，《江汉学报》1963 年第 3 期。李天松、陈祯琏：《试论湖北新军向革命的转化》，《武汉大学学报（社会科学版）》1980 年第 5 期。陈文桂：《论清末新军向革命转化》，《厦门大学学报（哲学社会科学版）》1980 年第 4 期。同书琴：《袁世凯、张之洞与北洋、湖北新军异化比较研究》，《武汉大学学报（人文科学版）》2005 年第 5 期。

一、军政官长矛盾

武昌起义前夕，湖北已经是个火药桶了，可是湖北军政各界似乎并不太注意，军政官长之间不是下上一心，而是积不相能，相互倾轧，矛盾重重，其最主要的表现是：

第一，瑞澂与端方的矛盾。

瑞澂，满族人，时任湖广总督，一方军政要员，为人骄妄，屡吐狂言，有记述称：其曾蔑视袁世凯，为袁妒；其任江苏巡抚时，骂时任布政使的陆钟琦为造粪机器，一时传为笑柄。"移督湖广，自司道以下尽以其所爱易其所不爱"①。由此可见，瑞澂虚骄霸道。端方，亦满族人，自恃才气，却鄙视满人，因此为满族王公大臣所忌。其时任川汉粤汉大臣，清廷令其南下，解散四川保路运动团体。在与瑞澂商量如何应对之策时，时常因派兵问题争执不下，互不服气；在具体派兵过程中，又多龃龉。为此，瑞澂不失时机地抓住端方的把柄奏参。当湖北商务总会得到端方采纳四川人李稷勋建议，将改鄂境路线时，就禀报瑞澂，瑞澂大喜，以为借此可以阻挠端方，遂具疏交邮传部议奏，结果，盛宣怀左袒端方，瑞澂倾轧之谋未能得逞。② 但是，以后二人的矛盾愈积愈深。主政一方的军政大员之间尚不能互相协调，共赴时艰，而其心思仅是为了弄权，比势力，影响必然是恶劣的，难免会在新军中间产生极其错误的导向。

第二，统制与协统之间的矛盾。

正所谓上梁不正下梁歪，湖北新军内部亦是倾轧成风，矛盾十分尖锐。新军的主要负责人镇统制张彪和协统黎元洪关系十分微妙和复杂，矛盾尽管未有剑拔弩张，但影响却是很坏。张彪仰仗张之洞之"丫姑爷"，肆意羞辱协统黎元洪。在具体实功方面，大包大揽。③ 关于，张彪、黎元洪之间的恩怨，时论有载："自南洋自强军成立后，鄂中队伍不过护军一营，工程营六队耳，张彪虽日在文

① 刘体仁：《异辞录》，中华书局1988年版，第238页。
② 巴蜀书社编：《清代野史》（第二册），巴蜀书社1987年版，第354页。
③ 刘体仁：《异辞录》，中华书局1988年版，第240页。

襄左右不过好占面子，其一切军事筹划皆元洪为之主谋。二十年来进步神速，由护军工程营一改而为左旗右旗，再改为陆军第一第二两镇，嗣以练兵处统编天下军镇，湖北随列为第八镇并二十一混成协，第八镇归张彪统制，而元洪随为二十一混成协协统。当庚子以前，出洋留学之风未开，元洪率湖北将弁二十余人赴日本联队实地练习，业满回鄂，即劝文襄多派学生往日留学，至今军界学界人才如此之盛，皆当曰元洪一言之力，文襄在鄂时旧部宿将有吴元恺，而新军各事张彪着着争先，元洪始终不能出一头地，即瑞制军如此明察，而迷于张彪之财货仍不能破格用人，元洪仍郁郁居张彪之下。”① 尽管黎元洪生性忠厚，不与张彪争功邀赏。但是，营中一般军官兵弁看在眼中，记在心里，开始不满张彪的跋扈，同情黎元洪的遭遇。所以，武昌起义成功后，大家一致推荐黎元洪充湖北军政府都督，并非空穴来风。

第三，标统之间的矛盾。

湖北新编陆军内部矛盾，不仅仅存在上层军官，即便下层军官矛盾也十分突出。标统之间互不服气，相互攻讦。关于标统之间的矛盾，舆论有传：“鄂军八镇二十九标标统张景良前充该标一营管带，与标统李襄麟不睦，李谗之于张虎臣统制，将景良撤差，因得铁口筝（指铁忠，字韵铮，原文有误——笔者注）参议之复，委教练处帮办。今夏李襄麟被所部兵士告发吞饷以致撤差，铁为之延誉于鄂督前，委其继任。而张统制因与景良素有恶感，且以铁党故，事事与之反对。甚至对铁之面，肆意嘲谑，张景良难安于位，上禀辞差，适南洋第九镇步队三十五标标统敖正邦与徐统制不甚相得，意欲仍回鄂供差（敖系湖北武备学生出洋留学归后曾充炮队管带），陆军部遂借以调停两派之争，特电江鄂二督将敖张互调，闻张须俟敖到交御再赴宁垣莅新。”② 由此可见，标统之间的矛盾，已经上升到陆军部过问。实际上，二十九标标统张景良与李襄麟关系恶化，仅是公开的冰山一角。标统之间暗中斗气的大有人在，而作为上级军官的统制、参议不是睁一只眼闭一只眼，就是偏袒一方，令另一方难堪负气，结果下层军官淤积的矛盾越来

① 《武昌革命军总统黎元洪历史》，《申报》1911 年 10 月 16 日，第二张后幅第二版。
② 《宁鄂两标统对调原因》，《申报》1911 年 10 月 7 日，第一张后幅第二版。

越严重。新军内部矛盾的基层化，最终导致了其异动趋向。

二、军队管理缺乏和营务废弛

湖北新军纳入全国体系之后，直至武昌起义爆发前，管理隐患一直存在。张之洞在时尚能加强巡视营房，组织操练。由于其继任赵尔巽在任时间很短，新军事务多倚仗统制张彪、参议铁忠、协统黎元洪等。瑞澂到湖北后，并不十分关心军务整顿，导致很多流弊继续发生，新问题不断出现。

首先，看一看湖北新军的数量与素质。

湖北新军编练在全国来说，起步较早，编练成绩也比较显著。据《清史稿》载，光绪三十三年（1907 年），全国划定军制之后，京师设练兵处，各省设督练公所，改定新军区为三十六镇。其中，"湖北第八镇驻省城，官七百二员，兵一万五百二名，第二十一混成协驻武昌、汉阳及京汉铁路，官二百八十八员，兵四千六百十二名"。由此可见，湖北新军总计达 16104 人。① 早在光绪三十年底（1904 年），兵部侍郎练兵处大臣铁良视察后，便对其给予了很高的评价，称其"编练未久，军容焜耀，已壮观瞻，洵可为沿江各营伍之冠"②。仅从数量而言，这已经是一个庞大的队伍，而军队的性质决定了必须严格要求，一旦管理不善，就会弊窦丛生，导致祸乱。但如何管理好这支庞大的队伍，并不是一件容易的事情。湖北当局似乎并未注意到这一点，直到炮队三营鼓噪图变后，才仓猝应付，已经于事无补了。

本来，湖北新军的数量就决定了管理十分不易，但是，其素质更加突出了管理的困难。关于湖北新军的素质，对清末掌故了解颇多的刘体仁曾经对南北军队有过简要的评比："北洋拓张六师，威权甚震；湖北一镇八协，兵数虽逊而精过之。秋操之典再举，评者曰：'北军由淮军变化而成，皆百练之卒，以勇气胜。鄂军自乡校选出，具普通知识，见长官训令能自录出，以学问胜，然下级军校少

① 赵尔巽等撰：《清史稿》第一三二卷，中华书局 1977 年版，第 3946—3947 页。
② 朱寿朋编：《光绪朝东华录》第 5 册，中华书局 1984 年版，总第 5301 页。

年盛气，识力未足，易受蛊惑，隐患伏焉。’”① 张之洞、袁世凯不同的练兵路径尽管表面看起来，不分伯仲，但由于张缺乏应有的政治思想灌输，正如刘体仁所言，湖北新军容易受到外部因素的影响，从而倒戈。其实，仅从这一点而言，袁世凯北洋军就已经胜过张之洞编练之湖北新军。长期以来，我们过分强调袁氏对军队进行了系列思想灌输，更是鉴于袁氏后来称帝的事实，推论其练兵就是为以后夺权铺路，说袁世凯一开始练兵就留一手，把军队编练成自己的私人军队，如此等等。但是，别忘了，军队服从国家，服从官长是中外练兵的一致准则。军队私人化是有害的，但不能说军队听从官长的话，就说这支军队归官长所有。因此，袁世凯长期以来背负这样的骂名，似乎是不适当的。即便现在看来，军队应该服从长官，也不能说错吧。所以，这种推论史学和引申史学不应该成为治史者遵循的规范。

其次，军官养尊处优，优游尸位。

如上所述，湖北新军的数量多和易受蛊惑的素质表明，对其进行严格管理亦难保不生他变，更何况是放任自流，少管少问呢？湖北新军缺乏管理的一个重要表现是主政官员没有把工作的重心放在加强约束和把握兵弁动向上。当时，在长江流域灾害频仍的湖北，本来就人心浮动，但作为湖广总督的瑞澂对湖北新军的过问，仅仅关心军饷额度足否，而不太关心基层兵弁的动向，这是十分不够的。其巡视新军，也仅是与将弁合影留念，走走过场而已。对新军中存在的异化倾向，毫无预见性。只是到了收拾不了的时候，才硬着手腕加强管理，但为时已晚。而作为统制的张彪，形象似乎更差，军中对其恶感很深，大都认为“张彪工于媚术，张彪性贪婪，吞蚀军款百万有奇”②。更有甚者，其“于各标营军政平日毫不过问，致各标统领管带所部下级军官，皆以私亲族党位置，张彪以己之所为，亦与伊相近，虽知亦推为不知，养成一种腐败性质”③。由此可见，正是湖北新军的主要领导人瑞澂和张彪对新军管理十分不力，养尊处优，优游尸位，加速了其异化过程。

---

① 刘体仁：《异辞录》，中华书局 1988 年版，第 240 页。

② 《呜呼，该死的张彪》，《民立报》1911 年 9 月 2 日，第四页。

③ 《张虎臣晦气临头》，《民立报》1911 年 9 月 20 日，第四页。

关于湖北新军内部军官玩忽职守的情况，当时的《申报》访员曾对之做过调查，发现“陆军镇协各营自管带以上夜间向不驻营，管带以下各官长亦复上行下效，各归寓所，是一营之中夜间责任仅恃正目，积习相沿，殊属不成事体，因之兵不服官目、官长，□□□□之人自视为最苦最卑之役，因郁生怨，因怨生恨，辄出不逊之言而作无益之事，官长处之又不甚和平，驾驭稍严便演出种种恶剧”①。可以想象，这种上行下效的无组织管理情况，怎能会不令人担忧呢？一旦军中出现重大问题，又怎么能得到及时处理呢？军官不能和兵弁同甘共苦，怎么能够树立其威信，怎么能够发挥模范作用，怎么能够担当起领导的责任。由于军中归国留学生一向傲慢无视上级管理，瑞澂对之也没有办法，直至武昌起义前夕，随着革命风声愈来愈紧，他才不得不狠下手腕，整顿营务，特别是对军中留学生：“如留学出身之军官，以东西各国官长向不驻营为比例，可由镇协统以鄂省军营现尚无各国程度，不得享各国利益。如有不愿遵守者，尽可自行声名开去差使，本督院当咨明陆军部通行各省军营概不录用，以遂其永远安逸之私。”②正因为湖北新军内部内务松懈，导致将不知兵，兵埋怨将。③ 于是，一些兵士开始开小差，甚至逃跑。④

最后，营务废弛，兵弁骄纵偷闲。

当然，军官的养尊处优是导致营务废弛的重要原因，而中央及湖北当局财政困难，一定程度上加重了这一情况。清政府实施新政，导致财政开支急剧增加，特别是辛亥革命前两年，财政危机更加严重。当时新军军费预算占湖北省开支50% ~60%，湖北省的经费支绌进一步加剧了军人的不满。1910 年初就传说要削减所有武昌驻军的俸饷，临近该年底，湖北政府果然宣布削减新军各项开销，总数达 559614 两白银。1911 年，当局已经不可能给官兵发放足额的俸饷，于 5 月

① 《鄂军亡羊补牢新政策》《申报》1911 年 10 月 7 日，第一张后幅第二、三版。

② 《鄂军亡羊补牢新政策》，《申报》1911 年 10 月 7 日，第一张后幅第二版。

③ 《军队暗杀之风潮》，《民立报》1910 年 10 月 20 日，第 2 页；《军界中之惨死案》1910 年 10 月 25 日，第三版。

④ 《鄂军内容一席话》，《民立报》1911 年 10 月 3 日，第 4 页。

宣布各级军官俸银减少40%，士兵减少20%～30%。[①] 由此，营务亦因为军费不足开始废弛。更有甚者，军官开始也开始不驻营查营，对训练也不十分积极，西方留学归国的军官态度尤其消极。关于此，张之洞早有所察觉，他在1907年上朝廷奏中指出："回国以后，其中学问切实又不染荒谬恶习者不能得其半，即其可用者，久在外洋，眼高气盛，所望甚奢，非优异之官，丰厚之薪，不乐为用，断不能尽受中国镇、协各统钤束。且朝南暮北，去就任意。加以此项学生有学问无阅历，任以实事，果能人人皆克收效与否，尚未可知。"[②] 兵弁正是因为缺失应有的操练和管理，开始变得骄纵偷闲。关于此，舆论多有曝光："武汉军中官长吃花酒、打茶围者比比皆是。"[③] "近日访武汉，妓院及著名土娼家每有军人足迹"[④]。不仅汉族兵弁不务正业，狎妓冶游，旗兵亦是如此。"汉口永宁巷土娼桂红家有武昌三十标营旗兵三人来家冶游，偶拂其意，即将该妓拳打脚踢"[⑤]。其实，这无疑严重败坏了湖北新军的形象。

总之，一方面物价上涨，一方面还要遭克扣军饷；新军军官又缺乏耐心的解释，消除兵弁的思想疑，于是"军官野蛮于上，军士骄忿于下，恶感甚深，如冰炭之不相投"[⑥]。结果导致操练不勤，营备废弛，而当正常操练之时，伤人事件屡有发生。当时有报道称："陆军步队四十一标於二十六日下午（1910年10月28日）三时正值操练之际，有三十一标三营右队新兵豫行射击演习，置子弹于枪内，不料新兵未识毛瑟枪之利害，将扳机发动，子弹射出，当中四十一标左队副兵血流倒地。"[⑦] 正是这些因素的迅速发酵、酝酿，加之革命党人趁机渗透，导致了"军队革命党人的力量迅速发展壮大"[⑧]。

---

① 冯兆基：《军事近代化与中国革命》，上海人民出版社1994年版，第173页。
② 张之洞：《张文襄公全集·电牍》第68卷，中国书店1990年版，第11—15页。
③ 《武汉通信》，《民立报》1910年10月20日，第二页。
④ 《武汉军容一览》，《民立报》1910年11月4日，第三页。
⑤ 《旗兵以拳足赏残花》，《民立报》1910年11月28日，第四页。
⑥ 《鄂军内容一席话》，《民立报》1911年10月3日，第4页。
⑦ 《毛瑟枪偏要伤人》，《民立报》1910年11月17日，第三页。
⑧ 周锡瑞：《改良与革命：辛亥革命在两湖》，中华书局1982年版，第173页。

三、革命党人的宣传鼓动

辛亥革命前夕，湖北新军异化的另一关键因素，即是革命党人不失时机地对其进行拉拢。关于这一点，史学界论述比较充分，但为了保证本文的完整性，在此仅做简要概述。

第一，通过舆论宣传。

武昌起义前夕，湖北呼号反清革命的报刊就已经急速兴起，多大 50 余家。有学者通过考证指出：当时“主要报纸有 1908 年的《江汉日报》、《湖北日报》、《湖北女学日报》、《通俗白话报》、《大江报》、《夏报》、《武汉白话新报》、《新鄂报》等”①。这些革命报刊的普遍兴起，在新军中引起了很大的影响。尽管湖北当局极力钳制和严加取缔，但大势已去，无法阻遏。舆论宣传主要“攻心”，是从外部感染熏陶湖北新军，使他们潜移默化地接受革命思想。

第二，采取“挖墙脚”的办法，集中力量运动新军士兵，而不吸收官佐。陈文桂先生对清末新军革命转化的路径方式进行了详细的考证，他认为主要有四：一是采取“挖墙脚”的办法，两湖是典型代表；二是采取“自下而上”的办法，福建就是这样做的；三是采取成批入伍的办法，江西是这类的典型；四是采取“引进来、挤出去”的办法，云南、陕西是这类的典型。② 在湖北新军的异化过程中，湖北的革命团体，文学社和共进会的确发挥了很大的作用。但他们运动湖北新军时，采取一定的策略，主要是吸收下层兵弁。文学社的同志在社章附则中便明确规定：“本社同志介绍新同志入社时，不得介绍官佐，以防不虞。”③ 后来，随着形势的发展变化，也曾一度破格批准队官潘康时入社，“是后官佐入社

---

① 刘望龄：《辛亥前后湖北报刊的若干特点》，《中南民族学院学报（哲学社会科学版）》1991 年第 5 期。

② 陈文桂：《论清末新军向革命转化》，《厦门大学学报（哲学社会科学版）》1980 年第 4 期。

③ 章裕昆：《文学社武昌首义纪实》，生活·读书·新知三联书店 1952 年版，第 8—10 页。

者间亦有之，惟迄首义日止，其数无多，且止于队官以下”①。为什么要采取这样的方略？主要是在摸不准湖北新军内部真实情况下的稳妥之法。因为兵弁时常受到苛责，最为苦闷，思想也最容易动摇，再加之后来遭遇军饷减发，物价上涨，导致其产生大量不满情绪。而一般军官由于其所处地位，还没有产生公开抱怨、反对政府的举动，如果轻易吸收其加入革命，可能会导致革新军内部命党人暴露。正因为此，湖北革命党人主要采取“挖墙脚”的办法，集中力量运动新军士兵，其中稍有抱负和志气者纷纷加入革命党。据统计，截至1911年6月，“总计当时湖北新军第八镇和第二十一混成协共约一万五千人，纯粹革命党人将近两千人，经过联系而同情革命的约四千多人，与革命为敌的至多不过一千余人，其余都是摇摆不定的”②。可见，此策略运用十分正确。

当然，在湖北新军一步一步走向异化的过程中，革命党人的运动应该说发挥了十分重要的作用。但相较新军内部固有存在的管理、营务等问题，其只能是外部因素，居于次要地位。实际上，它主要起了助推器的作用。有学者指出：“显然，如果没有新军中普遍的不满情绪，如果没有这种不满情绪为革命宣传敞开方便之门，湖北革命党人就无法获得那么大的支持力量。加入革命团体的军人未必是共和事业的狂热信徒。他们满腹牢骚，但又充满期望，似乎推翻了清皇朝，一切都能如愿以偿。他们中的多数人希望社会发生某种变化。革命党人并没有在军队里创造出不满现状的情绪，而是利用军人不满情绪，推波助澜，使之达到顶点。归根结底，革命党人的影响和军队中的怨愤汇聚起来的合力，逐渐毁坏了这架军事机器。”③ 我们认为这样的分析是合情合理的，比较客观地反映了革命党人与湖北新军异化的辩证关系。实际上，湖北新军的异化是内外因作用的结果，二者相互作用，终于将其引向革命的道路，发动和响应武昌起义，完成揭开辛亥革命首义的创举。

---

① 李廉方编：《辛亥武昌首义纪》，湖北通志馆1947年版，第10页。

② 中国人民政治协商会议湖北省委员会编：《辛亥首义回忆录》第1辑，湖北人民出版社1953年版，第121页。

③ 冯兆基：《军事近代化与中国革命》，上海人民出版社1994年版，第175页。

四、结语

湖北新军内部矛盾，既包括如上所述军事长官之间的矛盾，亦包括军士长官与下级兵弁的矛盾。不少军官取得职位，靠的是私人关系，而不是他们自己的功绩。导致大多数下层兵弁没有正常的升职渠道，由此产生积怨。再加之新军内部营备废弛、操练不勤，兵弁开始悠游狎妓，不务正业。正是以上这些具体而微因素潜移默化，不断地侵蚀兵弁、下层军官的意志，革命党人又不失时机春风化雨般地秘密渗透，才一步一步导致新军的异化。英国驻汉口代总领事对武昌起义前夕湖北新军的状况曾做如此概括："大量迹象表明，第八镇的军纪已经败坏透顶，士兵不满情绪相当严重。两个月以来，当地报纸连续不断地报道军人滋事哗变，反抗长官、大量开小差、受到虐待与过分的惩处，以及军官侵吞公款等各类事件……当局并不否认这些令人忧虑的情形，也不掩饰他们对局势感到焦急，对军队里出现革命党人感到恐惧。"① 由此可见，湖北当局几乎已经对新军失去了控制，清廷亦不明确湖北省内革命形势发展的确切状况。最后，湖北军政当局不分青红皂白的高压政策直接酿成武昌起义。曾参与组织武昌起义的曹亚伯先生指出："如果瑞澂假仁假义，示以宽大，速出布告，不咎既往，自认过失，早开城门，从此开诚布公，不用宵小，各方劝慰，使兵士安心，革命大事或无形暂息，亦意中事。"② 可是，瑞澂没有这样做，而是恼羞成怒，终于导致湖北新军铤而走险：与其束手待毙，毋宁先发制人，成就了辛亥革命的伟大基业，拉开和开启了20世纪中国发生翻天覆地变化的序幕与闸门，今天我们再反观一百年前的这段历史，仍然思绪万千，感慨万千，仍然深感有许多值得我们进一步探讨的地方，正如著名历史学家金冲及所言："辛亥革命的研究远不是已经差不多了。这是一个富矿，有待进一步发掘的矿藏还很多很多。"③

原载《中国国家博物馆馆刊》2018年第6期

① 转引自冯兆基《军事近代化与中国革命》，上海人民出版社1994年版，第175页。

② 曹亚伯：《武昌革命真史》中册，中华书局1930年版，第2页。

③ 金冲及：《辛亥革命研究的回顾和展望》，《中国社会科学报》2010年12月28日。

辛亥革命再思考三题

辛亥革命史研究，曾经很热，成果也很丰富，但近几年逐渐显得沉寂，一方面是因为我们对之研究已经很深，做进一步研究似有难度；另一方面与我们研究分析的框架不能说没有关系。回顾辛亥革命史研究的历程，不难发现，“革命史观”“孙中山中心观”占有很大的比重，而对革命的对立面，如清政府、袁世凯、地方官僚等，研究颇为不足。此外，对辛亥革命所产生的负面影响，不是避而不谈就是略谈轻谈①。发挥历史的借鉴作用，还是需要静下心来对之进行冷思考，人云亦云不会出好成果。本着对辛亥革命史研究认真负责的态度，就辛亥革命史研究中相关问题提出自己一些粗浅的看法和见解，并非有意否定辛亥革命的伟大历史意义，而是希望有助于辛亥革命史研究向前推进。不足之处，敬请方家批评指正。

一、辛亥革命与君主专制制度的废除

众所周知，封建君主专制制度的灭亡，是通过辛亥革命完成的。这不容置疑，但如果把君主专制制度的灭亡完全归功于辛亥革命，则有夸大之嫌，也不符

① 比如关于辛亥革命的善后问题，特别是对赔偿外国损失方面，至今尚未有人作专文论述，不能说不是一大遗憾。但查1912年—1916年《申报》对之关注颇多，其中既有对索赔数额的描述，也有对北京政府立场的转变及前后民众态度异同的着眼，且在直接赔款和间接赔款一事上，与法国的矛盾最深，等等，不一而足。由此观之，其在当时的影响应该说还是蛮大的，理应成为我们研究的视野所在。

合历史事实。

首先，君主专制在近代的消亡具有历史的必然性，

封建君主专制制度在中国存在长达两千多年之久，存在时间之长世界之最。前期其能适应社会发展，并促进了社会进步，但随着经济社会的发展，后期逐渐成为社会进步的障碍，特别是在鸦片战争以后，其腐朽性进一步突出地表现出来，外不能抵御西方列强的入侵，内不能处理好复杂的国内外局势，而且其存在的条件也逐渐丧失。因而君主专制制度在中国的消亡就有一定的必然性，这表现在：

（一）经济基础不断遭到破坏

农业和家庭手工业相结合的自给自足的自然经济，既是封建生产方式的深厚基础，又是专制政体赖以存在的物质条件。鸦片战争以后，这种曾经具有极强适应性的经济形态，在面对西方廉价商品的倾销时，特别是在布匹和一些日常用品上，根本无法与先进的生产力相抗衡，所以一些手工业不断遭到破产；同时农业也被纳入资本主义世界市场，自给自足的自然经济逐渐解体。而这些新因素的出现为资本主义经济方式的产生和发展创造了条件，正如毛泽东所指出："外国资本主义对于中国的社会经济起了很大的分解作用，……不仅对中国封建经济的基础起了解体作用，同时又给中国资本主义生产的发展造成了某些客观的条件和可能。"① 反过来，随着资本主义经济的发展又进一步冲击和动摇了自给自足的封建经济基础。

（二）阶级基础逐渐缩小和离心

封建官僚体系，无疑是君主专制制度的阶级统治基础。中央强大时，政府能够控制其庞大的官僚体系，而自从外敌打破中国的锁国局面以来，清政府积贫积弱，逐渐形成"外重内轻"的局面，各地督抚的作用越来越大，无论改革，还是对外交涉，清政府都不能忽视他们的声音，以至于后来地方督抚敢公然叫板中央。八国联军侵华期间，清政府冒大不韪向八国宣战，地方督抚袁世凯、张之洞、刘坤一却大搞"东南互保"；后来，在清末新政期间，岑春煊、陈夔龙、锡

① 《毛泽东选集》（合订本），人民出版社1964年版，第588—589页。

良公然向中央政府提出要权；四川保路运动发生后，清政府命岑春煊前去处理，岑称病不出，直接抗命。关于此事，时人是这样记述的“已命端方，复起岑春煊，又寄谕滇督李经羲援川，李以不能离滇辞；旋又寄谕抚钱能训援川，钱以栈道不便行军辞；又谕粤张鸣岐分兵援川，张以粤乱方棘辞”①。由此可见，清君主的权威已经不能够正常施行了。另外，由于敷衍立宪，炮制“皇族内阁”，不仅引起地方督抚和士绅的不满，而且也加速了立宪派的离心倾向，清政府变得完全孤立了。所以武昌起义一发而不可收。

（三）思想基础不断遭受冲击而动摇

鸦片战争以后，中国皇帝所宣扬的“君权神授”“万世一系”的思想不断遭到质疑。因为中国老是战败，而且要割地赔款，威信扫地。君权受到外来挑战时的窘况，一次是咸丰帝逃往河北，一次是慈禧携光绪逃往西安，这不仅会在一般士人心目中形成极大的冲击波，就是皇族本身也会对皇权的至高无上感到尴尬。此外，面对外敌入侵，国势日衰，国人不停地探索御侮强国之路，思想不断得到解放，由于救国愿望之切，先进的知识分子也不断地转换思路，他们发现，中国发展最大的障碍就是政体，所以要求政治体制改革变法的呼声便越来越高，先前的以儒家为代表的封建纲常礼教自然不断遭到冲击和受到质疑。特别是后来立宪派和革命派的鼓噪与宣传，一个主张君主立宪，一个主张民主共和，更是大大冲击了君主专制制度所赖以存在的思想基础。

其次，清朝统治者也为君主专制制度的废除做出了“贡献”。特别是在清末新政期间，清廷派员出国学习，并提出仿行预备立宪，尽管政治上的改革进展很缓慢，但也在进行，而且还是统治者自己推行，带有一定的进步性。有人会认为这是清统治者不得不为，但无论如何清政府为了则是客观事实。其实，这时政体就已经不完全是君主专制了，张海鹏先生主笔的《20世纪的中国·政坛风云卷》中认为新政的“某些措施已经触动了清朝统治的根本，如在政治上宣布预备立宪，在中央设资政院，在各省设谘议局，扩大了民意表达”。侯宜杰先生也指出：“单纯的封建专制制度已不存在，民主政治及有关法律有些在试行，有些在准备

① 史晓风整理：《恽毓鼎澄斋日记》，浙江古籍出版社2004年版，第548页。

和确立之中，整个政治制度正在向资本主义近代化演变迈进。”① 再说武昌起义后，清统治者也没有固守王朝之道，而是同意让国。

总之，武昌起义爆发前，君主专制就已经名存实亡了，辛亥革命则是连名义上的也给废除了。

此外，先进的知识分子、立宪派、革命派，甚至袁世凯在这方面也起了很大的作用。所以不能简单地把君主专制制度推翻的功劳完全算在辛亥革命头上。

二、辛亥革命与后来的军阀割据

以往我们提及袁氏政府崩溃后的军阀割据时，首先就是拿北洋军阀说项，拿袁世凯论证，甚至把这一时期称为北洋军阀统治时期，立场观点极其鲜明。这不能说错，实则是惯性思维使然，殊不知，惯称的北洋军阀（已经有人对这一称谓提出质疑）②，也是在辛亥革命中进一步发展和壮大起来的。说实话，如果我们静下心来仔细分析，不难发现，辛亥革命与后来的军阀割据的确有很大关系。

首先，辛亥革命进一步刺激了地方势力的膨胀。

辛亥革命之前，由于中央集权的削弱，地方势力已经形成，并且其权力有不断扩大之嫌。刘伟先生指出“晚清地方主义的代表力量是两个：地方督抚和地方绅士，而他们联系的加强和联合，是地方主义形成的标志。19 世纪 60 年代以后，地方督抚通过编练湘军、淮军，通过就地筹款，逐步取得了地方军事、财政权力，依此为基点，又进一步扩大了用人、司法、交涉等权力。这种权力的扩大带来了两方面重要影响：一是督抚对朝廷决策的影响力大大增强。中央对于重要事件均征询于督抚，而各省督抚向中央所提建议‘每每立见施行’；反过来，当廷臣条奏饬部之件交督抚酌议时则‘空言搪塞’，省的独立性大大增强。二是省的地方利益凸现，出现了省与中央的利益冲突。这种冲突特别表现在与中央争夺财源上，各省欠缴京饷，提留关税等事比比皆是。与此同时，省与省之间的摩擦和

① 侯宜杰：《二十世纪初中国政治改革风潮》，人民出版社 1993 年版，第 574 页。

② 张华腾：《北洋军阀词语探源——简论北洋军阀、北洋集团概念的使用》，《史林》2008 年第 3 期。

利益矛盾也开始产生”①。那时尽管地方势力的权力不断扩大，影响日深，但还没有发生过地方挟权力与中央相抗衡的事件，名义上的统一仍在。可辛亥革命的爆发后，各省先后光复，“出现了许多都督。黎元洪是第一个都督，然后各省都有都督，自己出来独立起义。前一时期我（陈旭麓）初步理了一下，从武昌起义到南京临时政府成立，各地先后称都督的有一百几十个。有的一省有好几个”②。大大刺激了地方势力膨胀的野心，并各自为政，俨然“独立王国”。

其次，辛亥革命后新的统一没有完全建立起来而且时间短暂。

辛亥革命后，尽管南北妥协，建立了统一的政府，但其中矛盾重重。地方势力借口民主共和，利用国内政局不稳的条件，扩大自己的军事权和财政权，有一些后来转化为军阀，关于原因，陈旭麓先生认为“因为旧的统一破坏了，新的统一又没有建立起来。所以，在辛亥前后袁世凯的北洋军和武昌起义后的某些都督，形成了后来割据混战的军阀力量”③。当时，袁世凯利用自己的权威尽管表面上还能维持统一的局面，但在统一的表象下，仍然大量存在地方势力对抗中央的事件，比如江西李烈钧反对任命民政长事件，二次革命，地方税和国税的划分上矛盾与分歧等。而袁世凯死后，这种局面也不能维持了，取而代之便是军阀割据混战。孙中山后来回忆这段历史时不无感慨地说：“夫去一满洲之专制，转生出无数强盗之专制，为毒之烈，较前尤甚。于是而民愈不聊生矣！”④

最后，一些后来的军阀是在辛亥革命中成长起来的。如旧桂系陆荣廷，辛亥革命后，广西由于地处边陲，交通闭塞，革命影响有限，陆成为事实上的统治者，袁世凯上台后，尽管他与袁的关系一直维持得很好，可事实上“袁世凯做了

---

① 刘伟：《晚清督抚政治——中央与地方关系研究》，湖北教育出版社2003年版，第381页。

② 陈旭麓：《军阀与近代中国社会》，《西南军阀史研究丛刊》（第二辑），贵州人民出版社1983年版，第15—16页。

③ 陈旭麓：《军阀与近代中国社会》，《西南军阀史研究丛刊》（第二辑），贵州人民出版社1983年版，第15—16页。

④ 孙中山：《建国方略》，《孙中山全集》，中华书局1985年版，第158页。

临时大总统，名义上统治了全国，但广西一直处于半独立状态”①。粤军阀龙济光，也是在辛亥革命中成长壮大的，与袁的关系也很近，并得到袁的拉拢，“利用二次革命之机，占据广东，他与其他军阀一样，拥兵自雄，占地割据”②。此外还有云南的唐继尧，山西的阎锡山等。值得一提的是，李宗仁并不把陆、龙、唐称为军阀，他似乎倾向只存有北洋军阀，割据也是北洋军阀造成的。“谁知袁氏死后，北洋军阀的重心，随之解纽，逐渐形成各系——皖系、直系、奉系——军阀割据局面。南方各省的军事领袖如云南的唐继尧，广西的陆荣廷与广东的龙济光也互不相让”③。辛亥革命后，袁世凯当政期间，成长起来的军阀就更多，四川军阀，湘系军阀等。

此外，有人认为是辛亥革命的不彻底导致了后来的军阀割据。“辛亥革命又是一次不彻底的民主革命，革命中他仅将统治中国的偶像清政府推翻，支持这个偶像的帝国主义与封建势力不仅没有触动，反而在革命后加强了它的力量，由帝国主义分裂割据政策与地方性农业经济所造成的中国分裂因素反因清政府的推翻和革命的失败公开化了，北洋军阀和各地大小军阀的分裂割据与混战局面就此形成。从某种意义上说，正是辛亥革命的不彻底，才直接导致了中国近代军阀割据、混战的产生。”④ 这种分析不无道理。

总之，认为辛亥革命与后来的军阀割据没有关系，我们不以为然；如果说是辛亥革命导致了后来的军阀割据，我们也不以为对，正确的态度是认真分析辛亥革命与后来军阀割据的关系，找出其中可供借鉴的经验。

---

① 罗重实：《新桂系李宗仁在玉林发家浅论》，《西南军阀史研究丛刊》（第三辑），云南人民出版社 1985 年版，第 133 页。

② 倪俊明：《龙济光在粤军阀统治述略》，《西南军阀史研究丛刊》（第三辑），云南人民出版社 1985 年版，第 181 页。

③ 李宗仁：《李宗仁回忆录》（上），广西师范大学出版社 2006 年版，第 63 页。

④ 冯祖贻：《辛亥革命与近代军阀统治的产生》，《西南军阀史研究丛刊》（第二辑），贵州人民出版社 1983 年版，第 31 页。

三、辛亥革命结局表述的多歧性及其成说考

辛亥革命最终是以袁世凯当选南北统一的大总统为归宿，这是当时南北双方博弈的结果，可以说是各得其所①。本来是很清楚的一个事实，但却有不同的表述，使简单的问题复杂起来，这些不同的表述究竟是如何形成的，事实依据是什么？目前还未见有专文述及，十分值得一探究竟。

其实，辛亥革命结局的表述之所以不同，这与当时复杂国内局势有很大的关系。当然，后来历史的发展也多少亦为诸说的形成产生很大影响。特别是袁世凯称帝一事，使得人们对袁世凯产生颠覆性的认识，使得先前对其的称赞一扫而光②，取而代之的是大奸大恶，一无是处。长期以来，他成为政治清算的对象，成了为专制招魂的小丑，成了复辟帝制的代名词，结果严重影响及辛亥革命结局之表述。就目前而言，关于辛亥革命结局之表述，史学界主要存有如下观点：

（一）孙中山让位说。潜在含义是，本来临时大总统一职“非孙莫属”，但为了实现民主共和的理想，尽快促袁推翻清廷，孙中山以高风亮节的姿态，毫无权力意识地把民国大总统一席让给袁世凯。其实，让位一说，是置袁世凯不义之始。

（二）袁世凯窃取说。顾名思义，袁世凯成为民国大总统，不是光明正大，而是通过极其卑鄙、残酷的手段，且其为了达到做大总统的目的，翻手为云，覆手为雨，并与帝国主义相勾结，一面玩弄清室之孤儿寡母，一面欺诈革命党人，阳议和，阴开战，玩阴谋诡计，结果窃取辛亥革命的胜利果实。

（三）孙中山还位说。持此论者认为：中华民国临时大总统一席原本就属于袁世凯，后来革命党人与南方独立各省选举孙中山，只是革命形势发展需要一个头面人物主持政府，而袁世凯尚未来归、黄兴拟将赴宁代黎元洪“暂任”大总统职权而尚未成行、孙中山却适时归国并主动要求承担大计等条件下的一个权宜之

---

① 参见丁健《民元孙中山让位的共赢性》，《哈尔滨学院》2007 年第 12 期。

② 袁世凯当选临时大总统后，不论先前爱他的，恨他的概发贺电，并对其歌功颂德。参见《临时公报》辛亥十二月二十九至壬子年正月初十日，电报。

计，可“虚临时总统之席以待袁君”的决定并未因此而有根本性改变。孙中山的最终辞职荐袁仅是“践前言”，实为还位①。我们称之为“还位说”。

（四）袁世凯夺取上台说。此说认为资产阶级革命党人本来就对帝国主义和袁世凯抱有幻想。袁世凯和帝国主义的威胁更增加了他们的妥协性，纷纷要求重开谈判，委曲求全。在革命党内妥协势力的胁迫下，孙中山被迫让步，表示只要清帝实行退位，宣布共和，则临时政府决不食言，即可正式宣布解职，以功以能，首推袁氏。结果袁氏促清帝退位有功，孙中山不得不辞职。袁世凯终于成功地夺得了辛亥革命的胜利成果，获得临时大总统一职。② 我们称之为“夺取说”。

（五）北洋集团、同盟会共建说。此说认为同盟会与北洋集团是甲午战争之后中国政坛上崛起的两支新的政治力量，从阶级对立的角度来说，这两支力量是互为对立的政治力量，同盟会以推翻清政府为志，北洋集团则以维护清政府的统治为责。从社会发展方面来看，二者都致力于社会的发展和改造，有许多共同的因素存在，只是方法和手段不同而已。武昌起义促使这两支政治力量携手结为政治同盟，共同推翻了清王朝，建立起统一的中华民国。③ 我们将此称为“共建说”。

总之，不同的表述背后，有人们感情的寄托，也受政治因素的影响，当然亦受论者阶级、立场、知识水平之制约。不能仅仅以对错论，因为各说都有其形成的历史背景，至少在一定的时期内它是合理的。现在观之，也许个种说法已成历史陈迹，但是历史地考察各说仍是很有必要的，其不仅可以更深入了解辛亥革命的复杂性，而且也可以洞知辛亥革命后人们是如何认识其结局的。通过历史地考察各说，既是对此问题的一个小结，同时也为将来做进一步的深入研究奠定了基础。

在诸说中，影响最大要数让位说，其不仅形成成说的时间早，而且影响面广，又符合后来继任政权的国民党的意识形态。那么让位说是如何形成的呢？作为当事人孙中山是如何看待的呢？

---

① 陈一容、张国镛：《孙中山“还位”辩证》，《史学月刊》1997 年第 3 期；陈一容《孙中山民元“让位”问题再认识》，《西南师范大学学报（人文社会科学版）》2002 年第 3 期。

② 张宪文：《中华民国史纲》，河南人民出版社 1985 年版，第 48 页。

③ 张华腾：《对立中的统一：辛亥革命前后同盟会、北洋集团关系述论》，《江海学刊》2006 年第 1 期。

武昌起义的爆发，出乎孙中山的意料，得知消息后，辗转欧洲回国。其实早在回国之前，孙中山就表示“闻黎有请推袁之说，合宜亦善。总之，随宜推定，但求早巩国基”①。孙中山归国以后，先是致电袁世凯“暂时承乏，虚位以待”②。1912 年 1 月 2 日，随着和谈的波折，孙中山又电袁世凯“倘由君之力，不劳战争，达国民之志愿，保民族之调和，清室亦得安乐，一举数善，推功让能，自是公论”③。希望袁世凯尽快赞同共和的心情溢于言表。16 日袁世凯被革命党炸弹袭击，孙中山得知这一消息时，心情十分紧张。据《字林西报》记载“孙总统闻袁世凯遇险，亦甚殷忧，数问袁氏之安危，及闻及袁已安然脱生，始有喜色”④。把袁世凯抬到如此高度意味着什么？因为袁世凯的安危已经关系到国家的安危。23 日在致伍廷芳的信中又明确指出“盖推袁一事始终出於文之意思，系为以和平解决而达共和之目的”⑤。以避免给谈判中的伍廷芳带来不必要的麻烦。在清帝退位后的第二天，孙中山就致电参议院推荐袁世凯为民国大总统，“今日本总统提出辞职，要求改选贤能。选举之事，原国民公权，本总统实无容喙之地。惟前使伍代表电北京，有约以清帝实行退位，袁世凯君宣布政见赞成共和，即当推让，提议于贵院，亦表同情。此次清帝逊位，南北统一，袁君之力实多，发表政见，更为绝对赞同，举为公仆，必能尽忠民国。且袁君富于经验，民国统一，赖有建设之才，故敢以私见贡荐于贵院。请为民国前途熟计，无失当选之人”⑥。紧接着，又致电袁世凯，再次表露心机。“民国确立，维持北方各部，统一南北，实惟公一人是赖，谚云：英雄造时势，盖谓是也。文复何功，过蒙奖誉，曷胜愧汗，新旧交替，万机待举，遗大投艰，非公莫办。谨虚左位，以俟明哲，曷胜伫立翘望之至”⑦。由此看来，推袁是孙中山一贯的主张。但后来孙中山在回忆这段历史时很感慨，改口“退让”。此时距辛亥革命之发生已经

① 《本馆接孙君逸仙自巴黎来电》，《民立报》1912 年 11 月 17 日。
② 《致袁世凯电》，《孙中山全集》（第一卷），中华书局 1981 年版，第 576 页。
③ 《致袁世凯电》，《孙中山全集》（第二卷），中华书局 1982 年版，第 5 页。
④ 《西报之时局谈》，《申报》1912 年 1 月 18 日，第三版
⑤ 《致袁世凯电》，《孙中山全集》（第二卷），中华书局 1982 年版，第 38 页。
⑥ 《临时大总统咨参议院推荐袁世凯文》，《临时政府公报》1912 年 2 月 20 日，第 17 号。
⑦ 《电报》，《临时公报》，一九一二年正月初一日。

近三年，他在致邓泽如的信中说："局外人不察，多怪弟之退让，然弟不退让，则求今日假共和，犹未可得也，盖当时党人已大有争权夺利之思想，其势将不可压，弟恐生出自相残杀之战争，是以退让，以期风化当时，而听国民之自然进化也。"① 总之，孙中山从始至终都没用过"让位"一词，倒是多次提及"推贤让能""退让""推功让能"。尽管孙中山没有使用过"让位"一词，但其也没有出来纠正"让位"一说。

为什么让位说会形成一种固化的成说？这可能与当时人们对孙中山原话的意会有关。通过考证，最早持"让位说"的是《申报》，南北和谈期间，孙中山突然回国，并被选为临时大总统后，袁世凯做了一系列似乎违反常态的举动，因而遭到诸多猜疑。关乎此《申报》有载"此次临时政府公举孙文为大总统，实至名归，原无多让，惟观袁世凯近日行动，颇露醋意，缘此公平日夙有此种思想也，闻民军前有举袁之说，近日孙亦有电让袁"②。这里也仅仅有"让袁"，但接着《申报》报端却屡用"让位"一词，结果便引起一些人的强烈不满，就攻击《申报》及其编辑，这使《申报》不得不做出澄清，"近一月来，盛传袁世凯将举为第一任总统，此盖源於孙总统辞职让位之说，非本报所臆造，亦非本报所鼓吹也。夫孙总统之所以宣言让位，无非渴望共和之成立，南北之联合耳。故本报乐得而载之，乃近日有人函诘本社，谓不应记载举袁之说，且谓本社同人将于举袁之后，希得一官半职者，异哉！洵如所言，则孙总统之宣言让位，岂将辞去总统之高位，而思於袁世凯处谋得一官半职耶？今本社敢告投函者，如君不以举袁为然，不妨电诘孙总统何以倡为此说，若仅以谩骂之词，罗织之语，罪间接纪载之本报，则误矣！"③ 这样一反驳不要紧，则更加深了人们对"孙中山让位说"的认识。当然，作为孙中山本人肯定不会反对，因为此说蕴含着深刻的含义，直接关系到袁世凯政权的合法性问题，同时也能表现出孙中山不恋权栈的高风亮节。在北洋统治结束后，国民党建立了政权，由于其继承的是孙中山先生的衣钵，自然常常把让位说提升到政治的高度，并以此作为清算袁世凯的一个有力工

---

① 《致邓泽如函二件》，《孙中山全集》（第三卷），中华书局1982年版，第126页。

② 《纪京友之言》，《申报》1912年1月14日，后幅第三版。

③ 《清谈》，《申报》1912年2月8日，第三版。

具。这样，在政治的深刻影响下，让位说几乎成了不易之论。二十世纪八九十年代，在学术研究中，此说更是占据绝对优势，但也有严谨的论者，开始在“让位”二字上加引号。

让位说，看似一种历史的叙述，其威力并不能小视。其对后来历史发展埋下了很大的隐患，即袁世凯政权的合法性问题，既然是让与的，我们也有要回的权力。其实，这也成为日后讨伐袁世凯的一个合法借口。结果，民初政局吵吵嚷嚷，争持不下，缺乏基本的信任和共识，兵戈一时再起，政局动荡不安。即使袁世凯死后，这种局面也一直在持续。不能说与此没有任何关系。

与让位说并行的是“窃取说”，此说在二十世纪八十年以前也很盛行，但随着改革开放，进一步解放思想，相继有人对此提出质疑①。因为一面说孙中山让位，一面又说袁世凯窃取，自相矛盾，逻辑混乱。可就是这相互抵触的说法，长期以来共存的相安无事，真是奇怪！想来肯定有人早已经认识到这一点，由于种种顾虑，更主要是主流史观的影响，只好作罢，等待后来人来发掘。

窃取说的形成也有一个过程。最早称袁世凯为“盗寇”的是《民立报》，在其《讨袁世凯（二）》就中有：“袁世凯，中华民国之盗寇也。”② 这尽管是当时革命党人反袁的一种手段，但也为日后窃取说的形成埋下了种子。当袁氏称帝后，人们对其之攻击铺天盖地，又联系到庄子有名的一句名言“窃国者诸侯”，使得窃取说逐渐成形。后来黄毅《袁氏窃国记》（1916 年，出版地点不详），陈伯达的《窃国大盗袁世凯》（群众杂志社 1946 年版），新中国成立后，黎乃涵著《辛亥革命与袁世凯》（三联书店 1950 年版）仍持此论，基本为“窃位”说奠定了基础。其中，陈伯达《窃国大盗袁世凯》使得袁世凯窃国大盗的形象，妇孺皆知，尽管这并不是严格学术研究，只是一般性的历史知识读物，产生的影响之大

---

① 参见陈旭麓《近代中国社会的新陈代谢》，上海人民出版社 1992 年版，第 337 页；《郭世佑就辛亥革命史研究如何深入等问题答记者问》，《社会科学报》1991 年 11 月 28 日；常宗虎《试论袁世凯取得临时大总统职位的是非》，《人文杂志》1992 年第 1 期。朱钟颐《评袁世凯“窃取政权”》，《湖南教育学院学报》1994 年第 6 期；郭世佑《辛亥革命的历史条件与历史结局再认识》，《清史研究》1995 年第 3 期等。

② 《讨袁世凯》（二），《民立报》1911 年 11 月 26 日。

而深远，令人瞠目。就是今天，尽管窃取说在学术研究领域风光不再，但仍是坊间的闲论及相关艺术的重要表现形式。窃取说当时能够大行其道，根本上是政治——阶级斗争的产物。

还位说，别出心裁，无疑是为了纠正让位说。其认为“让位”说既与历史事实不符，又存在着理论上的缺陷，因为民国总统是民国公职、国家公器，非个人所能让与。所言确实是很有道理。但是，在一定的程度上，还位说自身也存有缺陷，从方法论上来说，这是一种预设结论的先验性研究方法，其实质仅只是想证明，孙中山不是让位而是还位这个结果，采用倒放历史的手法，且带有典型的后见之明，是以后来历史事实发展的结果重新反观历史发展过程而得出的结论，颠倒了历史发展的正常顺序。由于该说缺乏前瞻性的分析，很容易让人家抓住把柄，因为如果按照其说所论，首先夸大了袁世凯的能力，有神化袁世凯的嫌疑；其次，很容易造成对辛亥革命的评价偏低，且有动摇辛亥革命伟大历史作用的嫌疑。尽管如此，可还位说对让位说形成了很大的冲击，则是不容置疑的。

但不论让位说、窃取说还是还位说，都未能跳出孙中山中心观的藩篱，不是说孙中山中心观不好（当然，孙中山的爱国意识，伟大形象永远值得我们大书特书），这只是我们用来研究的一个视角，过于注重此，就必然忽视其余。再说辛亥革命是个复杂的综合体，仅用一种方法，恐怕很难触摸历史的真相。

张宪文先生所倡的夺取上台说，对冲破孙中山中心观的束缚，无疑是向前迈出了重要的一步。他摈弃既往以很浓厚的感情色彩研究历史的方式，力求用一种全新的视角，重新实事求是地阐释这段历史，并且开始强调袁世凯的作用，这的确是值得称道的，但其立论略显单薄，并没有把袁世凯如何夺取政权的来龙去脉进行详细阐释，只是得出一般性的结论。张代春则用折衷的方法把孙中山的退位，与袁世凯的上台巧妙地结合在一起①，无疑也是对此一问题深思熟虑的结果。

张华腾先生所倡的共建说，则颠覆了我们以往对辛亥革命结局的认识，把常被我们认为对立的两方——同盟会与北洋集团有机地统一起来，视角独到。就当时的历史演变来说，南北双方共同努力推翻清廷，显而易见。但张先生对此并没

① 张代春：《也谈孙中山退位与袁世凯上台问题》，《史学月刊》2006年第10期。

有仅仅停留在简单的结论上，而是以大量的事实论据为基础，论述周密，自成体系，令人信服。通过对共建说的构建，不仅有利于重新认识这段历史，而且也把这一问题的研究推向了纵深方向。

但是，还有一个明显的倾向，即以上诸说都未提及清室的因素。在辛亥革命结局的表述中，把清室因素忽视掉了，是否科学，似乎也有待做进一步思考的余地。

四、袁世凯对辛亥革命结局的认识

很长一段时间以来，袁世凯根本没有话语权，称帝是其挥之不去的阴影，即使其所言是历史事实的真实反映，也必然被贴上狡诈的标签。而革命派一方的认知，不管正确与否，都可以当作论史的依据。这并不是历史研究者应持的正确立场，且也有违价值中立的原则。

既往的研究，由于目的是置袁世凯不仁不义，破坏革命，翻手为云，覆手为雨，阴险狡诈而后快，却没有对这一时期其对历史演变的影响做较为深入的研究，且又对袁世凯采用双重价值评判标准，宁愿站在腐朽的也是以往被我们否定的清皇室的一边，也不愿站在袁世凯的一边，骂袁世凯对清室不忠；当袁接受共和时，我们却不想革命党人兑现诺言，又骂其“窃国大盗”。结果，把本来鲜活的历史给模式化、脸谱化。

其实，不管我们如何想，革命党人的主流意见却是希望由袁世凯组织新的政府，而且是南北统一的政府；我们不仅因此而感叹：孙中山怎么没有建立一个统一的政府呢？甚至埋怨南京临时政府的失误就在“临时”二字上，这未免有些突发奇想。殊不知，孙氏何尝不想这样做呢？而事实上，困难要比我们后来人想象的大得多，因为不处其境，在把握这些问题的时候难免会更超脱些。这也恰恰说明了评鉴历史人物要历史地看待，要把他放到当时的历史环境中去，不能苛求古人。

袁世凯本人是如何看待他如何成为大总统的呢？却与我们固有的传统观念有很大的不同。在南北议和的后期，尽管袁世凯没有表露过心机，但其对局势的发展无疑是胸有成竹；再说，社会上“非袁莫属”的声浪在不断地扩大，已经有压过“非孙莫属”之势。所以在得知孙中山推荐自己为临时大总统时，袁世凯表现得十分平静，不是欣喜若狂的应允，而是处心积虑地推却一番。尽管这是旧官场之套话，多少也给孙中山一些想象的空间：即袁某没有迫不及待地就任民国临时大总统的意图。他在致孙中山电中说："惠电拜悉。惭悚万状，执事谦冲，莫名钦佩，但时艰方殷，万端待理，断非衰庸如凯者所堪胜任，倘不量而入，恐无以副国民付托之重及执事推荐之殷切，盼参议院另举贤能，使凯得徜徉山林，长作共和之国民，斯愿足矣，不尽下情，已托唐少川转达一切。"① 当被南京临时参议院全票一致通过当选为临时大总统，并得到参议院及时电告："昨孙大总统辞职，经本院承许，业已电知尊处。本日开临时大总统选举会，满场一致选定先生为临时大总统。查世界历史，选举大总统满场一致者，只华盛顿一人，公为再见，同人深幸公为世界之第二华盛顿，我中华民国之第一华盛顿。"② 之后，袁世凯的语气才多少有些缓和，表现出另一番模样。在复孙中山电中说："现在国体初定，隐患方多，凡在国民均应共效棉［绵］薄，惟自揣才力实难胜此重大之责任，兹更辱荷参议院正式选举。窃思公以伟略创始於前，而凯乃以轻材承乏於后，实深愧汗，凯之私愿始终以国利民福为归。当兹危急存亡之际，国民既以公义相责难，凯何敢不勉尽公仆义务。"③ 显然，袁世凯对孙中山的推贤让能有所保留，甚至并不认可，独却对参议院的公选情有独钟，因为他认为这是"躬乘我国民付托之重"④。由此可以看出，袁世凯对结局的认识仍是从长远打算的，既做到有理，也考虑到有利。

后来，袁世凯再回忆这一段历史时，又进一步指出辛亥政局演化结果之缘由。他认为"然中华民国国体之更新，尚在约法未定以前，其缔造艰难得以至於今日者，固原於国民心理之所关，而实成于前清帝后之能让。溯自武昌首难月，惟辛亥中秋，其时本大总统激於救国救民之真诚，出而肩至艰之钜之重任，唯一宗旨以为，但能保前清皇室之尊荣，则国家不妨视为天下之公器，但能谋五大民族之乐利，则政治不妨改为民主共和，此本大总统於大清皇帝下诏退位之日，即

① 《电报》，《临时公报》，辛亥年十二月二十九日。
② 《电报》，《临时公报》，辛亥年十二月三十日。
③ 《电报》，《临时公报》，一九一二年正月初一日。
④ 《命令》，《政府公报》，1913 年 1 月 11 日。

披肝沥胆，以优待与宣布共和二事反复磋商，盖非徒效孤忠於故君，亦所以昭公信於民国，耿耿此心，我国民当能共谅”①。从中我们不难看出，袁世凯首先强调的是“国民心理之所关”，其次“前清帝后之能让”，然后才言自己的努力和革命派的磋商。事实上也正是如此，袁世凯始终把舆论的倒向作为其政策的出发点②。起初，袁世凯坚持君主立宪为底线，唐绍仪南下议和时袁特意嘱托，而随着和谈的深入，革命党人毫不让步，且社会上一时掀起共和之风，再加上张謇、赵凤昌等立宪派的规劝，袁世凯逐渐有了动摇。最后毅然决然地顺从民众舆论。

袁世凯为什么强调“前清帝后之能让”？这是以往被我们忽视的事情，传统观念认为清室是被打倒的，被打倒者还有什么值得可言。其实，持这种观点者，首先就否定了民主共和确立过程中来自清室的阻力，实际上，当时这种阻力还是很大的，因为忠清的官僚在当时并不占少数，满洲贵族、蒙古王公就更不用说。张勋、赵尔巽等，袁世凯费了很大的力气游说，最后才勉强同意维持民主共和，陕甘的升允、长庚，阳奉阴违，袁世凯也无可奈何。溥伟、铁良、善耆等宗社党更与袁世凯势不两立，不得已袁世凯又向奕劻和隆裕太后寻助，在他们的压制下，一时收敛嚣张气焰，但后来宗社党死灰复燃，给袁世凯制造不少麻烦。再说，袁世凯重掌政权的合法性在哪里？袁世凯害怕将来有人打着勤王的旗号反对其统治，西方列强特别是日俄也有可能在这一问题上做文章。这种担忧并非多余，后来就发生了日本“愚弄北京的一些皇室贵族”，支持他们重新恢复政权，这让袁世凯颇感棘手，不得不向英国寻求帮助。③ 实际上，袁世凯之所以强调“前清帝后之能让”是有依据的，而不是信口胡说。在南北议和的后期，清室确也有倾向共和的举动，尽管这种表现多少有些被动，但至少也并未有与民主共和拼个鱼死网破的打算。这可从清帝谕旨中可见一斑。“何忍因一姓之尊荣，拂兆民之好恶。是用外观大势，内审舆情，特率皇帝将统治权公诸全国，定为共和立

① 沈云龙主编：《近代中国史料丛刊第十九辑》，台北文海出版社1966年版，第447页。

② 参见丁健《袁世凯获选临时大总统的历史原因新论》，《武汉科技大学学报（社会科学版）》2010年第3期。

③ 章开沅、罗福惠、严昌洪编：《辛亥革命史资料新编》（第八卷），湖北人民出版社2006年版，第230页。

宪国体，近慰海内厌乱望治之心，远协古圣天下为公之义”①。其实，话说白了，在袁世凯看来，没有清室的退位，南北议和则很难成功，其也很难当选临时大总统。而事实上袁世凯当上了民国大总统，其反观过去，怎会不感慨！

袁世凯所言是否符合事实，我们以后见之明观之，也很难认为他是错的。再说历史的结论也得考虑到历史人物本人是怎么认识的，不管这种认识正确与否，那是他自己对这一问题的解答，他的认识和解释对这一问题的研究显然有很重要的影响，如果不考虑这一点，袁世凯是如何成为临时大总统的，以及原因，就会多多少少失去历史的真实性。

以往我们把辛亥革命中的袁世凯给神化了，几乎无所不能，时势的发展也无不以其意志为转移，想什么有什么，要什么，什么就来了。就这样一位神通广大的神人，一面玩弄孤儿寡母于股掌之中，一面要挟革命党人，两面得利。还需要别人让位与他，这能说服我们吗？恐怕不能，既然如此，我们的研究就有问题，问题出在哪里，这需要我们重新审视这段历史，是抓偏了，还是无意中裁剪了历史。首先，我们必须把袁世凯作为一个重要的人物来看待，他之所以更胜一筹，不是他的魔力大，而是他善于静观时变，善于把握历史的关节点，不违民意，更不一意孤行。其次，袁世凯所为仅仅是为了自己，还是为了整个中华民族？以往我们认为袁世凯仅知道专权，不及其余，而就其当时的行动而言，这种说法不无片面。因为袁氏之所言所行，一是为了避免国内大乱，二是为了防止外国干涉，三是为政治改良积极努力，四是他并没有愚忠，而是主动地顺应历史发展的潮流。

从后来历史发展的脉络来看，革命党人最终交权，这与其自身的力量，内部矛盾，外部压力等等分不开，说胳膊拧不过大腿一点没错，历史往往很残酷，但并非不公正，衡量公正的重要砝码就是实力和势力的综合体能，在辛亥革命的过程中，由于袁氏的这种综合体能远超过革命派的综合体能，袁世凯的胜出顺理成章。我们后人研究历史，对此不无感叹，甚至感到遗憾，继而发泄怨气与袁世凯，这种心情可以理解，但总不能把这种思想感情作为治史的出发点吧，否则我

① 中国第二历史档案馆编：《中华民国史档案资料汇编》（第2辑），江苏人民出版社1981年版，第72页。

们只能打着治史的旗号，并不能完成还原历史的任务，因为我们违背了价值中立这一治史原则。

就当时而言，骂袁世凯最多是革命党人，清室亲贵倒还其次，拥袁呼声最高的仍然是革命党人，这似乎是一个悖论，而实际上这个悖论后面隐藏着一个这样的事实：不管你喜不喜欢，乐不乐意，袁世凯在人们心目中的地位无可替代。这并非夸张，如果你深入到史料中去，翻阅一下当时的报纸杂志，你便不会感到诧异。所以，最终袁世凯当选民国大总统，取孙中山代之，自然便是顺理成章的事情。

总之，既往我们对袁世凯的评鉴，大多并非是建立在历史的、客观的、真实的基础之上的，往往臆断，随意的猜测，我们大有些不把袁世凯完全否定而不善罢甘休的意思，说他不仁不义，说他欺上罔下，用一些看不见摸不着的东西来论证，这恐怕都不符合历史研究的常态，袁世凯究竟如何，应该用事实说话。

如今，可喜的是，随着思想的进一步解放，对袁世凯的研究逐渐受到了重视，由一概骂倒，逐渐回归到理性的分析上来，史学研究的方法手段也进一步突破，现代化史观，综合史学方法的运用，等等。袁世凯的作用，也逐渐得到认可，一些学者指出应该肯定袁世凯在辛亥革命中的作用，关乎此，他们认为对袁世凯理应理直气壮、实事求是地给予肯定，不必遮遮掩掩①。在强大的主流史观——反袁世凯笼罩下，提出这样的观点，无疑让人们眼前一亮，但终究是各种因素的制约，这样的观点昙花一现，并没有掀起更多的波澜。反倒是掀起一股反对为袁世凯“翻案”的潮流。

关于辛亥革命中袁世凯的研究，总体而言做的仍不够，步子仍未完全放开，仍有待进一步深入研究之必要。相信随着思想的进一步解放，将来袁世凯研究必将进入一个全新的阶段。

原载《四川师范大学学报（社会科学版）》2011 年第 1 期

① 参见季云飞《论袁世凯在辛亥革命中的作用》，《学术月刊》1989 年第 4 期；姜新《重评辛亥革命前期的袁世凯》，《徐州师范大学学报（哲学社会科学版）》1992 年第 4 期；郭剑林《关于袁世凯评价的几个问题》，《河北学刊》1994 年第 6 期；谢俊美《袁世凯成败简论》，《历史教学》2004 年第 10 期等。

后 记

辛亥革命史研究已进入一个稳步发展的阶段。前期学术积累相当深厚，无论是宏观叙述还是微观建构，都有甚多可圈可点之处，但并非十全十美。究其原因，一是理论视角偏向，重视“革命性”以及具有革命性的历史人物研究，忽视对革命对立面，特别是对对立面当权者的探讨；二是突破既往研究形成之学术瓶颈的动力不足，主要表现是从事辛亥革命史研究的团队与个人不是日见增多，反而是原来从事这一研究的也逐渐转向其他研究。

辛亥革命110周年之际，回首十年来从事辛亥革命研究的历程，颇多感慨。忆起自己从一个刚刚跨入学术之门的初学者，不断探求，积极进取，成绩一点一滴，渐渐积累。虽然其中遇到诸多困难，但毫不气馁，孜孜不倦。如今深知自己仍有很多不足之处，可为了总结过往再出发，有必要对既往学术研究做一审视和检讨。辛亥革命曾经是史学研究的“显学”，吸引了众多学界俊杰从事这一领域研究，我亦不揣浅陋积极投入这一队伍，算起来与辛亥革命有关的文章已有十几篇之多。这些文章内容涵盖北洋集团与辛亥革命，孙中山与辛亥革命，“小人物”与辛亥革命，清廷对辛亥革命的因应，辛亥革命时期的舆论诉求等。一些文章如今读起来可能略显“落伍”，但也部分还原了辛亥革命的历史场景，甚至有些文章还有一定的深度，读起来会耗费一定的力气。尽管这部小书还存有这样那样的缺点，但其对人们更为深入了解辛亥革命历史，仍然具有相当的指导意义。也正是基于这种认识，将之汇集成册，作为教育部高校示范马克思主义学院和优秀教育科研团队建设项目“发挥高校思想政治理论课教师师德楷模的示范引领作用研究”（19JDSZK028）阶段性成果。

感谢父母妻儿对我学术追求的支持，是他们让我去感悟诸多人生真谛，让我从看似枯燥的书海中获得诸多解脱，亦增添了我学术研究的温度。

感谢西安科技大学为我提供优厚的科研条件和经费支持，感谢学院党委对我的关心。此书最终得以出版，还要着重感谢卫晓君书记、高振岗院长、孙红湘教授、周静教授、李金勇教授、赵京教授、石磊教授、师兄马建华博士，他们的帮助、鼓励和指教令我受益终身。